大连理工大学管理论丛

中国工业化进程中的
土地集约利用与政策优化

张　琳/著

本书受国家自然科学基金青年科学基金项目“微观视角下工业企业集约用地的动力机制与政策优化”（71403038）资助出版

科学出版社
北　京

内 容 简 介

本书立足于中国国情，在工业化发展与土地利用演化的背景下，首先对土地集约利用的机理进行了剖析，评估了工业用地集约利用现状，并基于工业企业数据和统计数据，分不同区域、产业类型对工业用地集约利用的特点及影响因素进行研究。其次，进一步分析了产业结构对工业用地集约利用的影响，并进行工业用地要素替代弹性研究。最后，在实证分析和政策梳理的基础上提出了政策优化建议。

本书适用于土地资源管理、土地经济、产业经济等领域的教师、学生与研究人员，相关政策制定部门的职能人员，以及其他相关领域研究人员阅读。

图书在版编目（CIP）数据

中国工业化进程中的土地集约利用与政策优化 / 张琳著. —北京：科学出版社，2020.8

（大连理工大学管理论丛）

ISBN 978-7-03-061990-7

Ⅰ. ①中…　Ⅱ. ①张…　Ⅲ. ①工业用地-土地利用-研究-中国 ②工业用地-土地政策-研究-中国　Ⅳ. ①F429.9

中国版本图书馆 CIP 数据核字（2019）第 166170 号

责任编辑：郝　悦 / 责任校对：贾娜娜

责任印制：张　伟 / 封面设计：无极书装

科学出版社出版

北京东黄城根北街 16 号

邮政编码：100717

http://www.sciencep.com

北京建宏印刷有限公司 印刷

科学出版社发行　各地新华书店经销

*

2020 年 8 月第　一　版　开本：720 × 1000　B5

2020 年11月第二次印刷　印张：13 1/4

字数：260 000

定价：120.00 元

（如有印装质量问题，我社负责调换）

丛书编委会

总　序

编写一批能够反映大连理工大学管理学科科学研究成果的专著，是几年前就想做的事情了。这是因为大连理工大学作为国内最早开展现代管理教育的高校，早在 1980 年就在国内率先开展了引进西方现代管理教育的工作，被学界誉为“中国现代管理教育的先驱，中国 MBA 教育的发祥地，中国管理案例教学法的先锋”。大连理工大学管理教育不仅在人才培养方面取得了丰硕的成果，在科学研究方面同样也取得了令同行瞩目的成绩。例如，2010 年管理学院获得的科研经费已达到 2 000 万元，获得的国家级项目达到 20 多项，发表在国家自然科学基金委员会管理科学部的论文达到 200 篇以上，还有两位数的国际 SCI、SSCI 论文发表，在国内高校中处于领先地位。在教育部第二轮学科评估中，大连理工大学的管理科学与工程一级学科获得全国第三名的成绩；在教育部第三轮学科评估中，大连理工大学的工商管理一级学科获得全国第八名的成绩。但是，一个非常奇怪的现象是，2000 年之前管理学院公开出版的专著很少，不仅与兄弟院校差距明显，而且与自身的实力明显不符。

是什么原因导致这一现象的发生呢？在许多的管理学家看来，论文才是科学研究成果最直接、最有显示度的体现，而且论文时效性更强、含金量也更高，因此出现了不重视专著也不重视获奖的现象。无疑，论文是科学研究成果的重要载体，甚至是最主要的载体，但是，管理作为自然科学与社会科学的交叉成果，其成果载体存在的方式一定会呈现出多元化的特点，其自然科学部分更多地会以论文等成果形态出现，而社会科学部分则既可以以论文的形态呈现，也可以以专著、获奖、咨政建议等形态出现，并且同样会呈现出生机和活力。

2010 年，大连理工大学决定组建管理与经济学部，将原管理学院、经济系合并。重组后的管理与经济学部以学科群的方式组建下属单位，设立了管理科学与工程学院、工商管理学院、经济学院以及 MBA/EMBA 教育中心。重组后的管理与经济学部的自然科学与社会科学交叉的属性更加明显，全面体现学部研究成果的重要载体形式——专著的出版变得必要和紧迫了。本套论丛就是在这个背景下产生的。

本套论丛的出版主要考虑了以下几个因素：第一是先进性。要将管理与经济学部教师的最新科学研究成果反映在专著中，目的是更好地传播教师最新的科学研究成果，为推进管理与经济学科的学术繁荣做贡献。第二是广泛性。管理与经济学部下设的实体科研机构有 12 个，分布在与国际主流接轨的各个领域，所以专著的选题具有广泛性。第三是将其纳入学术成果考评之中。我们认为，既然学术专著是科研成果的展示，本身就具有很强的学术性，属于科学研究成果，那么就有必要将其纳入科学研究成果的考评之中，而这本身也必然会调动广大教师的积极性。第四是选题的自由探索性。我们认为，管理与经济学科在中国得到了迅速的发展，各种具有中国情境的理论与现实问题众多，可以研究和解决的现实问题也非常多，在这个方面，重要的是发扬科学家进行自由探索的精神，自己寻找选题，自己开展科学研究并进而形成科学研究的成果，这样一种机制会使得广大教师遵循科学探索精神，撰写出一批对于推动中国经济社会发展起到积极促进作用的专著。

本套论丛的出版得到了科学出版社的大力支持和帮助。马跃社长作为论丛的负责人，在选题的确定和出版发行等方面给予了极大的支持，帮助管理与经济学部解决出版过程中遇到的困难和问题。同时特别感谢管理与经济学部的同行在论丛出版过程中表现出的极大热情，没有大家的支持，这套论丛的出版不可能如此顺利。

大连理工大学管理与经济学部

2014 年 3 月

前　言

当前，经过一段时期的工业化快速发展，我国已经进入工业发展转型和资源瓶颈凸显的关键时期。工业用地，作为承载我国工业发展和布局的生产要素，其集约利用对于我国经济发展和资源可持续利用都有着重大而深远的意义。

近年来，作者一直在工业用地集约利用领域进行探索，之前出版的《我国工业用地利用效率与区域均衡》一书从宏观角度，用统计数据对我国工业用地的集约利用进行了研究。在此基础上，作者进行持续思考，认为工业用地归根结底是作为生产要素投入企业生产中去的，研究工业用地利用，不能只停留在宏观层面，需要有微观基础，才能更加深入地揭示土地集约利用的特征与规律。如果仅采用统计数据，会造成研究始终停留在宏观层面无法深入，严重限制科研结果的针对性和借鉴性。为了打通土地利用与企业生产之间的研究壁垒，作者决定利用已购买的中国工业企业数据库，人工补充相关土地、区位数据，建立企业层面的土地利用数据库，从而为工业用地集约利用的研究提供微观数据基础。然后将微观数据分析与宏观研究相结合，探索我国工业用地集约利用的现状特点、影响因素、驱动机理及政策优化。基于此，作者历经五年多的数据收集与处理分析，在国家自然科学基金的资助下，完成了本书的一系列研究。本书的数据收集工作相对来说任务量较大、历时较长，课题组投入大量的时间和精力进行基础数据库的建立。所幸在这批数据的基础上，进行了深入挖掘和有益探索，基本达到了研究目的。当然，由于科研水平和客观条件的限制，还有一些设想未能完全实现，尚存很多不足之处，也希望借本书抛砖引玉，引发共同讨论，推进相关研究。

本书的主要内容及研究思路如下。

全书共分为 11 章，第 1 章和第 2 章主要介绍了研究的背景意义、进展综述及相关理论，建立了本书的整体逻辑与理论框架，为研究开展奠定了理论基础。第 3 章基于微观企业属性、中观区域环境及宏观政策导向三个层面，建立工业用地集约利用的机理框架及传导路径。第 4 章则对我国工业用地利用的相关政策进行了全面梳理，并基于工业用地面积和市场发展两方面，统计分析了工业用地利用的整体演化趋势，为后文实证研究打下基础。

第 5 章开始进入工业用地集约利用的实证分析，基于统计数据和企业数据两个层面进行评价研究。一方面从时间序列进行分析，判断历史变化趋势；另一方面进行各个地区间的比较分析，揭示区域差异。此外，本书还利用微观企业数据的优势，从行业、所有制、规模等角度细分不同企业类型，进行用地状况的比较分析，并且将统计分析值与现行的相关控制指标进行比较，为政策优化提供依据。

第 6 章在现状分析的基础上，构建计量模型进行回归分析，揭示工业企业集约用地的主要驱动因素。首先，从广东、江苏两个发达省份着手研究，因为这两省是我国工业进程的先发地区，也是我国目前工业化最为成熟的地区，工业化历程相对比较完整，其研究结果对于其他地区具有较强的借鉴作用。

第 7 章则将研究区域扩大到全国五个代表性省份（广东、江苏、河南、四川、辽宁），涵盖了我国东、中、西、东北四大经济板块和主要的发展阶段类型，进行工业企业集约用地的驱动因素研究，进一步增强了研究的代表性。

第 8 章在驱动因素整体分析的基础上，开始深入探讨产业结构与土地利用之间的关系。将工业企业划分为轻、重工业，通过计量模型分类研究其驱动因素，并进行对比分析。

第 9 章则进一步结合统计数据，单独构建产业结构指标，纳入回归模型，分析产业结构对工业用地集约利用的影响。

第 10 章则深入要素替代领域进行探索。通过机理分析可知，要素替代是实现土地集约利用的重要途径和微观基础，因此本书从资源要素市场化、工业化发展梯度和技术进步偏向性三个方面，计算了土地要素与资本要素、劳动要素之间的替代弹性，分析了全国和区域层面 1999 ~ 2013 年的土地要素替代弹性变化，从而揭示我国工业用地要素替代的演化规律。

第 11 章回归政策层面，在本书理论分析和实证研究的基础上，结合政策梳理与述评，从宏观到微观层面，对我国工业用地集约利用提出政策优化建议。希望本书的研究成果能为我国工业化发展和土地资源可持续利用提供有益参考。

本书由作者及课题组团队共同完成，具体分工如下：作者负责全书的研究设计、理论分析、方案实施及撰写、修改。钱金芳负责统稿校对，并参与第 1 章、第 4 章、第 5 章、第 11 章撰写；王传镇参与第 2 章、第 4 章撰写及数据分析；刘冰洁参与第 3 章、第 7 章、第 10 章撰写；王亚辉负责数据收集与处理，并参与第 5 章、第 6 章撰写；郭雨娜参与第 8 章、第 9 章撰写。此外，黎小明、刘航、穆睿华等也参与了数据资料的收集整理工作，刘源、蔡荣华参与了书稿校对工作，课题组成员均付出了细致且辛勤的劳动，在此一并感谢！本书在撰写出版过程中，得到了多方支持，在此诚挚感谢各位同事、专家的鼓励与宝贵意见！

最后，感谢一直在身后给予我支持和关心的家人，你们的爱与包容永远是我前进的动力！

张　琳

2018 年 10 月 30 日

目　　录

第1章　绪　　论

1.1　研究背景与意义

相较于发达国家，我国的工业化进程时间并不长，但其发展势头和扩张速度却创造了“中国奇迹”，在这个快速发展的过程中，土地利用的变化首当其冲。数据显示，近年来我国工业用地高速扩张，工业增加值逐年递增，2001 年工业增加值为 4.39 万亿元，2018 年增加到 30.11 万亿元，十七年间增长了 5.86 倍。目前工业用地增长已经成为我国建设用地增长的主要部分，依据自然资源部发布的《2017年中国土地矿产海洋资源统计公报》，2017 年工矿仓储用地供应量占国有建设用地总量的 20.4%（与之相比，商服用地占 5.1%，住宅用地占 14.0%。）。

然而在经济获得巨大成功的同时，我们面临着越来越严峻的土地资源稀缺问题，如耕地不断减少，城镇建设用地日益紧缺，工业用地大肆圈占后却是闲置、粗放利用的结果等。据《全国土地利用总体规划纲要（2006—2020 年）》，到 2005 年底，“全国工业项目用地容积率 0.3-0.6，工业用地平均产出率远低于发达国家水平”。针对这些严峻问题，政府也开始着力引导和整治：国务院先后发布了《国务院关于深化改革严格土地管理的决定》（2004 年）、《国务院关于促进节约集约用地的通知》（2008 年）；国土资源部随即出台了更加具体的《工业项目建设用地控制指标（试行）》（2004 年发布，2008 年修订），并制定了《开发区土地集约利用评价规程（试行）》（2008 年），大力推进开发区土地集约利用评价工作。十八届三中全会上，《中共中央关于全面深化改革若干重大问题的决定》（2013 年）中明确提出“从严合理供给城市建设用地，提高城市土地利用率”，之后，2013 年 12 月召开的中央城镇化工作会议也提出，“提高城镇建设用地利用效率”“减少工业用地”。这些信号都显示：在耕地红线压力、后备土地资源有限的背景下，政府开始收紧建设用地（尤其是工业用地）的供给，体现了促进工业用地集约利用的决心。这就要求我们必须进一步在工业用地的集约利用上下功夫，才能满足旺盛的工业用地需求。

现实需求为理论研究提出了课题。而实际上，土地的集约利用，一直是土地科学研究的重要领域。我国早期对土地集约利用的研究集中于农用地，近年来，随着城镇化与工业化进程的不断推进，建设用地矛盾日益突出，也开始有学者对城镇建设用地和工业用地进行研究。从研究内容来看，早期多集中于土地集约利用的现状评价，如评价方法的探索。如今，越来越多的学者开始关注土地集约利用的影响因素及作用机理，而这也正符合科学研究的基本步骤，即先认识事物的现状特点，再进一步分析其影响因素及驱动机理。

从国际的土地科学研究前沿来看，也遵循同样的路径：1995 年，地球系统科学联盟（Earth System Science Partnership，ESSP）的国际地圈生物圈计划（international geosphere-biosphere program，IGBP）与全球环境变化人文因素计划（international human dimension programme on global environmental change，IHDP）这两大国际项目团队合作进行的 LUCC（land use and land cover change，土地利用与土地覆盖变化）课题研究，旨在揭示人类赖以生存的地球环境系统与人类日益发展的生产系统之间相互作用的一般过程。在研究计划启动后的十余年间，全球众多学者在此领域进行了广泛且深入的探索，身处于土地利用激烈变化环境下的中国学者，同样为此项目做出了很大贡献。随着研究的进一步探索与深化，2005 年，全球土地计划（global land project，GLP）作为 LUCC 课题的后续研究被提出。GLP 的目的是深化在地球系统演化背景下对人类-陆地环境耦合系统的理解，其中，第一个专题即为“土地系统动力机制”。由此表明，在国际土地利用和管理领域的前沿上，对土地利用决策的驱动因素与内在机理挖掘得到了越来越多的关注。

关于动力机制的研究，只有从宏观、中观、微观各个层次全面进行动力机制研究，揭示其关键驱动因素与影响机理，进而将宏观的公共管理政策与微观的机理研究相结合，才能对整个系统动力机制进行集成分析，最终实现对土地可持续利用的科学决策与管理。

然而，从目前研究来看，关于工业用地集约利用动力机制的研究多集中于宏观和中观层面，深入微观企业层面的研究十分鲜见。但实际上，工业企业作为土地利用的微观个体，其组织行为与决策直接关系到土地利用效果，个体土地集约利用状态也是构成区域土地集约利用状态的微观基础。

传统的动力机制研究都是从公共管理视角出发，自上而下地进行分析。但实际上，工业企业作为经营主体，其用地行为是由企业组织行为目标决定的。因此，单从政府角度出发一厢情愿地进行研究并不完整，必须考虑到企业自身的需求与组织决策过程，才能真正全面地揭示出工业用地集约利用的动力机制。只有注重对微观主体行为的研究，强化对土地规制的微观作用与机理研究，才能为宏观层面制定具有针对性、创新性的土地政策提供坚实的理论基础。

综上所述，无论从实际经济发展需要、政策制定需求来看，还是从学术界的研究前沿来看，都对工业用地集约利用的动力机制提出新的课题要求。基于此，本书着重从微观企业视角出发，基于企业调研数据，并结合统计数据，研究工业用地集约利用的动力机制，以期对以往研究提供有益补充，并为政府进行土地宏观调控与管理提供可靠的决策支撑。

1.2　国内外研究现状

1.2.1　土地集约利用的内涵思考

虽然西方对土地集约利用的研究起步较早，但并没有对土地集约利用的概念和内涵做出清晰、明确的界定。最早关于集约方面的研究来自古典经济学中边际报酬递减规律的分析，认为集约利用是产生级差地租的原因，因其研究对象主要为农业土地利用，所以之后对农用地集约利用的内涵探讨较多。马克思和恩格斯（2001）认为："在经济学上，所谓耕作集约化，无非是指资本集中在同一土地上，而不是分散在若干毗连的土地上。"

随着工业化和城市化的推进，城市建设用地的集约利用开始引发广泛关注。一些国内外的区位理论较早涉及了城市土地集约利用的内涵，之后各种结合城市规划思想的土地集约利用理念被先后提出（Miller and Hoel，2002；Oh et al.，2005；Lau et al.，2005；Gabriel et al.，2006；Chen et al.，2008；Howley，2009），大大丰富了土地集约利用的内涵研究。近年来，中国土地利用步入了一个前所未有的变革时期，引发了新形势下对于土地集约利用（尤其是城镇建设用地集约利用）内涵新的思考与讨论。国内学者在总结西方学者研究成果的基础上，从农地集约利用出发，对城镇土地集约利用的内涵进行了引申与思考（毕宝德，1993），也有学者尝试将可持续发展的思想与土地集约利用的内涵相结合进行研究（汪波和王伟华，2005）。

整体来看，虽然研究各有侧重，但无可否认土地集约利用的内涵本身具有多角度性和多层次性。从主体功能区角度，不同的主体功能区域，土地集约利用的内涵不同，因此对土地集约利用的评价也应建立相应的指标体系（谢正峰，2015）；而从微观层次到宏观层次，土地集约利用的内涵是从具体地块的土地集约利用、土地结构与布局优化到区域层面上的土地集约利用（陈银蓉等，2013）。因此，若想实现区域的土地集约利用，势必要在各个层次上综合调控、共同努力才可达成。

具体到工业用地也是如此。工业用地的集约利用分为以下几个层次：①微观层面，是指各工业企业对土地的集约高效利用（从企业自身的经营角度实现用地高效集约）；②中观层面，是指区域内的产业集聚（工业园等形式）所带来的规模效应增加，一方面使各企业的土地利用效率能够再次提升，另一方面通过土地类型的整合提升园区整体的土地集约利用水平；③宏观层面，是指产业发展（产业类型、结构、高度等）与区域经济阶段、资源禀赋等因素综合协调匹配，涉及产业空间分布及发展时序等众多方面，是更为广泛、复杂的过程。在这三个层次上，工业企业层面的土地集约利用是微观基础。

实际上，从土地集约利用内涵的发展历程来看，也经历了一个从微观到宏观的过程。早期的古典经济学家关于边际报酬递减规律的研究就是基于微观经济角度进行衡量的，而后期的土地布局与结构优化则是从宏观角度进行考量的。但值得思考的是，目前相较于宏观层面的研究，对于微观层面的研究十分有限（尤其是工业用地）。

1.2.2 工业用地集约利用的现状评价

土地集约利用实证研究的起步以现状评价开始，因为只有掌握和了解现状，才能进一步分析成因。在一段时期内，大量的研究专注于土地集约利用的评价上，尤其是在 LUCC 计划实施期间，国内外学者进行了大量的现状研究，主要是评价方法的探究与实证分析。而这其中，关于农用地的研究较早较多。相较之下，建设用地的研究起步较晚，而其中针对工业用地的具体研究则更为有限。直到近些年工业用地矛盾日益突出，才开始有研究聚焦于工业用地集约利用的评价。

1. 研究尺度

从研究尺度与视角来看，以宏观、中观尺度居多，尤其是针对具体省区市和城市进行的研究评价最多。较大范围的如熊强和郭贯成（2013）分析了全国 29 个省级城市工业用地的生产效率。具体到省一级，东部沿海由于经济发展较快、土地矛盾突出，相关研究比较多，尤其以江苏的研究最为丰富深入（赵小风等，2011；黎孔清和陈银蓉，2013；谢天等，2013；张芃卉等，2016），其他省区市研究也较多如浙江（郑蕾，2013）、北京（Meng et al.，2008）、山东（费罗成等，2013）、香港（Lau et al.，2003；Lau et al.，2005）。近年来，中西部地区的相关研究也逐渐开展，如西宁（何明花等，2014）、合肥（李学明，2010）、南昌（邵虹等，2013）、湖北（陈昱等，2013）、江西（田克明和王爱莲，2014）、新疆（李平光等，2014）等。

更深入微观层面一些的研究，多是针对开发区的评价。初期由于受到数据限制，仅有少量相关研究（王梅和曲福田，2004）。自 2008 年开始，国土资源部在全国组织开展开发区土地集约利用评价工作，试图以此促进开发区土地节约集约利用。该项工作对于开发区的土地利用数据收集起了巨大的推动作用，也掀起了一轮针对开发区土地集约利用的研究热潮（Kong et al.，2011；赵小风等，2012；孙东升，2013；翁进等，2013；邴龙飞等，2014；黄凌翔等，2014 ；孟鹏等，2014 ；詹海斌，2014 ；杨姝曼，2015；张宪涛等，2016）。

在开发区层面的研究基础上，也有部分学者尝试基于企业调研数据，从微观的层面更加深入地分析工业用地集约利用的现状。例如，针对工业行业进行评价比较的研究仍以江苏地区居多（顾湘等，2006；Tan and Huang，2008；陈伟等，2012；曹文慧等，2016），针对其他地区的研究较少（张落成等，2012；王爱民等，2012；陈昱等，2013；朱志婉，2013；杨剩富等，2013 ；叶昌东等，2016），还有针对乡镇企业样本的评价研究（鲁春阳等，2009；杨建锋等，2012）、对街区经济土地集约利用的评价研究（周璐红等，2012）、对城市边缘区工业用地集约利用的研究（李永平和段建南，2013），以及对县级土地利用效率的影响因素的研究（Li et al.，2014）。

整体看来，从微观层面对工业用地集约利用的研究较少，多集中于局部区域（如开发区），而鲜有研究涉及跨区域横向比较企业集约用地情况。

2. *评价方法*

随着实证研究的发展，土地集约利用的评价方法也在不断创新推进。早期多采用指标评价法，从单一指标评价到综合指标体系评价法，即从土地集约利用的内涵出发，构建评价指标体系，通过定量模型评价土地集约利用状况（汪波和王伟华，2005；谢敏等，2006）；而指标的权重确定方法也从早期的德尔斐法演化到层次分析法、主成分分析法、熵权法和模糊数学法等（黎一畅等，2006；杨东朗和安晓丽，2007；邵晓梅和王静，2008）。随着技术的发展，遥感、地理信息系统及空间分析方法的深入结合为定量和多种评价方法的综合应用提供了可能性（Wheaton，1998；Taleai et al.，2007；Yang et al.，2012）。之后，又逐步引入了一些新的动态模型及评价手段，如人工神经网络（artificial neural network，ANN）模型（王力等，2007；朱红梅等，2009）、感受性系统模型（sensitivity model tools，SM）（Huang et al.，2009）、网络分析法（analytic network process，ANP）（黎孔清等，2013）、压力-状态-响应（pressure-state-response，PSR）模型（张晓晓，2015）和松弛变量度（slack based measure，SBM）模型（张苗等，2016）等，为土地集约利用的评价提供了新的手段。

随后，有学者认为指标评价法缺乏相应的经济学意义，应用于规划时解释度不够，又开始逐步将微观经济学中的生产函数模型引入，将土地作为生产要素评价其产出效率，作为土地集约利用的一种衡量指标（龙开胜等，2008；黄大全等，2009）。近两年，土地利用效率的评价逐步引入非线性的数据包络分析（data envelopment analysis，DEA）（施秧秧，2009），并且又进一步将主流经济学领域的全要素生产率概念引入，通过 Malmquist 指数模型计算土地的产出效率，从而评价其集约利用水平（熊强和郭贯成，2013；张琳等，2015b）。

由此可见，随着研究的深入，土地管理领域所应用的方法和工具不断创新，其经济学意义得到了越来越多的关注，对主流经济学科的借鉴和交叉研究也越来越多。

1.2.3 工业用地集约利用的驱动机制

相较于现状评价，土地集约利用的驱动因素及机制研究尚在起步阶段，并且目前多是针对城市用地进行整体上的驱动机制研究，单独针对工业用地的十分鲜见。从研究内容分析，影响因素的筛选与识别研究相对较多，而对于内在驱动机理的揭示则十分薄弱。具体内容如下。

1. 驱动因素分析

近年来，在土地集约利用评价的基础上，学者也开始探索其驱动因素。同土地集约利用水平评价一样，驱动因素的研究也多集中于宏观和中观层面，如局部省区市和城市，相对深入一些的是到开发区层面，且从已有研究看，不同研究层次下的土地集约利用的影响因素也各不相同。

从区域层次上看，区域经济发展水平、土地市场化程度、区位条件、城市化水平、人口密度被认为是影响城市土地集约利用的主要因素（吴郁玲和曲福田，2007；王家庭和季凯文，2009；何明花等，2014；赵丹丹和胡业翠，2016）。此外，土地增量供给、城市规模也会影响到城市土地集约利用（渠丽萍等，2010）。还有学者将低碳理念引入研究，认为影响土地低碳集约利用的主要因素为地均 GDP①、地均碳排放、人均建设用地面积等指标（黎孔清等，2013）。类似地，相关研究表明固定资产投资、煤炭开采机械化率、煤炭产值等指标是影响煤炭型城市土地节约集约利用的主要驱动因素（杜旭等，2016），也有学者研究表明生态环境、技术进步与经济发展对土地集约利用存在一定影响（林雄斌和马学广，2015）。产业结构对于城市土地集约利用的影响也是不容忽视的（何乃，2011；汪建和朱少云，2012；韩峰等，2013；张乐勤等，2014）。此外，还有学者通过土地系统与经济系统之间的耦合研究，从另一个角度分析了土地集约利用与其他因素之间的互动和影响关系（刘浩等，2011；项锦雯和陈利根，2012）。近两年，随着我国城镇化进程的不断推进，有学者从我国城镇化和土地集约利用耦合发展的角度，研究了城镇化对城镇土地集约利用的影响（王雨竹和徐培玮，

① GDP（gross domestic product）表示国内生产总值。

2016；樊鹏飞等，2016），也开始有学者关注集聚经济对土地集约利用的驱动影响（张红星，2016）。

深入到开发区层次上，开发区的级别和经济水平被认为是影响开发区土地集约利用的重要因素（吴郁玲等，2006；Tan and Huang，2008；嵇欣，2012）。而在同一经济水平上，吴郁玲等（2006）、林雄斌和马学广（2015）认为开发区的土地利用结构、土地开发率、地均投资强度及土地市场发育程度是土地集约利用的主要影响因素。此外，开发区的城市规划、年限、企业入驻数量、土地政策（赵小风等，2012）及开发区的区位（嵇欣，2012）也对土地集约利用有重要影响。

当深入企业层面，影响因素的研究就十分有限（如企业的所有制、规模、经营特征等对用地的影响），目前仅发现赵小风等（2012）基于分层视角，从开发区层面出发延伸至企业层面进行了局部探索。但实际上，微观层面的影响因素研究是摸清企业用地规律、合理引导企业集约用地的基础，对促进区域范围的土地集约利用也具有重要意义，并且作者的前期研究证明，不同类型企业的用地效率相差很大，企业属性对土地利用效率具有显著影响（张琳等，2016），因此需要在此领域深入挖掘。

2. 驱动机制探寻

关于驱动机制的研究，则更加有限，目前以定性研究为主，且主要针对城市用地。例如，曹银贵等（2008）从评价指标体系的视角来分析土地集约利用驱动力，把影响因子归纳为自然导向型、投入导向型、产出导向型和城市容貌导向型四种不同类型。王家庭等（2008）根据作用主体的不同，把城市土地集约利用的驱动力分为市场力、政策力、社会力和技术力等，并相应地将驱动机制划分为聚集效应机制、要素替代机制、市场驱动机制、政策导向与激励机制及技术创新机制等，并把聚集效应机制和要素替代机制归结为内在动力机制，把市场驱动机制、政策导向与激励机制及技术创新机制归结为外在动力机制。

鉴于土地科学领域关于土地集约利用的驱动机制研究非常薄弱，本书将视野拓展到与工业企业经营相关的微观经济和产业组织领域，从要素替代角度探讨土地资源对于企业土地利用的影响。

依据微观经济学的长期生产理论，土地与劳力、资本一样，属于生产函数中最经典的基本生产要素，因此同其他要素一样，也存在要素间的替代投入问题。事实上，实现土地集约利用就是使用其他要素投入替代土地要素投入，因此有学者认为土地集约利用的本质就是资源替代（李秀彬等，2008），也有学者认为要素替代是土地集约利用的动力机制之一（王家庭等，2008）。

目前关于要素替代的研究，主要集中在产业经济领域，起初多是劳力-资本要素间的替代，后期逐步引入技术要素替代。而随着能源危机的逼近，能源要素与传统要素替代的研究逐渐成为热点，引起很多国外学者的关注（Christopoulos，2000；Christopoulos and Tsionas，2002；Cho et al.，2004；Stern，2011），并且其中不乏采用大样本企业数据进行实证分析的研究（Woodland，1993）。相较之下，国内近年来也开展了多项相关研究（樊茂清等，2010；杨福霞等，2011；查冬兰等，2016；查冬兰和周德群，2013；齐绍洲和王班班，2013；袁鹏，2014）。

而土地领域，关于替代弹性的研究最早起步于发达国家的房地产市场，主要研究资本与土地的替代关系。最早是 Muth（1964）对住宅的资本与土地替代关系进行了实证研究，之后一段时期的研究也多集中于住宅领域（Sirmans and Redman，1979；Färe and Yoon，1985），但后期研究趋于弱化。近些年来，发展中国家和地区的人地矛盾日益突出，土地要素替代在这些区域又重新受到关注，如土耳其（Erol and Güzel，2006）、非洲（Batisani and Yarnal，2011）、中国台湾（林祖嘉，2000）等。相较之下，我国的土地要素替代研究刚刚起步，研究成果很少。已有研究多是在计算土地要素产出弹性（贡献率）的基础上，简要分析各要素间的投入替代关系（毛振强和左玉强，2007；毛振强等，2009；陈伟等，2011）。具有针对性的研究十分鲜见，聚焦于土地与资本要素替代的早期研究有丁成日（2006）对北京市建设用地资本与土地替代弹性进行的研究，结果显示，替代弹性在逐年增加。之后，金晓云（2008）对杭州市住宅市场的资本与土地替代关系进行了研究，发现替代弹性呈现出由城市中心逐步向周边递减的规律。但工业用地同住宅用地从要素投入到生产方式来说都大不相同，并且工业用地的要素替代必然要考虑资本、劳动力、土地三要素。即使仅考虑土地与资本两种要素的替代关系，资本对不同类型的土地的替代弹性也是各不相同的（McDonald，1979）。

至于工业用地的要素替代研究，目前相关研究很少。赵爱栋等（2016a）实证检验了工业用地相对价格变动对中国工业部门要素投入调整和技术进步偏向的影响。他认为，短期内东部地区工业用地相对价格上升抑制了工业用地需求，并诱致了非土地要素对工业用地的替代，但在全国层面和中西部地区并没有显著观察到土地要素相对价格变动的短期诱致替代效应；长期内，工业用地价格上升诱致了能源与物质资本节约型和知识资本使用型技术的使用，土地节约型技术进步特征仅在东部地区得到了显著支持，在全国层面和中西部地区都不显著。

要素替代是实现土地集约利用的重要途径，因此本书将会对工业用地的要素替代进行深入分析研究，从而揭示其集约利用的内在机理。

1.2.4 工业用地集约利用的政策研究

关于工业用地的政策研究，目前大部分都是在实证研究基础上提出的对策建议。例如，结合中国工业用地集约利用政策演化过程和各阶段主要特点，总结出现阶段中国工业用地集约利用政策的不足（高魏等，2013）或探讨我国工业用地集约利用的发展及对策（贾宏俊等，2010）。单独针对工业土地的政策研究较少。

相对具体的政策研究，则多集中于工业用地出让、退出等环节。“探索工业用地出让弹性年期和租赁制，探索存量工业用地退出机制”被列为国土资源部2013年重点任务之一。近年来关于工业用地政策的研究也多集中于此，如工业用地的市场租赁制、弹性年租制等（金宝玲，2012；郑建明，2013），产业用地的退出机制、二次开发模式（郑惠强，2010；汪勋杰和郭贯成，2013），以及从供求关系和交易行为角度进行政策分析（王海卉和张倩，2014）等。作者前期也基于实证分析，对《工业项目建设用地控制指标》进行了合理性研究并提出了不足与改进建议（张琳和王亚辉，2014）。

土地资源管理，属于公共资源的管理范畴，但与其他公共资源管理不同，我国土地产权制度改革后，土地又兼有私有物品的性质。因此，对土地资源（尤其是工业用地等）的管理就要兼顾宏观与微观两个层面，土地集约利用的引导也是如此。一方面，由公共资源的特性决定，加之土地资源的利用具有明显的外部性，政府部门必须采取强有力的管控措施来限制工业用地的粗放增长；另一方面，针对现有工业用地，需兼顾其经营特点加以合理引导，促进土地的集约高效利用。相较之下，我国现有的政策研究对于微观企业的关注显得不足，今后也应加强宏观政策的微观基础研究。

1.2.5 研究述评与思考

工业用地，作为我国经济发展的重要资源保障，其利用方式除了与经济增长、产业优化息息相关，更关系到资源环境及社会民生等诸多方面。伴随着我国工业化进程中的土地资源瓶颈日益突显，工业用地的集约利用也开始受到越来越多的关注。国内外学者基于不同尺度，在工业用地集约利用的内涵、评价、动力机制及政策研究方面进行了持续探索，并得出了大量富有启迪性的研究成果。其中的理论探索、方法创新、实证分析及对于未来研究方向的思考，都为本书的内容设计和研究开展提供了有益指导。

总体看来，目前关于工业用地集约利用的研究以现状评价居多，动力机制研究相对薄弱，应加强以下几个方面的研究与挖掘。

1. 微观层面的驱动因素研究

驱动因素研究，多集中于宏观、中观尺度，最多延伸至开发区层面，企业层面如企业的所有制、规模、经营特征等对集约用地的影响，则尚未发现相关研究。但实际上，微观层面的驱动因素研究对于科学制定相关政策、合理引导土地集约利用具有重要意义。此外，虽然近年来针对开发区企业抽样调查的研究有所增加，但通常存在着区域范围小、样本量少、代表性和可比性不强等问题。因此，今后还应扩大企业调研的样本量和区域覆盖度，并且深入企业微观层面，对其驱动因素进行量化分析。

2. 企业视角下的驱动机制研究

具体到研究视角，现有研究多是基于政府角度，虽然部分研究利用了企业微观数据，但是整体还是基于区域层面的公共管理角度。目前尚未发现从企业视角出发的驱动机制研究。但实际上，土地属于基本的生产要素，纵然有政府规制的调控，但其利用行为很大程度上还是取决于企业的经营行为和组织决策。因此，要想深入挖掘工业用地集约利用的驱动机制，就必须结合政府规制的影响来剖析企业行为。这项研究属于跨学科领域，需要土地管理学与产业经济学的相关理论基础，因此将是驱动机制研究的有益探索。

3. 支撑性质的土地要素替代研究

作为生产用地，土地要素替代是实现工业用地集约利用的重要途径，而要素替代弹性的定量分析，应该成为土地集约利用机制分析和政策研究的重要研究基础与支撑。但目前，我国在此领域的研究非常薄弱，仅针对住宅用地有个案研究，工业用地尚未发现。此项研究属于基础性研究，其研究数据与结果，将为其他后续研究提供有益参考与借鉴，因此我们需要进一步加强此方向的探索。

4. 量化分析支持下的政策研究

现有的工业用地政策研究，多是理论和定性分析，基于定量研究或者模型分析进行的政策研究相对较少。而量化分析应该成为政策制定的前提与基础，只有充分进行调研与数据分析，才能保障政策制定的可行性，只有结合相关理论模型进行深入研究，才能保障政策制定的科学性。基于此，今后应加强政策研究的数据与模型支撑，使政策的设计与制定更加科学精确、切合实际，从而更好地引导与调控土地的集约利用。

综上所述，本书针对目前工业用地集约利用领域存在的不足与未来的发展方向，开展基于微观企业视角的集约用地动力机制研究。在土地科学的基础上，结合微观经济学、产业经济学等理论，利用较大样本的企业调研数据，对影响工业企业集约用地的驱动因素进行识别，深入挖掘其内在驱动机理，并对工业企业集约用地政策进行优化思考。

1.3 主要研究内容

本书分为11章，从我国工业化发展进程中土地资源稀缺性突显的现实问题出发，基于相关理论进行工业用地集约利用的机理分析，然后结合我国工业化发展进程和土地利用的政策演化背景，利用大样本数据，采用多种方法层层深入分析，探讨中国工业化进程中的土地集约利用特点和规律，并提出政策优化建议。具体内容如下。

第1章主要介绍了本书的研究背景与意义，然后分别从土地集约利用的内涵，工业用地集约利用的现状评价、驱动机制研究及政策研究四个方面，梳理与总结了国内外土地集约利用领域的研究，并提出本书的主要研究内容。

第2章作为本书的理论基础，详细介绍了土地集约利用理论、工业化理论、工业区位理论、产业集聚理论、企业行为理论和要素替代相关理论，为本书的机理分析、实证研究和结果分析提供理论支撑。

第3章探讨了工业用地集约利用的机理，基于土地集约利用驱动力的传导和土地集约利用内涵的扩展两条路径，从微观企业属性、区域中观环境、宏观政策引导三个层面，分析工业用地集约利用的内在驱动机理，并刻画其传导路径。

第4章作为本书的现实和政策基础，总结了中国工业化进程，并详尽地给出了中华人民共和国成立以来的城市建设用地政策和工业相关土地政策的演变历程。与此同时，分别从工业用地数量变化及工业用地市场发展两个方面，统计分析了中国工业用地利用的演化现状。

第5章主要是工业用地集约利用的现状分析，分别从投入、产出两个角度，基于两套数据对中国工业用地利用集约度进行计算分析。首先基于统计数据进行了时间序列分析和区域间的比较分析；其次，对中国工业企业数据库进行样本筛选和补充调研，建立了新的工业企业用地数据库，然后按照行业、企业所有制和企业规模等企业属性，将微观企业数据分类进行统计分析，比较不同类型工业企业间集约用地差异。

第6章在现状评价的基础上，开始进行工业企业集约用地驱动因素的研究。以江苏省、广东省两个工业化进程最早的发达省份作为代表，基于微观企业用地数据库，通过统计分析和计量分析，从直接驱动因素和间接驱动因素两个层面对工业企业集约用地的驱动因素进行实证检验。

第 7 章在前面章节的基础上进一步扩大研究区域范围，将全国处于不同工业化阶段的其他代表性省份（河南、四川、辽宁）纳入研究范围，分别从企业属性、投入因素、区位因素和社会经济因素四个方面，通过混合截面回归模型检验，探讨工业企业集约用地的影响因素。

第 8 章开始探讨产业结构对于工业用地集约利用的影响。继续以代表性省区市为研究区域，将工业企业按轻、重工业划分，通过混合截面回归模型和非平衡面板回归模型进行实证检验，比较分析了轻、重工业企业集约用地驱动因素之间的异同，揭示不同产业结构下的工业企业集约用地差异。

第 9 章进一步探讨产业结构对工业用地集约利用的影响。首先构建产业结构指标，从构成效应和竞争效应两个角度测算产业结构；其次分别对全国整体和各个区域进行检验，分析产业结构对工业用地集约利用的影响。

第 10 章研究了工业用地的要素替代。要素替代是实现土地集约利用的重要途径，尤其是在微观层面。本章从资源要素市场化、工业化发展梯度和技术进步偏向性三个角度，结合要素替代与工业用地集约利用相关理论提出理论假说。然后基于超越对数生产函数推导弹性公式，进一步计算得到资本、劳动、土地要素之间的替代弹性数值，比较分析了 1999 ~ 2013 年全国层面和区域层面的工业用地要素替代弹性历史变化，检验假说并进行讨论。

第 11 章回归政策层面，对工业用地集约利用政策进行梳理、分析与述评，然后结合中国工业发展和土地利用的现实情况及本书的实证研究结果，提出政策优化建议，以期为促进我国工业用地集约利用，实现工业经济稳定发展提供有益参考。

第 2 章　相关概念与理论基础

2.1　土地集约利用内涵和理论

2.1.1　土地集约利用内涵

关于土地集约利用的概念，最早来自古典经济学。杜尔格、安特生、魏斯特和李嘉图等在研究农业地租问题中，发现并证明了农地集约耕作中的边际报酬递减规律，并认为集约利用是级差地租产生的原因。他们认为土地集约利用是在一定面积的土地上，集中投入较多的生产资料和劳动、使用先进的技术和管理方法，从而获取高额收入的经营方式。此后，马克思在批判和继承古典经济学地租理论的基础上，将级差地租分为级差地租Ⅰ和级差地租Ⅱ，前者是由土地肥沃程度不同和区位优劣所产生的，后者是由在同一块土地上连续投入等量资本所产生的生产率差别（超额利润）所形成的，并给集约利用下了明确定义："在经济学上，所谓耕作集约化，无非是指资本集中在同一土地上，而不是分散在若干毗连的土地上。"（马克思和恩格斯，2001）

界定土地集约利用的内涵是土地集约利用评价的前提，然而，目前土地利用集约度的评价方法并不统一，主要存在三种主流的评价方法，即基于投入角度的评价、基于产出角度的评价和基于投入产出角度的评价。

（1）基于投入角度的评价。李秀彬等（2008）认为，土地集约利用是单位时间在单位土地面积上投入的非土地要素数量，它反映土地利用系统的要素配置状况和生产要素（土地、资本和劳动力等）之间的替代关系，这种评价方法强调土地集约利用以投入测度为主，只是在难以得到投入数据的时候使用产出指标评价。

（2）基于产出角度的评价。有学者认为，从某种意义上讲，集约利用的最终目标是提高产出，所以用产出指标来测算土地利用集约度更为直接（Shriar，2000）。相关研究中，从产出角度进行土地集约利用水平的量化评价也比较常见，但是用哪种指标衡量土地产出非常不统一。例如，用于测度城市用地集约利用产出指标是容积率指标、单位面积 GDP 或者人口密度，而农用地通常是农业产量、产值或者净收入（李春华等，2011）。

（3）基于投入产出角度的评价。这种评价方法更接近于土地利用效率的概念，将投入与产出两个因素纳入一个系统进行评价，其中最常用的是DEA方法，DEA是一种多输入多输出的分析方法，即评价要素投入与产出之间的相对效率的系统分析方法。由于具有无须事先确定函数关系、非主观赋权及可分析出决策单元无效因素等优点，DEA已成为评价相对效率的主流技术工具（梁流涛等，2013；杨清可等，2014；张志辉，2014；陈伟等，2015）。但DEA方法主要用于现状评价，由于采用多指标投入产出计算得出土地集约利用水平，其结果不适用于进一步进行计量回归分析。

综合现有理论和前沿，并考虑到工业企业生产特性及计量分析的变量指标和数据要求，最终在土地集约利用水平的衡量上分为两个层面：第5章的统计分析部分，首先从地均投入和地均产出两个角度对工业用地集约利用的现状进行了评价与比较研究；第6章到第9章的计量分析部分，主要采用产出指标来衡量工业用地集约水平，以纳入计量模型对其驱动因素进行深入挖掘及比较分析。

2.1.2 土地集约利用理论

从土地集约利用的起源来看，其实质是土地投入与产出的关系，即以最少的投入获得最高产出，基于不同视角，其内涵扩展包括以下三层含义：①土地地块集约利用，是指区域内某一土地利用类型的地块集约化利用；②土地类型集约利用，是指区域内土地利用类型的集约化利用；③区域土地集约利用，是指根据区域内有限土地资源的自然属性（土地经济、生态、适用性）和社会属性（市场供求关系、城市发展需求、社会经济发展需求）对土地资源利用的优化配置，主要是对各种土地类型集约高效利用的同时，在区域土地利用结构合理的条件下实现区域土地的最大产出和土地利用效益最大化，达到区域土地集约利用。

从技术角度上讲，土地资源的利用符合边际报酬递减规律，因此土地利用的集约程度必然存在一定的限制，所以土地集约利用的本质是调节土地投入与产出之间的关系，在单位土地上以最小的投入实现最大产出，以获得最高的报酬。在实际应用过程中，土地集约利用的内涵同时包括了自然及社会属性，从自然属性角度来讲，土地集约利用更类似于改变土地的生态效应及其用地结构；而从社会属性角度，相对而言，土地集约利用则具有更显著的经济含义，这一属性与土地资源优化配置、社会发展及二者之间的其他社会条件密切相关。

然而，对于工业企业而言，其追求的是最大化的工业品产出，即工业生产总值；而工业企业的生产总值则依赖于企业单位土地面积上的要素投入强度，在达到土地报酬递减之前，单位土地面积上的要素投入越多，要素之间的“碰撞”越有效，即越容易达到要素之间的最佳配比，表现在工业企业产出上就是单位土地面积上工业总产值的增加。此外，在劳动和资本等要素成本保持基本不变的情况下，随着工业用地使用成本的升高，企业会更好地使用劳动和资本等要素来替代土地，这样无形之中又增加了企业单位土地面积上的要素投入强度，即工业企业集约用地水平得以提高。

边际收益递减理论是经济学的经典理论，应用到土地利用领域中，也称为土地边际报酬递减理论。土地边际报酬递减规律是指在技术和其他要素不变的条件下，在固定的土地面积上，当某一要素投入量达到一定程度后，土地的边际收益开始下降，继续增加该要素投入，到一定程度后总收益就会下降。

对此，本书首先引出土地报酬的概念：土地报酬是对一定面积土地投入中某项变动要素的生产率，具体可以细化为总报酬（TP）、平均报酬（AP）和边际报酬（MP）。

总报酬，指的是一定数量的生产资源（如肥料、劳动、资金等）投入土地后，所得的总产品量或总收益。

平均报酬，指所获得产品量与生产资源投入量的比值，它表示平均每单位生产资源所生产出来的产品量。用公式表示为平均报酬=总产品量（Y）/生产资源投入量（X）。

边际报酬，指每增加一单位变动资源投入量所产生的产量变化的数量。用公式表示为边际报酬=总产品量的变化量（ΔY）/投入量的变化量（ΔX）。

为了更为清楚地研究总报酬、平均报酬和边际报酬之间的关系，我们从土地投入-产出分析图入手，从图 2-1 中可以看出，土地报酬随着资本投入的增加在不同阶段呈现出不同的变化趋势。

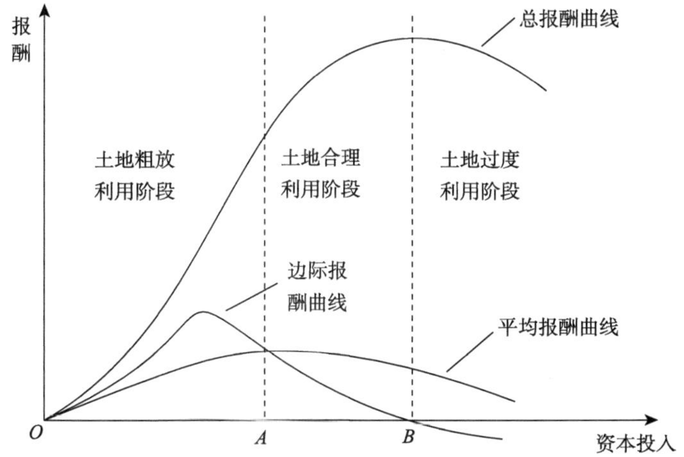

图 2-1　土地利用的边际报酬递减规律

如图 2-1 所示，土地报酬可分为总报酬、平均报酬和边际报酬。其几何意义体现在三个方面：①土地边际报酬等于总报酬曲线在各点切线的斜率；②平均报酬等于总报酬曲线上每一点与原点连线的斜率；③边际报酬曲线通过平均报酬曲线的最高点，并比平均报酬曲线先达到最高点。根据单位土地面积上的因素投入状况，可以把土地利用划分为三个阶段，即土地粗放利用阶段、土地合理利用阶段及土地过度利用阶段。

第一阶段（土地粗放利用阶段）：平均报酬递增，边际报酬则先升后降。平均报酬递增说明增加资本投入能带来总报酬更大比例的增长，此阶段停止投入是不合理的，继续增加资本投入将使生产效率进一步提高。

第二阶段（土地合理利用阶段）：平均报酬等于边际报酬之后到边际报酬等于零之前。这一阶段边际报酬小于平均报酬，且呈递减趋势，但是在此阶段总报酬持续上升，并达到最高点。通常情况下，选择在第二阶段组织生产是合理的，但具体选择多少变动要素（资本），还要取决于产品价格和投入要素价格。

第三阶段（土地过度利用阶段）：边际报酬为零，总报酬达到最大。投入资本的边际报酬和生产弹性均为负增长，且平均报酬继续递减，总报酬也趋于下降，因此在这一阶段继续增加投入是不合理的。

对于工业用地利用而言，企业为了提高土地产出水平和收益，必定会在企业单位用地面积上投入更多的劳动、资本等生产要素，但工业用地的集约利用水平与各类生产要素投入之间并不是简单的线性关系，即不是生产要素投入越多越好，而是要根据土地收益递增递减规律，找出单位土地面积上要素最佳投资点。因此，工业企业集约用地的影响因素并不只是要素投入，而应该把其看作一个复杂的系统，应采用系统论的思维来提高工业集约用地水平。

2.2 工业化理论

2.2.1 工业化内涵

中国工业用地利用的变化，是在工业化阶段迅速推进的背景之下产生的。因此，要研究工业用地集约利用的内在规律，必须以工业发展理论为基础。工业化通常被定义为工业（特别是其中的制造业）或第二产业产值（或收入）在国民生产总值（或国民收入）中的比重不断上升的过程，以及工业就业人数在总就业人数中的比重不断上升的过程。工业发展是工业化的显著特征之一，但工业化并不能被狭隘地理解为工业发展，因为工业化是现代化的核心内容，是传统农业社会向现代工业社会转变的过程，在这一过程中，工业发展绝不是孤立进行的，而总是与农业、城市化和服务业发展相辅相成的。

与传统工业化相比，中国选择了中国特色新型工业化道路，中国共产党的十八大报告提出，要“推动信息化和工业化深度融合、工业化和城镇化良性互动”①，推动中国工业化进程的全面快速发展；2017 年，中国共产党的十九大报告进一步提出“加快建设制造强国，加快发展先进制造业”②。这是新时期全面建成小康社会的战略部署，也是解决中国经济社会发展深层次问题的路径选择。

2.2.2　工业化阶段理论

工业的发展，是遵循着一定的经济规律的。随着工业化进程的不断推进，工业用地的利用方式与特点也随之发生了深刻变化。目前，比较经典的工业化阶段理论主要包括以下几种。

1. 配第-克拉克定理

从源头上讲，“配第-克拉克定理”来自英国古典经济学家配第（2010）的《政治算术》，而真正对其归纳并加以验证的是克拉克。1940 年，克拉克出版了《经济进步的条件》一书，他以配第的研究为基础，对 40 多个国家和地区在不同时期三次产业的劳动投入产出资料进行了整理和归纳，总结出随着经济发展和人均国民收入水平的提高，劳动力呈现出首先由第一产业向第二产业转移，再向第三产业转移的演进趋势（Clark，1940）。

克拉克认为经济发展大致可分为三个阶段：第一阶段是经济发展的初级阶段，人们收入的主要来源是农业，而且收入很低，因此初级阶段的人均收入很低；第二阶段是随着经济的发展，制造业比重增加，由于制造业的人均收入要高于农业，劳动力首先由第一产业向第二产业转移，同时社会总体的人均收入提高；第三阶段是随着经济的进一步发展，第二产业的人均收入提高，其边际收益开始下降时，劳动力向第三产业转移，因此第三产业，特别是服务业获得了迅速发展，社会总体的人均收入也比前两个阶段有了较大程度的提高。

配第-克拉克定理揭示了工业化进程中产业结构演进的规律，表 2-1 ~ 表 2-4 所列的英国、法国、美国、日本四个国家的就业结构变动数据表明：随着工业化进程中经济的发展，劳动力不断从第一产业向第二产业，进而向第三产业转移。

---

① 胡锦涛：《坚定不移沿着中国特色社会主义道路前进 为全面建成小康社会而奋斗》，前线，2012 年第 12 期，第 13 页。

② 习近平：《决胜全面建成小康社会 夺取新时代中国特色社会主义伟大胜利》，前线，2017 年第 11 期，第 14 页。

表2-1　英国的就业结构历史变动情况

三次产业	1801年	1841年	1901年	1921年	1950年	1960年	1970年	1980年	1991年
第一产业	35%	23%	9%	7%	5%	3%	2%	2%	2%
第二产业	29%	43%	54%	55%	49%	46%	48%	37%	28%
第三产业	36%	34%	37%	38%	46%	51%	50%	61%	70%

资料来源：龚仰军和应勤俭（1999）

表2-2　法国的就业结构历史变动情况

三次产业	1866年	1911年	1951年	1970年	1980年	1992年
第一产业	43%	30%	20%	14%	9%	5%
第二产业	38%	43%	47%	39%	35%	28%
第三产业	19%	27%	33%	47%	56%	67%

资料来源：龚仰军和应勤俭（1999）

表2-3　美国的就业结构历史变动情况

三次产业	1870年	1910年	1950年	1960年	1970年	1980年	1992年
第一产业	51%	32%	13%	9%	4%	4%	3%
第二产业	30%	41%	31%	31%	30%	29%	24%
第三产业	19%	27%	56%	60%	66%	67%	73%

资料来源：龚仰军和应勤俭（1999）

表2-4　日本就业结构历史变动情况

三次产业	1910年	1920年	1930年	1940年	1950年	1960年	1970年	1980年	1990年
第一产业	59.5%	53.8%	49.7%	44.3%	48.5%	32.7%	19.3%	10.9%	7.1%
第二产业	18.7%	20.5%	20.5%	26.5%	21.8%	29.1%	34.0%	33.7%	33.1%
第三产业	21.8%	25.7%	29.8%	29.2%	29.7%	38.2%	46.7%	55.4%	59.8%

资料来源：龚仰军和应勤俭（1999）

配第-克拉克定理不仅可以从一个国家经济发展的时间序列中得到检验，同时可以通过分析不同国家在同一时点上的横断面比率，从发展水平各异的国家中得到类似的验证。概括起来就是对处于不同发展水平的国家而言，人均国民收入相对越低的国家农业劳动力比重相对越大，并且其第二产业和第三产业劳动力要素投入比重呈现出相对越小的特点；与之相反，对于人均国民收入相对越高的国家而言，其农业劳动力要素投入在全部就业劳动力中所占比重相对越小，并且其第二产业与第三产业中的劳动力要素投入所占份额相对越大。

美国经济学家西蒙·库兹涅茨利用现代经济理论体系进一步证明配第-克拉克

定理，同时他提出了人均收入影响理论，认为经济增长是产业结构转变的原因。该理论认为现代经济增长过程中产业结构变化所呈现出的特点，除了配第-克拉克定理所提到的三产业转移趋势，总结起来还包括以下特点。

（1）伴随着三次产业之间的转移，农业由传统的小规模、分散化经营向更高级的大规模、专业化生产过渡，且工业与服务业由传统的小规模、业主制企业向更高级的大规模、法人制企业方向发展。

（2）在工业部门内部结构中，各产业中的雇佣率和附加值率一起增加，但其中采掘业的比重却相对有所下降。

（3）在服务业结构中，商业及个人服务业与专门服务业和政府服务业的比重相对上升，而家庭服务业比重则呈现相对下降趋势。

（4）生产技术变化与科学技术创新使不同产业之间及工种之间与区域之间的劳动力发生了转移，并且随之导致了人口的城镇化转移（吴志强和李德华，2010）。

2. 霍夫曼定理

德国经济学家霍夫曼在《工业化的阶段和类型》中，通过分析多个完成了近代工业化进程的国家的消费资料工业生产与资本资料工业生产的比例关系，得出了霍夫曼比例。根据霍夫曼比例的变化趋势，把工业化的进程分为四个阶段（表 2-5）。

表2-5　霍夫曼工业阶段指标

工业化进程	霍夫曼比例
第一阶段	5（± 1.0）
第二阶段	2.5（± 1.0）
第三阶段	1（± 0.5）
第四阶段	< 1

资料来源：杨公朴和夏大慰（1999）

注：霍夫曼比例依据净产值计算

四个阶段的发展历程说明：在工业化的第一阶段，消费资料工业生产在制造业中占有统治地位，资本资料工业生产相对不发达，消费资料净产值平均为资本资料净产值的 5 倍；在第二阶段，资本资料工业发展较快，但与消费资料工业相比，其规模仍然偏小，该比例降为 2.5 左右；在第三阶段，资本资料工业仍以较快的速度发展，消费资料工业和资本资料工业的产业规模大致相当，霍夫曼比例大约为 1；在第四阶段，资本资料工业的规模将超出消费资料工业并继续上升，霍夫曼比例小于 1。

在该研究中，霍夫曼对 20 多个国家 1880 年（美国产业革命以后）至 1929 年消费资料工业和资本资料工业比重的数据进行了归纳，得出结果：处于第一阶段的国家有巴西、智利、印度、新西兰等；处于第二阶段的有日本、荷兰、丹麦、加拿大、匈牙利、南非、澳大利亚等国；处于第三阶段的有英国、瑞士、美国、法国、德国、比利时、瑞典等国；处于第四阶段的国家还未出现。

另外，即使在类似的工业结构的发展过程中，两个部门内部各个产业的发展仍然有着较大的差异。因此，每个特定的发展阶段，都有其主导性产业。这个主导性产业在各国各阶段的不同，是工业用地和人口、政治及社会结构等非经济要素作用的结果。通常，主导产业在最初的两个发展阶段是食品产业和纺织产业，在第三阶段为钢铁和机械工业。但在一些国家的第三阶段，纺织工业仍然占据主导地位。

因此，霍夫曼得出结论：在工业化的过程中，存在资本资料工业产值的比重持续上升的必然趋势。到 20 世纪 20 年代末期，在英国、美国、法国、德国等处于工业化中期末的国家中，资本资料工业产值与消费资料工业产值的比值已经大致齐平。霍夫曼进而预言，进入工业化的后期阶段以后，资本资料工业产值的比重将继续上升，成为主导的产业部门。在当时通行的国民经济只包含工业和农业两个主要的产业部门的分析框架下，这也意味着，资本资料工业在工业化后期将成为整个国民经济的主导产业部门。

也就是说，霍夫曼定理是根据工业化早期和中期的经验数据推算出来的，并把这些产业结构变化趋势外推到工业化后期，通过设定霍夫曼比例或霍夫曼系数，对各国工业化过程中消费资料和资本资料工业的相对地位的变化进行统计分析，从而得出结论：各国工业化无论开始于何时，一般具有相同的趋势，随着一国工业化的进展，消费资料部门与资本资料部门的净产值之比逐渐趋于下降，霍夫曼比例呈现出不断下降的趋势。值得注意的是，霍夫曼所研究的工业并非第二产业，它只包括制造业。

3. 钱纳里工业化阶段理论

1986 年，美国经济学家霍利斯 · 钱纳里，提出了钱纳里工业化阶段理论，从经济发展的长期过程中考察了制造业内部各产业部门的地位和作用的变动，揭示制造业内部结构转换的原因，即产业间存在着产业关联效应，为了解制造业内部的结构变动趋势奠定了基础。钱纳里利用第二次世界大战后发展中国家，特别是其中九个准工业化国家（地区）1960 年至 1980 年的数据，借助多国模型提出了增长模式，按照不同的人均收入水平，将一国（或地区）经济发展的过程划分为三个阶段六个时期，初级产业阶段是 141 ~ 280 美元。后续研究中为进一步讨论要素使用和生产率增长，扩展了初级产业阶段，在 141 美元之前增加了 100 ~ 140 美元的第零时期（表 2-6）。

表2-6　钱纳里的经济结构转变过程的时期划分与特征分析

发展阶段		人均收入变动范围		时期	结构特征
		1970 年/美元	1982 年/美元		
初级产业阶段		100 ~ 140	260 ~ 364	0	初级产品生产占主要地位，资本及劳动力增加是经济增长的主要推动力，全要素生产率增长极为缓慢
		141 ~ 280	365 ~ 728	1	
工业化阶段	初期	281 ~ 560	729 ~ 1 456	2	制造业对增长的贡献逐渐超过初级产品
	中期	561 ~ 1120	1 457 ~ 2 912	3	全要素生产率增长对经济增长的贡献超过劳动对经济增长的贡献，但小于资本增长对经济增长的贡献
	后期	1 121 ~ 2 100	2 913 ~ 5 460	4	全要素生产率增长对经济增长的贡献逐渐超过资本增长对经济增长的贡献
发展经济阶段		2 101 ~ 3 360	5 461 ~ 8 736	5	制造业、资本、全要素生产率的贡献均开始下降，农业将转变为生产率增长速度最高的部门
		3 361 ~ 5 040	8 737 ~ 13 104	6	

资料来源：钱纳里和塞尔昆（1989）

注：1970 年与 1982 年美元的换算因子是 2.6

其中，三个阶段分别指：初级产业阶段、工业化阶段和发展经济阶段。①初级产业阶段，是指经济发展初期对经济发展起主要作用的制造业部门，如食品、皮革、纺织等部门；②工业化阶段，是指经济发展中期对经济发展起主要作用的制造业部门，如非金属矿产品、橡胶制品、木材加工、石油、化工、煤炭制造等部门；③发展经济阶段，指在经济发展后期起主要作用的制造业部门，如服装和日用品、印刷出版、粗钢、纸制品、金属制品和机械制造等部门。

钱纳里的经济结构转变过程主要包括以下几个阶段。

（1）不发达经济阶段。产业结构以农业为主，没有或极少有现代工业，生产力水平很低。

（2）工业化初期阶段。产业结构由以农业为主的传统结构逐步向以现代化工业为主的工业化结构转变，工业中则以食品、烟草、采掘、建材等初级产品的生产为主。这一时期的产业主要是以劳动密集型产业为主。

（3）工业化中期阶段。制造业内部由轻型工业的迅速增长转向重型工业的迅速增长，非农业劳动力开始占主体，第三产业开始迅速发展，也就是重化工业阶段。重化工业的大规模发展是支持区域经济高速增长的关键因素，这一阶段产业大部分属于资本密集型产业。

（4）工业化后期阶段。在第一产业、第二产业协调发展的同时，第三产业开始由平稳增长转入持续高速增长，并成为区域经济增长的主要力量。这一时期发展最快的领域是第三产业，特别是新兴服务业，如金融、信息、广告、公用事业、咨询服务等。

（5）后工业化社会。制造业内部结构由以资本密集型产业为主导向以技术密集型产业为主导转换，同时生活方式现代化，高档、耐用消费品被推广普及。技术密集型产业的迅速发展是这一时期的主要特征。

（6）现代化社会。第三产业开始分化，知识密集型产业开始从服务业中分离出来，并占主导地位，人们消费的欲望呈现出多样性和多边性，开始追求个性。

钱纳里认为，经济增长是经济结构（产业结构）转变的结果，结构转变与人均收入有着规律性联系，在不同的收入水平上，经济增长依次经过以消费品工业、重化工业和高科技高附加值工业为不同侧重点的增长阶段。在上述过程中，经济增长具有加速趋势，而当经济发展完成工业化进入成熟经济以后，增长速度会明显放缓。

这是一种按照不同的经济发展水平进行产业划分的分类方法。某一产业的兴起和发展，取决于两个条件：一是生产力发展水平所提供的供给条件（生产设备、技术条件等）；二是需求结构，而需求结构也最终取决于生产力发展水平。因此，不同的经济发展阶段、不同的生产力发展水平决定了不同的产业和产业结构，这是确立该分类法的理论前提。

4. 雁行理论

雁行理论是由日本经济学家赤松要于 1935 年最先提出的。1932 年赤松要在研究日本的棉纺工业史时发现：明治维新以后，日本国内对棉线、棉织品的需求大量增加，因而进口也随之增加。随着对棉线、棉织品需求的增加，国内产量开始猛增，逐步能够满足国内的需求，取代了对产品的进口。随着棉线、棉织品国内产量的不断增加，出口也开始不断扩大，到 19 世纪末，棉线和棉织品的出口超过了进口。通过进一步研究，赤松要发现日本国内其他产业的发展也都遵循着这一规律，即国外进口、国内加工生产向国外出口。可见，雁行理论最早是用来描述后发国国内某一产业从产生到发展最后趋向衰退的过程的。

雁行理论的主要内容为：在初始阶段，后发国与先发国在比较优势的结构上有质的区别，此时，后发国出口的是初级产品，进口工业制成品，后发国与先发国的国际分工属于垂直型分工，但比较优势的结构是动态的、不断变化的；进入第二个阶段，随着后发国工业的发展，本国产品与进口的工业制成品逐步趋于同质，于是对工业制成品产生进口替代效应；在第三阶段，后发国在该工业制成品上的比较优势逐渐增强，开始大量生产该工业制成品，并逐渐向先发国出口该工业制成品。在后发国工业进程中，这种“进口—生产、进口替代—出口”的过程用曲线绘成图形呈倒“V”形，就像三只大雁列队在空中飞翔，故命名为“雁行理论”。

后来，赤松要对雁行理论进行了拓展。他将研究对象从某一个具体的产业拓展到一个行业，他发现日本的优势产业从纺织向化工、钢铁、汽车、电子行业依次转变，这种“进口—生产—出口”的规律由消费资料行业转向生产资料行业，由轻工业转向重化工业，时间上一个比一个晚。这时，雁行理论描述了后发国国内不同产业间的兴衰变化过程，反映了整个经济体系中产业的建立与升级的过程。

受 20 世纪末东南亚金融危机爆发、日本国内产业结构调整滞后，以及没能组成与欧美相抗衡的“东亚经济圈”等一系列事件的影响，人们开始重新审视雁行理论，并修改形成了后雁行理论等相关学说，提出了“双金字塔模式”“群行发展模式”“特技飞行模式”等新模式（侯燕飞，2011）。

2.3　工业区位理论

工业区位指工业所在的地理位置，可分为宏观和微观两个层面，前者指一个地区或国家的工业布局，后者指厂址的具体选择。

区位理论是人与特定的自然、社会等各类要素之间相互作用的一种系统性分布格局，主要包括农业区位论、工业区位论及市场区位论等，这些理论均从不同的视角揭示了地理位置与生产之间的关系。此后，区位理论逐步发展，将空间相互作用模式、各种规划模式及网络和扩散理论纳入理论体系中。

工业用地相较于传统的农业用地而言，一般均通过了“七通一平”或者“八通一平”等工程技术处理，其土地结构和属性较为均质，自然地理要素（如土壤、坡度等）对其影响程度较低。因此，工业企业的区位因素（如距离交通枢纽的距离、到城市中心的距离等）就上升为影响集约用地的重要因素。区位条件的优劣直接关系到工业的产业集聚水平、市场通达性及交通便捷性等；土地资源在不同用途、不同行业甚至不同部门之间的分配都在一定程度上受到区位因素的影响；此外，土地的利用结构、质量等级、差额税率等，也会受到地理区位的影响。而这些因素也都会影响土地集约利用水平，从而在一定程度上影响区域整体的土地集约利用水平、土地资源配置效率等。

2.3.1　韦伯工业区位论

在德国产业革命之后，其近代工业有了较快发展，从而形成了大规模的地域间人口移动，尤其是产业与人口向大城市集聚的现象极为显著。在这种背景下，德国经济学家阿尔弗雷德·韦伯（Alfred Weber，1868—1958），在 1909 年出版了《工业区位论》（韦伯，2010），提出了工业区位理论。韦伯从经济区位的角度，选择了生产、流通与消费三大经济活动基本环节中的工业生产活动为研究对象，通过探索工业生产活动的区位原理，试图说明和解释人口的地域间大规模移动及城市的人口与产业的集聚机制。

韦伯从简单假设出发，抽象分析工业生产分配过程，以纯区位规律的演绎方法研究工业区位问题，揭示了工业经济空间活动的基本规律和区域经济空间结构形成与演化的基本机制（集聚与扩散），并且采用微观分析的方法，分析了影响工业区位选择的三个因素，提出了决定工业区位的最小成本原理，即工业的地区分布应遵循“生产费用最小，节约费用最大”的基本原则，着重分析了运费、劳动力成本和集聚效应三个方面对工业区位的影响。

1. *运费指向理论*

在给定原料产地和消费地的基础上，如何确定仅考虑运费的工厂区位，即运费最小区位，是运费指向理论所要解决的问题。为了简化要素便于理论研究，其他因素如运输方式、货物的性质等都可以换算为重量和距离。工业生产与分发中的运输重量主要源于原料（包括燃料）及最终产品的重量。按原料的空间分布状况可分为遍在原料和局地原料，遍在原料为任何地方都存在的原料，局地原料为只有在特定场所才存在的原料。由于原料存在的地域特定性，工业生产地与之的关系将直接影响到生产的成本。运费指向理论中包含两个工业生产区位决定因子：原料指数和区位重量。

原料指数=局地原料重量/产品重量

区位重量=局地原料重量/产品重量+1=原料指数+1

在生产过程不可分割、消费地和局地原料产地都只有一个的前提下，以生产最小运费为目标的区位指向为：①原料指数>1（或区位重量>2）时，工厂区位在原料地；②原料指数<1（或区位重量<2）时，工厂区位在消费地；③原料指数=1（或区位重量=2）时，工厂区位在原料地、消费地都可（自由区位）。

2. *劳动力成本指向理论*

运费随着空间距离的变化，表现出一定的空间规律性；而劳动力成本则不具有这种特性，它属于地区差异性因子，是导致运费形成的区位格局发生变化的因子。韦伯的劳动力成本指向理论的思路是：工业区位由运费指向转为劳动力成本指向，仅限于节约的劳动力成本大于由此增加的运费，即在低廉劳动力成本地点布局带来的劳动力成本节约额比由最小运费点移动产生的运费增加额大时，那么，劳动力成本指向就占主导地位。

为了判断工业受劳动力成本指向的影响程度，韦伯提出了“劳动力成本指数”的概念，即每单位重量产品的平均劳动力成本。如果劳动力成本指数大，那么，从最小运费区位移向廉价劳动力区位的可能性就大。但是，考虑到劳动力成本指数只是判断劳动力指向的可能性大小，不是决定性因素，韦伯进一步提出了“劳动系数”的概念，即每单位区位重量的劳动费，以此表示劳动力成本的吸引力。

劳动系数=劳动力成本/区位重量

劳动系数大，表示远离运费最小区位的可能性大；劳动系数小则表示运费最小区位的指向性强。在现实条件中，劳动力成本指向还会受到各种各样其他条件的影响，韦伯将这些条件称为环境条件，其中作用较大的是人口密度和运费率。假如劳动力密度和人口密度正相关，那么，人口稀疏的地区工业区位倾向于运费指向；人口稠密的地区工业则倾向于劳动力成本指向。当运费率低时，即使远离运费最小地点，增加的运费也不至于很多，很可能少于所节约的劳动力成本，由此可能使工业区位集中在特定的劳动供给地。

综上所述，决定劳动力成本指向的条件如下：一是基于特定工业性质的条件，通过劳动力成本指数和劳动系数来衡量；二是人口密度和运费率等环境条件。

3. 集聚效应指向理论

集聚效应，是指某些工业部门向某地域集中所产生的一种大于所追加的运费或劳动力费用，从而使产品成本降低的效果。韦伯认为，运输成本和劳动力成本是区位中两个仅存的在区域内起作用的要素，任何其他对工业的地方积累和分布起作用的因素都包含在集聚力或分散力部分中，并且只在区域性因素所形成的一般框架中发挥作用。集聚因子主要分为两类：一是内部因素，即通过扩大生产规模、加强企业内部之间的分工与协作来降低生产成本，这种集聚一般是由“大规模经营的利益”或“大规模生产的利益”所引发；二是外部因素，是由多种企业在空间上集中产生的集聚，这种集聚利益主要来自企业间的协作、分工和基础设施的共同利用等。集聚又可分为纯粹集聚和偶然集聚两种类型，纯粹集聚是由技术性和经济性的集聚利益产生的集聚，也称为技术性集聚；偶然集聚是由诸如运费指向和劳动力成本指向的结果而带来的工业集中（李小建，2006）。

后来，韦伯进一步将集聚因素的作用分为两个阶段：第一阶段是由生产企业内部扩张形成的生产集聚，通过规模经济带来费用的节约；第二阶段是通过企业分工协作、劳动力市场的发展、市场完善及基础设施公用带来生产成本的降低。集聚效应使运费指向和劳动力成本指向的区位发生第二次“偏离”，当然这种偏离发生的前提应是由此产生的经济效益不小于工业区位发生转移后所追加的费用，具体推算方法可利用等费用曲线来进行。

2.3.2　勒施的市场区位论

德国学者勒施于 1940 年出版著作《经济区位论》，提出中心地模型。以勒施为代表人物的利润最大化区位理论从需求出发，认为最佳区位不是费用最小点也不是收入最大点，而是收入和费用之差的最大点，即利润最大化点。勒施提出区位决策的最终目标是寻找利润最大化点，因此大多数工业区位选择在能够获取最大利润的市场地域（李小建，2006）。

韦伯假定需求和价格已给定，即把收入看作一定的，但事实上，需求会随着价格的变化和市场地域大小的不同而变化，也会影响到生产区位的选择。如果各生产区位的生产价格不同，那么，各个生产区位所占有的市场地域大小也不同，即总需求不同，总需求的差异将带来收入的不同，最终导致最佳区位的空间变动。总之，价格、需求和区位之间有密切的联系。

勒施在建立市场区位模型时（勒施，2010），进行了如下条件假定：第一，市场区位位于均质平原，生产原材料均匀分布且足够用于生产，平原各处的运输状况相同，进行生产的必要原料充足且均等分布；第二，平原均匀分布消费习惯相同的农作物生产者，最初他们的生产自给自足，且消费者的行为相同；第三，区域内居民拥有相同的技术水平、知识掌握程度，所有的居民都可能得到参与生产的机会；第四，除了经济方面的作用外，其他因素都可不考虑。

在以上假设条件下，当市场唯一，即仅有一位生产者时，销售范围随销售量的增加而扩大，但受运费增加的限制，可知该产品的销售范围存在上限；当有多个同类产品市场，即存在多位生产者时，各市场呈正六边形，并彼此相连。之后，勒施对供应多种产品的市场进行研究，设定新的假设条件：第一，存在若干最小聚居地的分布呈蜂窝状，彼此间隔相同且已知；第二，存在若干生产区最小中心地，彼此间隔相同且已知；第三，生产区最小中心地位于消费者居住地点，并为相邻的六个生产区提供产品；第四，必要运输距离已知；第五，市场为正方形且面积已知。勒施在假设条件下得出以下观点：在空间逐渐趋于均衡的过程中，若干相同产品的市场区之间从彼此存有空白的小圆，形成彼此相切的大圆，当空间均衡时呈由若干正六边形组成的蜂窝状图形，即最大利润化点的最佳空间模型为正六边形。最后，不同产品形成若干正六边形，将完整的正方形市场区分割，组成市场区网络。这些正六边形的重心往往不会集中于同一位置，因此正六边形的数量主要取决于商品种类，不同商品形成的正六边形在正方形市场内互相交织成为市场区网络。勒施指出，这些市场区至少存在一个共同点，这一点的总需求不断增大从而形成大城市（Losch，1940）。

2.4　产业集聚理论

从经济学角度来说，集聚就是指经济活动在地理空间上的群集，是经济活动者为了获得某些优势条件或利益而向特定区域聚集的过程。产业集聚是指同一类型或不同类型的相关产业向一定地区的集中和聚合。这种聚合不能仅用空间上的区别来加以说明，如两个初始自然条件和禀赋类似的区域，其后来的发展趋势可能差异很大，这种差异的产生和扩大只能在自然条件之外寻找原因（石灵云，2008）。

在宏观尺度上，产业集聚是实现一个区域内土地集约利用的重要途径，同时是一个区域内土地集约利用的一种呈现结果。而产业集聚的驱动要素和内在机理，同样促进了区域范围内的工业用地的集约利用。因此，产业集聚理论也是本书的重要理论基础。

2.4.1　马歇尔产业区理论

马歇尔是最早关注工业集聚的经济学家，早在 19 世纪末，马歇尔基于对英国工业生产地理集聚的观察，创新性地提出了“产业区”的概念和理论，认为产业区作为与大企业相对应的产业组织模式，是同一产业中大量小企业在地理上的集中，这种集中能够获得与大规模生产类似的许多好处，并且这种地方产业系统与当地社会具有强烈的不可分割性（Marshall，1890）。

马歇尔将产业区定义为专业化产业集聚的特定地区。他认为影响专业化产业区的因素主要有：①自然条件，企业大都会选择靠近原料产地的地方聚集，以节约运输成本；②政府的政策补贴吸引了远方熟练工人的聚集，并培训了当地的工人，从而形成了熟练的劳动力市场；③协同创新的环境将有利于知识、技术、信息的外溢，从而促使大量专业化分工的企业的集聚；④辅助性行业的产生使对于高价机械的使用外部化，相比于各个企业分别购买高价机械生产，节省了大量的生产成本，因而吸引了企业的进一步集聚；⑤对专门技能的需求和供给促使了工业的集聚；⑥劳动需求结构的不平衡促使工业集聚以节约劳动成本；⑦为避免地区产业单一所导致的地区经济发展的较大波动，地区经济的持续发展需要工业种类的多样化；⑧顾客的便利促使商店集中。总之，马歇尔认为，以上原因促使工业为追求外部经济而聚集（马歇尔，1987）。

此外，马歇尔系统地阐述了集聚经济，在其产业区理论中内部经济（规模经济）、外部经济等论述，尤其是外部经济中劳动力市场、非贸易投入品及技术外溢这三个重要机制，成为当今研究产业集聚的重要范式。马歇尔认为，同一产业的大量企业的地理集聚可以产生地方化的外部规模经济——局地化经济（localization economies）。首先，集聚能够产生地理接近的优势，降低运输和交易的成本，且容易获得专业化的投入，如劳动力、服务和技术诀窍等。其次，集聚能够产生专业化经济，“企业间的劳动分工”使企业专业化于某一产品或某一特定的任务与工序，并向多种用户提供产品，因此产业区可以从多样化经济中获得好处，能够以不同方式生产最终产品而不降低生产效率。同时，能通过任务的专业化从规模经济中获得好处。最后，同一产业的区域专业化能够刺激外部经济和新的企业家精神的形成，将企业融入相互依赖的地方生产系统，并为其提供必要的市场机会（Marshall，1890；Marshall，1911）。

马歇尔除了强调产业区由集聚所产生的外部经济的好处外，他还强调产业与地方社会的不可分割性，并认为正是地方社会形成的社会规范和价值，对创新和经济协调起了关键作用。一方面，地方社会经济的相互依赖性、社会的熟悉性和面对面的交流，能够形成共有知识与相互信任，从而有助于降低地方生产系统的交易成本、方便信息与知识的流动、控制企业侵袭地方传统的行为、维持经济主体间竞争与合作的精巧平衡；另一方面，整个地方社会对公共项目的广泛参与，能够形成地方特定的“产业氛围”（industrial atmosphere），这种“产业氛围”包括基于自助、创新精神和地方归属感的生活道德伦理，自下而上创新的有规则流动，由企业间劳动力流动而产生的模仿文化，以及在特定细分市场上吸引顾客和贸易伙伴的区域声誉等，它们作为区域特定的“公共物品”，有助于劳动技能特别是意会知识和技能的形成与转移，促进创新、创新合作和创新的扩散。可见，马歇尔所定义的产业区和集聚经济，一开始就具有社会与地域有机整合的特征，空间接近和文化的同质性构成了产业区形成的两个重要条件。

2.4.2 增长极理论

增长极理论是西方发展经济学非均衡发展理论体系中具有代表性和广泛影响的理论。20 世纪 50 年代，在西方经济学界围绕平衡增长与非平衡增长的大论战中，增长极理论脱颖而出，其杰出代表是法国区域经济学家弗朗索瓦·佩鲁，佩鲁在《经济空间：理论的运用》（1950 年）和《略论增长极的概念》（1955 年）等著作中，最早提出“增长极”的概念和以“不平等动力学”或“支配关系”为基础的不平衡增长理论，来批判新古典增长理论的平衡增长观点。

Perroux（1955）认为，经济增长首先出现在具有创新能力的行业，而不是同时出现在所有的部门。这些具有创新能力的行业常常聚集于经济空间的某些点上，于是就形成了增长极。增长极就是具有空间聚集特点的推动性经济单位的集合体。经济的增长率先发生在增长极上，然后通过各种方式向外扩散，对整个经济发展产生影响（朱明春，1991）。区域经济学者引入佩鲁的增长极思想，结合地理空间理论，形成了解释区域经济增长机理和路径的区域增长极理论。

区域经济中的增长极是指具有推动性的主导产业和创新产业及其关联产业在

地理空间上集聚而形成的经济中心。增长极具有以下特点：在产业发展方面，增长极通过与周围地区的经济技术联系而成为区域产业发展的组织核心；在空间上，增长极通过与周围地区的空间关系而成为支配经济活动空间分布与组合的重心；在物质形态上，增长极就是区域的中心城市，并且，由于区域大小不同，增长极也有规模等级之分（李小建，2006）。

增长极理论的出发点是研究区域经济发展不平衡的规律，核心是在区域经济发展过程中，经济增长不会出现在所有地方，总是首先在少数区位条件优越的点上不断发展为经济增长中心极或城市。增长极通过支配效应、乘数效应、极化与扩散效应对区域经济活动产生组织作用。

（1）支配效应。增长极具有技术、经济方面的先进性，能够通过与周围地区的要素流动关系和商品供求关系对周围地区的经济活动产生支配作用。换句话说，周围地区的经济活动是随着增长极的变化而发生相应的变动的。

（2）乘数效应。增长极的发展对周围地区的经济发展产生示范、组织和带动作用，从而加强与周围地区的经济联系（Myrdal，1957）。在这个过程中，受循环累积因果机制的影响（赫希曼，1991），增长极对周围地区经济发展的作用会不断地强化，影响范围和程度也随之扩大和加深。

（3）极化与扩散效应。极化效应是指增长极的推动性产业吸引和拉动周围地区的要素与经济活动不断趋向增长极，从而加快增长极自身的成长。扩散效应是指增长极向周围地区输出要素和经济活动，从而刺激和推动周围地区的经济发展。增长极的极化效应和扩散效应的综合影响称为溢出效应。如果极化效应大于扩散效应，则溢出效应为负值，结果有利于增长极的发展；如果极化效应小于扩散效应，则溢出效应为正值，结果对周围地区经济发展有利。

基于以上三个增长极对于区域经济影响的作用机制可以发现：一方面，区域中的各种产业将以增长极为核心，建立区域产业结构；另一方面，增长极的形成必然改变区域的原始空间平衡状态，使区域空间不平衡。增长极的成长将进一步加剧区域的空间不平衡，导致区域内部经济发展差异。新的增长极的形成会改变区域原来的空间结构和产业结构，使之更为复杂。不同规模等级的增长极相互连接，共同形成了区域经济的增长中心体系和空间结构的主体框架。不难看出，增长极的形成、发展、衰落和消失，都将引起区域产业结构和空间结构发生相应的变化，从而对区域经济增长产生重大影响（李小建，2006）。

2.4.3　克鲁格曼中心-外围模型理论

克鲁格曼是新经济地理学的开创者，他提出的新经济地理模型是以非线性动力学理论为基础，将围绕经济活动的规模报酬递增、不完全竞争、运输成本、空间集聚纳入主流经济学的一般均衡分析之中，运用过程演进及动态模拟等研究方法，建立了三个基础模型，即中心–外围模型、历史和预期模型及区域专业化模型。

中心–外围模型阐释了两个外部条件相同的区域在报酬递增、要素流动及运输成本等因素的作用下，如何演变出不同生产结构的过程。根据中心–外围模型，假设一国仅有东、西两个区域，拥有报酬不变的农业、报酬递增的制造业两个部门及劳动力一种生产要素。劳动力生产要素具有专用性，即农民和工业工人分别从事各自的专业劳动，农民不能流动，工人可以流动；农民和工人在两个区域中均匀分布，农业部门生产相同产品，规模报酬不变，农业工资处处相同；制造业规模报酬递增，生产不同的产品，并且存在运输成本，工人从低工资向高工资区域流动。工业部门区位选择需要考虑三个方面：区域需求规模、运输成本和报酬递增。工业部门在区域内均衡分布分为三种：完全分布于东部地区、完全分布于西部地区、在东西部地区均等分布。在不同分布情况下，工业厂商存在不同的选择。当东西部地区运输成本高，且需求较小、规模经济不明显时，工业厂商在两个地区等量分布；当东部地区运输成本低，且在地区需求显著不同、存在规模经济时，工业厂商将完全分布在需求高的地区，而农业会在东、西两个工业区的外围，即形成农业在边缘地带、工业位于核心区域的中心–外围结构。

克鲁格曼的研究使学术界再次聚焦产业集聚问题，使之成为研究的热点领域。集聚的中心会在哪个地区形成，一些不确定的偶然因素和历史事件等看似没有内在联系的要素起了决定性作用。一个地区会因历史因素或者偶然因素生成初始条件，从而影响制造业的空间分布，行业内的新企业可能会由于“路径依赖”作用继续选址于此。集聚中心产生之后，就会产生循环累积作用，能够获得自我维持能力。克鲁格曼借鉴了马歇尔对外部规模经济的分析，并将马歇尔的观点归纳为劳动力池、中间投入品共享及技术外溢。经济活动在空间上处于聚集状态还是分散状态，主要看促使产业地理集中的“向心力”和分散产业地理集中的“离心力”两种力量互相作用的结果如何。“向心力”主要包括市场规模效应、市场需求（包括前向和后向产业关联）、充裕的劳动力市场、较低的运输成本和纯外部经济性。“离心力”包括要素的不可流动性、地租和过度竞争及纯外部不经济性。土地等资源受自然条件制约是不可流动的，受国别的限制，劳动力在国际也不能自由流动，这些都妨碍产业的集中。分散的要素只能催生分散的市场，企业选择在接近消费者的地方进行生产。经济活动集中的区域，地租也随之上涨，将妨碍产业进一步集中，这就产生了拥挤这样的纯外部非经济性（Krugman，1995）。

2.5　企业行为理论

依据管理学与企业组织理论，企业行为是指企业在一定的环境下，为了达到某种目的而开展的特定活动，企业在开展某项活动的过程中，往往受到其内部因素与外部因素的相互促进和相互制约。企业行为在一定程度上可以反映出企业的经营目标，而企业经营目标又构成了企业行为的源泉和准则。

企业行为理论是对企业的经济决策进行验证和确定的一般性理论，其内涵包括以下四个部分的内容：①企业的组织目标，不能把追求最大利润看成企业的首要原则，企业应着重考虑以下四个目标，即生产目标、库存目标、销售目标、收益目标；②企业的组织设想，可以理解为，企业是收集、处理、传递有关环境情报的信息系统；③企业的组织选择，怎样在企业中选择实现企业经济目标的手段，以及如何规定选择手段的程序；④企业的组织控制，即关于执行企业的组织决策的设想（孙耀君，1999）。

而企业行为理论的核心思想主要包括：有限理性、不完全环境匹配、未解决的冲突（西尔特和马奇，2008）。

（1）有限理性。在现实中，理性的行为人受信息和计算能力的限制，很难对最优决策进行明确的计算并且及时得到计算结果。在新古典企业理论中，组织确定、选择、实施最优的备选方案；在企业行为理论中，组织以多种方式对决策问题进行简化，他们设定目标并且寻找那些满足目标的备选方案，而并不是试图找到一个想象中的最优的解决办法。组织通过监督目标的实现情况来分配注意力，按照一定的顺序关注目标，而不是同时关注所有的目标。组织的运营程序也遵循拇指规则和标准运营程序。

（2）不完全环境匹配。行为人运用的规则、形式及惯例，并不单纯取决于他们所处环境的要求。在新古典企业理论中，研究者假定竞争将产生具有绝对生存优势的规则，并且这种规则形式将在相似的竞争环境中普及，因此组织之间遵循的规则及规则具体形式的差异起源于他们所处环境的差异，由于某一特定的组织形式（如层级制、劳动分工等）具有普遍的优势，研究者才假设他们取得了优势地位。与此相反，企业行为理论强调历史的无效率性，环境与组织遵循的规则之间的匹配可能缓慢地演化着，或者它们之间具有不确定性，上述情况导致了企业行为理论强调对组织适应过程加以详细说明的重要性。

（3）未解决的冲突。假设经济组织中包括多个行为人，这些行为人之间具有雇佣契约未完全解决的利益冲突问题。新古典企业理论承认经济人具有自利性这一原则，但是却忽略了企业内部的利益冲突，或者假定预先的契约可以保证雇员按照企业家的利益行事，从而解决企业内部的利益冲突。对此，企业行为理论做出了不同的假设，即行为人不断地进行谈判和再谈判，以确定组织、集团及个体之间的利益关系，但是行为人之间很难达成利益的一致，即使达成一致，这种一致也是难以维持的。

结合企业行为理论，就工业企业而言，在企业自发的或有目的性的实际反应中，无论是外部环境还是内部因素，都是通过企业的决策来影响要素投入，进而影响企业集约用地。随着近年来土地资源的稀缺程度日益凸显，政府作为公共管理的主要参与者，对土地的调控和规制也越发严格，因此要考虑到政府调控对于工业企业决策和对土地利用集约度的影响。与此同时，土地市场化改革的深入，使土地价格有效反映其市场价值，土地要素价格的提升增加了企业的生产成本，进而改变了企业的生产要素投入策略，影响了企业的土地集约利用水平。

2.6　要素替代相关理论

2.6.1　要素替代弹性理论

“要素替代”最早是由 Hicks 在 1932 年的《工资理论》中提出的：“替代弹性是指要素投入比的变化率与其相对价格变化率的比值，它反映了要素相对价格变化对投入比例的影响。”要素替代弹性主要反映生产过程中要素的相对投入比例对相对价格变化的敏感程度。

Irmen 和 Klump（2009）在研究资本与劳动要素替代弹性时提出了效率效应和分配效应，为理解替代弹性在经济增长过程中的作用提供了参考。效率效应主要描述要素替代对投入要素生产率的影响，表现为替代弹性的提高有利于要素边际产出的增加；分配效应表现为替代弹性大小会影响资本积累，即如果资本收入储蓄率大于劳动，则人均资本存量将随着要素替代弹性的增大而提高（de La Grandville，1989）。

此外，替代弹性的分配效应还体现在技术进步偏向。多数研究将技术进步视为中性，即技术进步使资本和劳动的效率水平以相同的速度提高，但要素丰裕度的变化会引起要素相对价格的变化，从而影响技术进步方向（陈晓玲和连玉君，2013）。Hicks（1932）指出，某种生产要素相对价格的提高会使人们减少使用该要素的技术发明和创新，即诱导创新会导致该要素生产效率提高的速度更快。因此，现实中往往两种要素效率水平提高的速度不同，技术进步存在偏向性，即有偏技术进步。

土地要素是传统的生产三要素之一，随着中国土地市场化的不断完善，土地要素的价格作为市场信号越来越能体现出其供需关系，反映到企业的实际经营决策中，也必然会考虑土地成本进行要素投入。而随着土地价格的升高，企业就会采用劳动、资本等其他生产要素的投入来部分替代土地要素投入。这种要素替代投入在土地利用领域就表现为土地集约利用水平的提高。

2.6.2　要素替代与工业用地集约利用

研究增长的经济学家发现，无论是发达国家还是发展中国家，经济增长主要取决于四个方面：劳动力的数量和质量；土地和其他自然资源的丰富程度；资本积累；技术变革和创新（萨缪尔森，1984）。早期的经济学家，如亚当·斯密和马尔萨斯，在其古典动态模型中强调土地在经济增长中的重要作用。在《国富论》（1776 年）中，亚当·斯密表示在最初的黄金时代，土地可以自由利用，人们不断开垦土地，使经济获得增长。但是因为土地资源的有限性，黄金时代不可能永远维持。随着人口的增加，土地资源被开发殆尽，土地、劳动和经济的平衡增长将不复存在。于是新增加的劳动开始挤在已经开发的土地上，土地变得稀缺，地租开始提高，以便于土地资源的配置。在不考虑技术进步和资本积累的前提下，马尔萨斯给出了悲观的预期，他认为新增劳动力不断被投入在既定的土地上，边际收益递减规律使劳动边际产出下降，实际工资率也会下降，人口压力使经济环境恶化到劳工们处于仅能维持生存的最低生活水平。

然而，马尔萨斯预言的困境并未出现，劳动力质量的提高、技术进步和管理水平的发展使土地不再是制约经济发展的要素，此时替代弹性通过效率效应促进了经济增长，提高了土地利用效率。

马尔萨斯预言的落空引发了新思考，罗伯特·索罗改进了新古典经济增长模型，并提出了资本的深化和广化。而在土地利用过程中，实际上也存在着资本的深化和广化（相对于索罗模型中的人均资本，此处可看作地均资本的深化和广化）。资本的深化过程实际上也是一种要素替代过程。以工业为例，发展初期，土地资源丰沛、土地成本低廉，企业扩产时倾向于扩大面积或建立新厂，推动地均资本的广化。之后随着经济的发展，土地资源日渐稀缺，地租上升导致企业扩大面积或建立新厂不经济，同时资本的积累引发投资需求，企业倾向于在原有土地面积上增加厂房、设备、劳动力要素等投资而非扩建厂区，从而提高了土地利用效率，同时实现了地均资本的深化。索罗模型中，人均资本的深化推动了经济增长，而根据本书的理论分析，在工业化进程中，地均资本的深化过程同样推动了工业发展，也提高了土地资源的利用效率。此过程体现了要素替代的分配效应。

新古典经济理论的另一要素是技术变革。加入技术变革的总生产函数上移，新发明新技术使全要素生产率得到提高。随着地均资本的不断深化，要素替代弹性的效率效应不足以弥补边际产量递减，同时资源的有限性倒逼企业提升要素利用效率，这就产生了技术进步需求。

第3章　工业用地集约利用的机理分析

工业用地集约利用的研究经历了内涵概念的探讨—集约现状的评价—影响因素的剖析几个阶段：初期以内涵概念的定性讨论及指标方法的尝试研究为主，之后辅以各种层次的实证研究来评价土地集约利用现状。随着研究的深入发展，对于其驱动因素及内在机理的探寻已经成为摆在人们面前的新课题。

工业用地集约利用水平的提高，由微观企业属性、区域中观环境、宏观政策导向等共同决定。从微观层面上来讲，工业用地集约利用水平取决于企业属性；从中观层面来讲，工业用地集约利用受企业所在区位、区域经济环境等影响；从宏观层面上来讲，土地利用与国家的土地政策、产业政策、要素市场环境等息息相关。而政策因素又反过来影响中观层面上的区域经济、产业布局和微观层面上的企业要素投入选择。

因此，工业化进程中的土地集约利用机理表现在两条路径、三个层面上。一条路径是驱动力的传导，另一条路径是集约用地内涵的扩展。三个层面分别为微观层面、中观层面和宏观层面。具体来说，驱动力三个层面传导表现如下：首先是微观层面的驱动力（微观企业的要素投入、经营决策等）；其次是中观层面的驱动力（区位因素、区域经济环境、区域土地市场发育程度等）；最后是宏观层面的驱动力（土地政策、产业政策、工业化水平等）。工业企业集约用地内涵三个层面具体表现如下：首先是各工业企业对土地的集约高效利用（从企业自身的经营角度实现用地高效集约）；其次是区域内的产业集聚（工业园等形式）所带来的规模效应增加，一方面使各企业的土地利用效率能够再次提升，另一方面通过土地类型的整合提升园区整体的土地集约利用水平；到了宏观层面，则是产业发展（产业类型、结构、高度等）与区域经济阶段、资源禀赋等因素综合协调匹配，涉及产业结构、空间分布及发展时序等众多方面，是更为广泛、复杂的过程。

3.1 微观层面的工业用地集约利用机理

3.1.1 要素替代

土地价格是影响企业生产决策中土地与劳动、资本、技术等要素之间替代弹性的主要原因。土地价格上升，使土地成本随之升高，在企业总支出一定的情况下，企业多倾向于用较多的劳动和资本来替代土地投入，从而使单位土地上的要素聚集度增加，在土地边际报酬递增阶段，单位土地产出也随之增加，从而提高了土地集约利用水平。反之，土地价格降低，将使企业倾向于使用较多的土地，从而降低了单位土地上的要素聚集度，降低土地集约利用水平。依据微观经济学的长期生产理论，土地与劳力、资本一样，属于生产函数中经典的基本生产要素。亚当·斯密和马尔萨斯等经济学家，曾通过古典动态模型解释了土地在经济增长中的关键作用，在经济增长初期，土地资源丰富，人们不断开垦土地，实现了经济增长。但是，随着土地资源有限性越来越突出，土地价格开始上升，为了节约成本，新增加的劳动和资本等要素开始投入已经开发的土地上，提升了土地利用集约度。然而，随着劳动力质量的提高，技术进步和管理水平的提高使土地不再是制约经济发展的主要因素，此时替代弹性通过效率效应促进了经济增长，提高了土地利用集约度。因此，从根本来说，实现土地集约利用就是使用其他要素投入替代土地要素投入，要素替代是土地集约利用的动力机制之一。

图 3-1 阐释了工业用地企业内要素替代效应。假设企业生产过程有土地（L）和其他（K）两种投入要素。Q_1、Q_2 和 Q_3 为等生产线，Q 为一定技术水平下企业等产量曲线的包络线。射线 l 表示每一单位产出中 L 和 K 的投入比例，即要素投入结构。Y 表示工业用地企业的产出水平。要素价格促使企业选择最优的生产要素结构（相对价格线与等生产线的切点）。工业用地市场化改革前，土地价格被人为压低，在要素相对价格 P_1P_1 下，企业最优生产决策点均为 E_1。工业用地市场化改革后，供求机制作用下的工业用地价格变得相对昂贵，要素相对价格线由 P_1P_1 旋转为 P_2P_2，出于竞争压力和成本考虑，企业通过减少工业用地投入、增加其他投入来保持产出不变，企业最优生产决策点变为 E_2，因此在工业用地相对价格提高的情况下，企业在利用其他要素（K）替代工业用地（L）的同时提高了工业用地利用效率，并且可见，土地价格与土地集约利用水平之间应呈正相关关系。

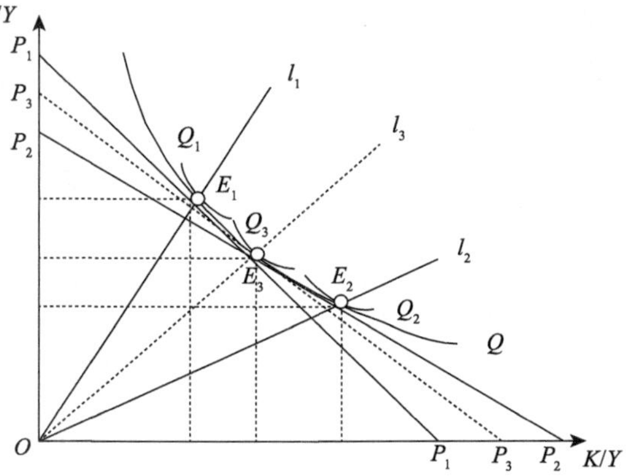

图 3-1　企业内要素替代效应

3.1.2　企业属性

土地集约利用最早出现在李嘉图等古典政治经济学家提出的地租理论中。土地集约利用就是在固定的土地面积上，投入较多的生产要素，以在较小的土地面积上收获较多的产量。集约用地概念起始用于农业用地，后来随着城市的发展，集约用地也逐渐用于建设用地，但理论本质并没有改变，即以在固定的土地面积上获得最大的产出，或者在固定产出下使用最小的土地面积。这个概念主要侧重于地块的高效利用，也是微观层面的土地集约利用概念。

从理论上讲，在单位土地面积上持续地增加劳动、资本等生产要素，只要不达到土地的边际报酬递减阶段，增加投入总是能够提高土地的集约利用水平。从中国目前发展阶段与用地现状分析，工业用地的利用较为粗放，尚处于边际报酬递增阶段。因此，企业经营投入增加理应促进企业集约用地。这就意味着，更多的要素投入对产值的影响是正向的，单位土地的投入要素越多，产值就越高，工业用地集约利用水平也就越高。

不同属性的工业企业，其土地利用方式、要素投入密度也不尽相同，结合要素投入和微观企业属性特点，可以理清传导机理。企业的内在属性主要包括企业所属行业（轻、重工业）、所有制结构及企业规模等。一般来说，重工业企业初始固定资产投入多，后续资金需求量也较大，多属于资本密集型产业，工业用地集约利用水平较高，而轻工业企业则相反。同时，不同所有制结构的企业获得土地的方式可能存在较大差别，如国有工业企业用地在计划经济体制下一般通过划拨等获得，其土地成本往往较低，而外资企业用地一般在土地市场上通过竞价获得，其成本较高。这种土地成本的差异在一定程度上影响其土地集约利用水平，高成本的土地集约利用效率相对较高，而低成本的土地粗放利用较为严重。同时，企业规模也影响集约利用水平。依据企业经营理论，在一定时期内，随着产品绝对数量上升，单位产品的成本会随之下降。由此推断，随着企业规模的扩大，单位土地上投入产出也应随之增加。

企业属性很大程度上决定了企业要素投入比例和要素投入密度，企业是资本密集型还是劳动密集型，直接影响单位面积上投入的资本、劳动数量。企业属于重工业还是轻工业又直接影响其资本密集度和劳动密集度。而企业是国企、私企还是合资企业，会一定程度上影响其取得土地的成本、获得政府补贴的金额等。这些投入要素的密度、土地获取成本最直接地影响土地利用集约度，理论上讲，要素投入密度大、土地获取成本高会促使企业更加高效地利用土地。最终，企业属性因素对微观层面上的土地集约利用的影响都是通过资本、劳动、研发、补贴等要素投入密集程度体现和传导的。

3.2 中观层面的工业用地集约利用机理

3.2.1 企业区位布局

区位布局对于企业生产的影响可追溯到级差地租理论、韦伯的工业区位论及马歇尔的产业区理论等早期理论。在土地资源稀缺的背景下，区位对于企业生产的影响日益重要。通常来讲，当企业拥有良好的地理区位时，企业周边的产业聚集度较高、交通通达性较好、各类设施和设备较齐全，企业在经营过程中的信息成本和物流成本等会有不同程度降低，经济正外部性较强，从而促进企业收益增加，提高土地集约利用水平。

根据韦伯的工业区位论和马歇尔的产业区理论，企业在进行区位选择时会考虑到自然条件、地理位置、地区政策环境、基础设施服务水平及专业技能供给状态等条件。企业为获得规模经济、共享基础设施及服务产生的外部效应，在一定的区域内不断聚集，从而产生集聚效应。一方面，企业的集聚能够吸引技能熟练的劳动力，产生知识、技术、信息的外溢；另一方面，能够促进辅助性行业的发展，使高价机械与服务共享化，节省了大量的生产成本。集聚效应又吸引了企业的进一步集聚，逐渐产生规模经济，释放经济的正外部性，提高经济增长效率和土地集约利用水平。

此外，工业园区作为中国工业发展的一个重要组成部分，在促进产业集聚和工业用地集约利用方面发挥了重要作用。工业园区是政府推进工业化的一种有效组织形式及着力点，是一种特殊的区位环境。在工业园区，政府把这一块区域分割出来作为体制和机制的窗口，进行一系列的体制革新和制度创新，从而优化区域经济发展的软环境；政府也把这一块区域作为政府掌握的资源的集中投入之地，通过市场手段和行政手段相结合的办法大力推进基础设施建设，从而优化区域经济发展硬环境。工业园区由于吸引了大量产业集聚，土地利用方式相对集中，土地利用规划有针对性并且相对整合，有利于实行土地利用的调控与引导，有利于促进土地的科学和集约利用。

3.2.2　外部经济环境

随着研究的深入，土地集约利用的内涵进一步扩展，除了微观层面的土地集约利用，区域层面的土地集约利用为集约用地提供了新视角。单个企业的集约用地并不能保证区域用地的高效性，若想实现区域土地集约利用，势必要在各个层次上综合调控、共同努力，从具体地块的土地集约利用到土地结构与布局优化，乃至于实现区域层面上的土地高效利用、互相协调、相互促进，才能保证区域土地集约利用的实现。

保证区域经济环境、基础设施建设、企业外部性、规模化效应等与微观企业发展需要相匹配也是提升土地利用集约度的现实需求。因为除了企业属性，微观工业企业的产出效率也在很大程度上受到其所在地的中观区域经济环境影响。这一点，在区域经济学和新经济地理学里都有体现。区位理论作为区域经济学的理论核心，其来源是微观企业的具体选址问题。所有企业必须落脚于实实在在的土地上，因此土地利用是企业经营决策的重要组成部分，区位也必然成为企业选址的影响因素。尤其是在土地资源稀缺的背景下，地理区位的优劣直接关系着产业聚集水平、交通便捷性及市场通达性，并进一步影响到土地集约利用水平。一般来说，区域发展阶段与经济水平越高，企业的管理水平、要素配置等水平也越高，这些因素均能显著提高土地集约利用水平。同时，随着工业化进程的推进，产业逐步集聚，体现出一定的区位倾向性，可进一步发挥集聚的正外部性和规模效应，提升土地集约利用水平。而考虑到产品运输成本，企业所处区位也在一定程度上影响土地利用，企业所在地的交通是否便利，以及是否位于港口的经济辐射区域，决定了企业产品的运输成本，并影响企业最终利润。在全球化趋势和国际贸易物流方式为海运的情况下，企业所处区位与土地利用效率息息相关，这符合经济地理学理论。同时，企业所处区位的基准地价也在一定程度上体现其区位优势度，而且基准地价的高低可为实际成交价格提供参考，影响企业获得土地的成本。这样一来，基准地价起到筛选作用，能高效利用土地的企业才能与好区位、高地价相匹配。

因此，越是经济水平高、基础设施好、交通便利的区域，越能够吸引企业落脚于此，进而形成规模化和产业集聚，企业间利用正的外部性和上下游关系等更好地实现资源优化利用，也提高了土地利用效率，进而实现了区域土地集约利用。

综上，结合企业自身属性和企业外部环境，分别从企业微观层面和中观区域层面梳理了土地集约利用的直接驱动因素、间接驱动因素与传导机理。同时探讨了微观和中观视角上的土地集约利用实现路径，具体路径图可以概括如下（图 3-2）。

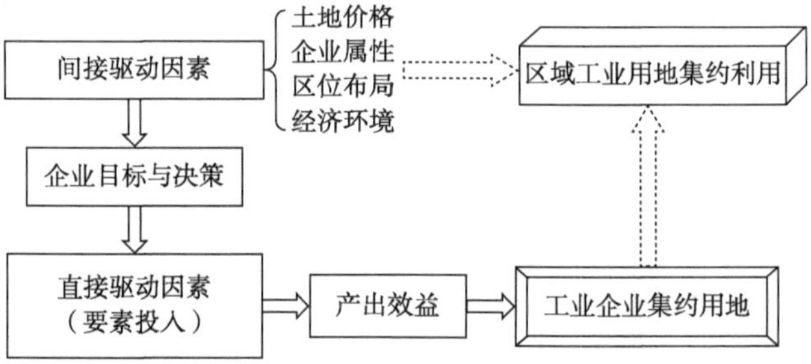

图 3-2　微观和中观视角上的土地集约利用实现路径图

3.3　宏观层面的工业用地集约利用机理

3.3.1　宏观政策导向

从全球比较来看，中国人均土地面积不具优势，同时为了保证我国人口的粮食安全，大量的土地被投入农业生产活动，可供利用的建设用地更加稀缺。仅仅实现区域层面的土地集约利用并不是高效利用土地资源的最佳状态，达到全国范围内的土地集约利用才是资源约束下的最终需求。因此，在宏观层面上探讨土地集约利用再次拓宽了集约用地概念，丰富了集约用地内涵。

结合前面的论述可知，土地集约利用内涵发展历程也是一个从微观到宏观的过程。早期的古典经济学家关于边际报酬递减规律的研究就是基于微观经济角度进行衡量的，而后期的土地布局与结构优化则是从宏观角度进行考量的。

土地资源管理，属于公共资源的管理范畴。但与其他公共资源管理不同，中国土地制度、土地产权制度改革后，土地又具有私有物品的性质。因此，对土地资源（尤其是工业用地等）的管理就要兼顾宏观与微观层面，土地集约利用的引导也是如此。一方面，由于公共资源的特性，加之土地资源的利用具有明显的外部性，政府部门必须采取强有力的管控措施来限制工业用地的粗放增长；另一方面，针对现有工业用地，又应该兼顾其经营特点加以合理引导，促进土地的集约高效利用。

在耕地红线的限制和后备资源不足的背景下，要想全方位实现工业用地集约利用，最重要的是在宏观层面指导产业结构升级，提升产业结构高度和合理度。

从宏观上来看，中国特有的土地管理制度决定了工业用地利用进程的特殊性，之前，在计划经济体制下，生产主要以自上而下的方式进行组织，要素完全由计划者分配，土地也是以划拨的形式配置，难以体现其价值，造成了土地低效利用。同时，中国工业化发展的一大特点就是区域工业化水平存在梯度差异。集中力量优先发展东部地区的策略保证了东部地区的工业高速增长，在此过程中投入了大量土地，大量劳动力也由中西部地区输入东部地区。如今，东部地区进入工业化后期，中部地区正在工业化快速发展进程中，西部地区工业化起步较晚，水平相对较低。东部地区土地资源后备不足和人口红利拐点的出现倒逼东部地区产业结构升级。

而随着工业经济的发展，土地要素稀缺性逐渐显现，甚至成了沿海地区经济发展的瓶颈，国家开始重视土地集约利用，并立法推进产业结构合理化、高度化。2002 年 5 月，国土资源部发布的《招标拍卖挂牌出让国有土地使用权规定》明确规定："商业、旅游、娱乐和商品住宅等各类经营性用地，必须以招标、拍卖或者挂牌方式出让。"2007 年，国有建设用地出让也开始纳入招标、拍卖或挂牌政策。2008 年 1 月，国土资源部公布修订版《工业项目建设用地控制指标》，旨在提高用地准入门槛，各省区市也积极响应此政策。随着工业经济的发展和国家产业优化的需要，政策也开始对产业转移和产业升级进行布局和指导。中国共产党的十六大报告《全面建设小康社会，开创中国特色社会主义事业新局面》（2002 年）指出，"推进产业结构优化升级，形成以高新技术产业为先导、基础产业和制造业为支撑、服务业全面发展的产业格局"。由此一来，各省区市积极推进"退二进三""腾笼换鸟"等产业政策指导。产业结构是经济结构的核心与基础，产业结构体现了一个国家或地区经济增长的基本趋势及增长方式。此外，产业结构演进与优化的过程也关系到工业用地在利用类型及强度和工业用地空间结构方面的变化，伴随着经济发展及产业结构进一步优化，势必会使土地要素的配置状态发生改变，同时改变土地利用用途及结构。与此同时，产业结构体现出不断调整、优化的特征及趋势，土地要素的利用结构向着相对合理的方向发展。因此，产业结构优化升级应该与土地集约利用并进，其互动机理可概括如图 3-3 所示。

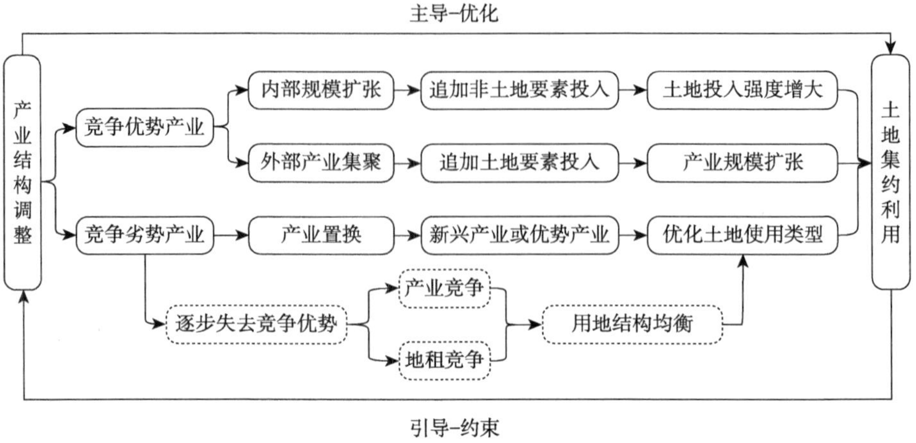

图 3-3　产业结构调整与土地集约利用的互动机理框架

整体上来讲，产业结构调整可以主导和优化土地利用。在调整过程中，具有竞争优势的企业有能力支付较高的地租，因此其位置多处于城市集聚效应较突出的地段。而在产业发展过程中，为实现利润最大化，企业必将追加要素投入来实现规模扩张，以期实现规模经济的同时通过扩大产量来占领市场、获得抢先优势。产业实现规模扩张一般通过内部规模扩张与外部产业集聚共同实现，产业内部规模扩张表现为增加单位土地面积上劳动、资本、技术等要素的投入，使土地投入强度增大；外部产业集聚表现为产业部门通过扩建厂房或建设新厂的方式增加土地要素投入实现规模扩张，使土地向该产业集中。土地集中的过程是土地要素从低效益产业中脱离并投入高效益产业的过程。在竞争优势产业实现规模扩张的过程中，土地利用效益提高，促进了土地集约利用。

而处于劣势的产业存在着产业内部结构不合理且自身经营效益低的问题。面对越来越激烈的土地竞争压力，如果不能及时改善自身经营状况，企业必须对其生产规模和土地区位选择做出新的调整，甚至有些经营不善的企业面临退出该产业，从而实现产业置换的情况。与此同时，新兴产业或优势产业凭借其强大的竞争优势发展壮大，并逐渐淘汰低效率的老产业。具体而言，新产业一般提供比老产业更符合时代需求特征的产品和服务，在新产业形成初期，生产厂商数量可能不多，如果该部门提供的生产和服务还不能完全满足社会的需求，就会引起产品和劳务价格的上涨，使从事该部门生产和服务的企业能够获得可观的超额利润，在利润最大化的动机驱使下，厂商必将努力扩大其产出。一方面，可以通过引进先进设备或者进行技术再创新，提升产品的生产速度和效率；另一方面，可以通过产业规模的扩张，如扩建厂房、追加生产线的方式，提高产品的社会总生产速度。而技术再创新和生产效率的大幅提升在短期内难以实现，所以新兴产业部门往往采取规模扩张的方式来扩大其产出，使追求收益最大化的土地资源从利用效率低的老产业向新兴产业部门集中，形成新的土地利用结构的同时提高土地利用集约度。

至此，本章的前三个小节已经结合集约用地的内涵从微观、中观和宏观层面阐述了集约用地驱动机理，而实际上，土地集约利用的驱动力并不是单线传导，而是各个层面之间相互影响。宏观政策影响要素市场，要素市场进一步影响企业决策，结合微观经济学和产业组织理论进一步分析，才能完整展现驱动力整体传导路径。

3.3.2　要素市场环境

宏观政策在引导经济发展中的作用不容忽视，而改革开放极大地释放了经济活力，资本、劳动等要素的流动性被激活是经济增长的来源和保障，要素市场环境对于提高经济增长效率起到了关键作用。相关研究表明，无论是发达国家还是发展中国家，经济增长主要取决于四个方面：劳动力的数量和质量；土地和其他自然资源的丰富程度；资本积累；技术变革和创新。

从宏观来说，土地集约利用属于公共资源管理范畴，是政府想要实现的目标；而从企业自身来说，该目标与政策决策间具有一定程度的重合性，但又具有显著差异。因此，从产业组织理论的角度分析公共目标与企业自身目标的异同，以及考虑政府因素影响下的企业决策目标及要素投入行为，也是资源环境约束下土地集约利用实现的机理之一。

就土地而言，其市场化程度暂时没有资本、劳动力那么高，但也在近年来逐渐提升。改革开放后，土地资源的配置开始逐步向市场化过渡。但在土地市场化改革初期，许多地区为了招商引资，人为压低地价，造成了土地价格扭曲，进而影响到土地资源配置，造成了土地的粗放利用。之后，随着土地市场化改革的逐步深入，工业用地招标、拍卖或挂牌方式出让逐渐取代协议和划拨出让，市场机制在工业用地价格形成中的作用逐步增强，土地的稀缺性得以体现，土地价格开始回归其价值本身。合理的土地价格能够充分反映市场供需状态，促进土地资源在产业间合理配置。另外，土地成本上升压力会迫使土地使用者努力提高其竞争和盈利能力，盈利能力又取决于其对于各类投入要素（包括土地要素）的效率水平。因此，工业用地市场化改革会促进土地资源在部门间合理配置，保证工业用地配置到利用水平最高的使用者手中，从而提高工业用地整体利用效率（图 3-4）。

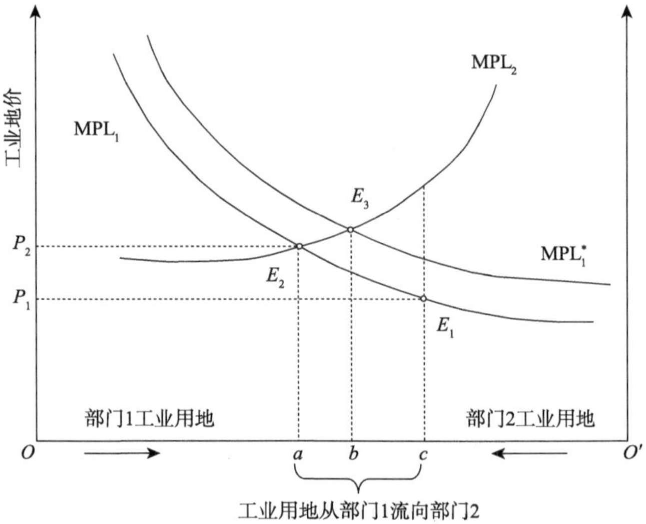

图 3-4　部门间要素再配置效应

图 3-4 阐释了工业用地部门间要素再配置效应。假设经济中只存在部门 1 和部门 2，横轴表示市场上工业用地供应总量，左边纵轴表示部门 1 的工业用地边际产品价值 MPL_1，右边纵轴表示部门 2 的工业用地边际产品价值 MPL_2，MPL_1 和 MPL_2 同时是两部门的工业用地需求曲线，且 $MPL_2 > MPL_1$，因此理论上部门 2 具有更高的土地利用效率。工业用地市场化改革前，由于受到政府干预，土地价格被人为扭曲，以 P_1 表示，价格不能向生产者传递正确信号，部门 1 投入了过多的工业用地 Oc，而部门 2 的工业用地使用量为 $O'c$。随着土地市场化改革的推进，工业用地价格逐步回归至市场均衡点 E_2，此时的工业用地价格为 P_2，出于竞争压力和成本考虑，部门 2 在工业用地出让市场将具有更高的竞价能力，工业用地资源将从部门 1 流向具有更高工业用地边际产品价值的部门 2，这种调整直到两部门工业用地边际产品价值相同，ac 即为从部门 1 转移至部门 2 的工业用地。

结合现实分析，土地市场化进程促进了产业结构优化升级，土地市场化程度高的地区产业结构更合理，工业经济水平更高，同时土地与其他要素间的替代弹性更大。这表明，国家经济发展和政策导向改变了要素市场，而要素市场环境又推动土地在产业间的合理配置和企业的要素投入组合选择，从而促进土地集约利用。土地在产业间的配置和要素替代行为又从两个方向分别影响产业结构优化和企业要素投入，形成正向刺激，提升土地集约利用水平。

3.4　工业用地集约利用的传导路径

前文关于工业用地集约利用的内在机理分析，充分说明了工业用地集约利用的实现是一个涵盖了国家层面、区域层面、宗地层面的系统性问题。宏观政策、要素市场、企业属性和区域环境等因素在相应环节发挥驱动效果，最终构成了工业用地集约利用的闭合回路。

在工业化快速推进的经济发展环境下，人多地少的基本国情使得土地资源的稀缺性问题进一步凸显，从根本上解决这一矛盾就需要提高工业用地的集约利用水平。国家通过深化土地改革、产业政策引导，以顶层设计引导工业用地向着集约利用方向发展，构成宏观层面的驱动路径。

与此同时，土地要素市场化改革进一步健全了要素市场，为工业用地合理配置提供了有效机制。一方面土地要素价格真实地反映了土地要素价值，对土地要素的供需起到了有效的信号释放和引导作用；另一方面也对企业的用地行为起到复合驱动作用，会同时影响企业的土地利用水平和要素投入组合。因此，工业用地要素市场会提高要素配置效率和工业生产率，进而提升土地集约利用水平。

企业作为微观经济活动的主体之一，要素价格的波动直接影响其生产成本。而土地作为投资建厂或扩大生产规模的要素投入，土地价格会直接影响企业的投资生产决策，不仅影响投资规模，还会影响土地集约利用。一方面企业会结合自身特性进行要素投入组合的调整，通过要素替代减轻成本提高带来的投资约束；另一方面，土地价格上升会起到“优胜劣汰”的作用，使得生产效率高、土地集约利用水平高的企业保留下来，淘汰那些生产效率低、土地利用粗放的企业。所有这些构成了土地集约利用的微观驱动力，并进一步影响着区域经济的发展。

而从区域层面来看，首先，经济环境决定了产业高度，必然影响到区域的土地集约利用水平。其次，区域内的产业布局也会影响到土地集约利用水平，如果产业空间布局合理，能够形成产业集聚，将会促进区域层面的土地集约利用。再次，一个地区的基准地价是工业用地出让的价格门槛，这决定了工业企业土地投资的基底值，合理的基准地价将会有效促进土地集约利用水平的提高。最后，在土地要素市场化配置的背景下，不同区域间的经济梯度会转化成土地价格梯度，从而形成产业梯度转移的势能，使得一些产业在土地成本驱动下从发达地区搬迁至欠发达地区。产业梯度转移可以促进转出区和转入区双方的产业结构升级及土地集约利用，再上升到宏观层面，则会提升全国整体的土地集约利用水平。

这个传导路径如此往复，形成闭环，可促进工业用地在微观层面、中观层面和宏观层面上的集约利用，最终实现工业用地集约利用的良性循环（图 3-5）。

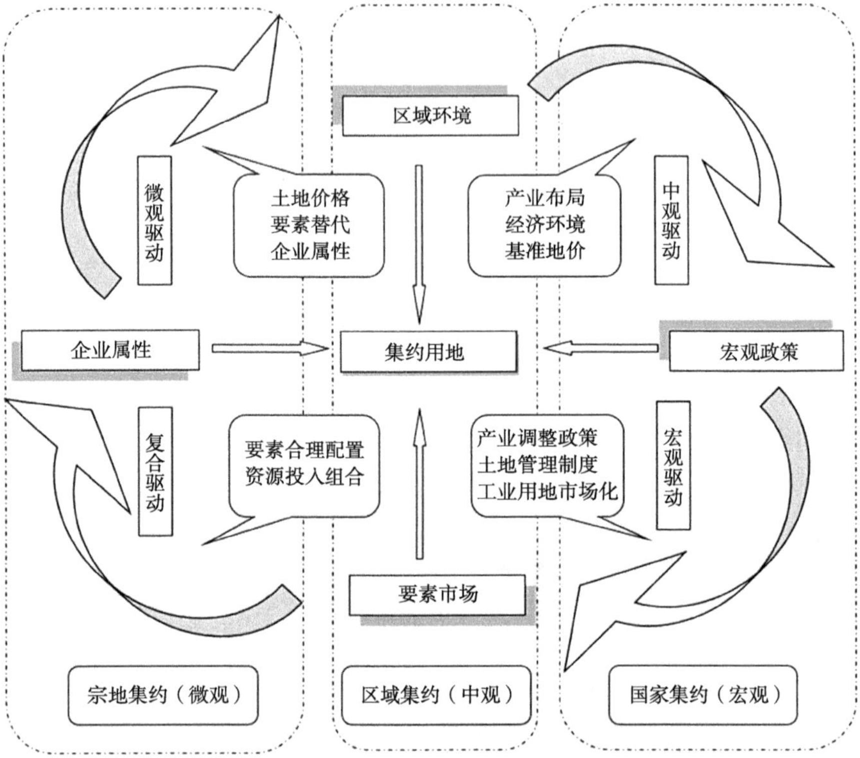

图 3-5　工业用地集约利用实现机理传导路径图

第 4 章　中国工业化发展与土地利用演化

如前文所说，中国工业用地利用的演化过程，是在工业化进程的大背景之下进行的，并且随着工业化进程的阶段性发展，土地利用的特点也呈现出阶段性变化。此外，我国在改革开放过程中，伴随着工业化进程和经济发展中的实际需求的变化，土地政策也随之调整，经历了不同时期的演化。

基于此，本章首先总结了中国工业化进程；其次，详细梳理了与工业发展相伴的相关土地政策演化历程；最后，基于统计数据从整体上定量分析了中国工业化进程中的工业用地利用变化趋势。

4.1　中国工业化进程

中华人民共和国成立以来，中国工业经济取得了长足发展（图 4-1），尤其是改革开放以后，发展速度大幅加快。2018 年中国工业增加值为 30.11 万亿元，已经跃居为世界第一工业制造国。从工业增加值占 GDP 比重来看，改革开放前其变化幅度较大，呈上升趋势；改革开放后由于第三产业的快速发展，工业增加值占 GDP 的比重变化幅度并不大，但也始终维持在 40%左右，撑起了中国经济发展的半壁江山。中国工业几十年间的发展具有较强的阶段性，接下来，本节就具体的工业发展阶段及各阶段的特点进行梳理。

1949 年中华人民共和国成立后，经过三年的恢复建设，1953 年我国提出了过渡时期总路线，从这时起，真正的工业化才开始，比发达国家晚了两个世纪。1949 年之后，中国工业化的发展可以分为两个重要阶段：传统的社会主义工业化发展阶段（1949～1978 年）和中国特色社会主义工业化发展阶段（1979 年至今）。

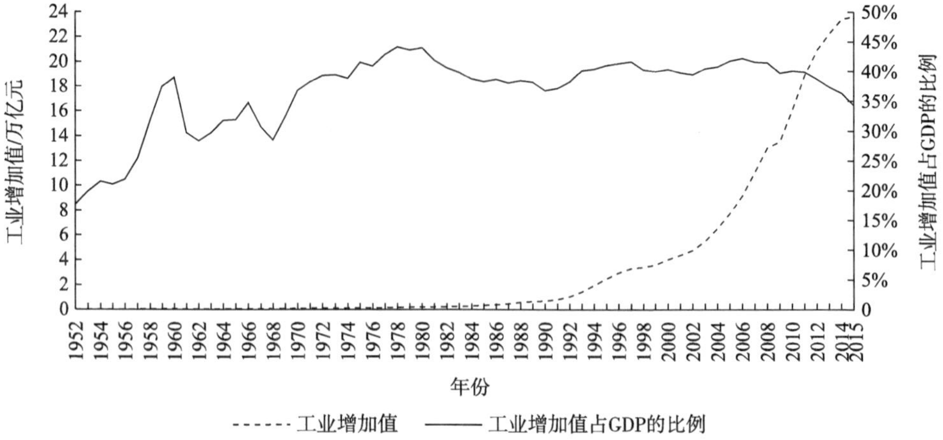

图 4-1　1952～2015 年中国工业增加值及其占 GDP 比例变化

具体数据见附表 4-1

在传统的社会主义工业化发展阶段，为了建立独立的工业体系和国家安全体系，采取了优先发展重工业的赶超战略，并为此实行了高积累、高投入，以追求数量上的扩张为特征的外延型工业化道路发展政策。这一阶段又可细分为：①国民经济的恢复阶段（1949～1952 年）；②工业化的起步阶段（“一五”时期，1953～1957 年）；③工业化的探索、曲折发展阶段（1958～1978 年）。由于一些历史原因，在改革开放前，中国虽然奠定了中国工业化的基础，初步形成了比较独立、完整的工业体系，但也走了很多弯路，付出了一定的代价。长期的封闭半封闭的工业化道路，使我们与西方发达国家及一些新兴的工业化国家和地区的差距越拉越大（高伯文，2008）。

改革开放以来，我们探索了中国工业化发展的新的道路。中国进入了建设中国特色社会主义工业化道路时期。这一时期中国工业化的发展可以分为三个阶段。

4.1.1　工业化快速推进阶段（1979～1996 年）

在不到 20 年的时间里，伴随着经济体制的转轨，中国的经济总量翻了两番，三次产业结构由 1978 年的 28.1∶48.2∶23.7 提升到 1996 年的 19.7∶49.0∶31.3，居民消费水平由 1978 年的 184 元增加到 1995 年的 2311 元（武力，2005）。取得这样的成绩主要得益于改革开放所带来的中国工业化道路的转变。随着经济拨乱反正的全面展开，反思过后，我国调整了优先发展重工业的传统工业化模式，由片面地发展重工业转向全面和协调发展。鉴于传统工业化模式造成国民经济比例严重失调，新工业化模式的产业协调发展是从放慢重工业增长速度、加快轻工业和农业的增长速度开始的。

经过调整，1979 年轻工业产值比上一年增长 10%，而重工业产值增速为 8%，轻工业发展速度首次超过了重工业（汪海波，1986）。

20 世纪 80 年代工业化道路开始转轨，到 1995 年底，“八五”计划胜利完成。1991 ~ 1995 年，国民生产总值年均增长 12%，在 1988 年比 1980 年翻一番的基础上，用七年的时间又翻了一番，从而使原定的 2000 年国民生产总值比 1980 年翻两番的目标，提前五年实现（武力，2005）。从“八五”期间的经济增长中可以看出，此时的工业化仍然是以外延型发展为主，以缓解短缺为动力，以投入拉动为主的发展道路。这种工业化道路和相应体制的转变，虽然没有改变工业化的外延型特点，但是却为促进外延型发展创造了条件，即创造了巨大的经济总量和建立了买方市场，并形成了国营、私营和个体、乡镇企业、外资“四龙腾飞”，农业、轻工业、重工业和第三产业并驾齐驱，劳动密集型、资本密集型和技术密集型产业共同发展的经济景观。

这一阶段，在不到二十年的时间里，伴随着经济体制的转轨，中国创造了令世界瞩目的经济奇迹。

4.1.2　新型工业化道路的提出和探索阶段（1997 ~ 2001 年）

从 1997 年开始，中国经济运行发生了根本性的转折，在经济实现了“软着陆”和亚洲金融危机爆发等背景下，中国开始实施积极的财政政策，进行大规模的产业结构调整，告别了经济短缺，结束了自中华人民共和国成立以来就存在的“卖方市场”，从而使低水平和重复建设的外延型经济扩张失去了需求的支持。

新型工业化道路坚持实施科教兴国和可持续发展战略，走经济、社会、自然和人的全面协调可持续的科学发展之路，这是对工业化发展观的新的突破。新型工业化促进信息化和工业化的融合，实现社会生产力跨越式的发展，初步解决了后起工业化国家在传统工业化向现代信息工业化转变过程中，如何同时实现完成工业化和推进信息化的课题。

2001 年中国人均 GDP 为 1000 美元左右，按照钱纳里的工业化进程划分标准，中国总体上尚处于工业化的中期阶段。从三次产业结构和就业结构看，2001 年中国三次产业的生产结构为 14.0 : 44.8 : 41.2，三次产业的就业结构为 50 : 22.3 : 27.7。从城市化水平来看，中国 2001 年城镇人口占总人口的 37.6%。有学者判断此时中国属于工业化国家（席丹，2004）。

4.1.3 新型工业化道路发展阶段（2002 年至今）

先行工业化国家的发展经验和中国的具体国情都说明，中国必须采取注重效率的增长模式，走新型工业化道路，才能顺利地实现工业化和现代化。2002 年，中国的 GDP 达到 121 717.4 亿元，经济总量位居世界第六位；工业增加值为 47 776.3 亿元，占 GDP 的比重达到 39.25%。2002 年 11 月，中国共产党第十六次全国代表大会在总结了工业发展经验的基础上，根据国情，正式提出了中国应该“走新型工业化道路”。中国工业化进入探索“新型工业化道路”的新时期。虽然 2002 年新型工业化战略提出后，重工业化趋势不但没有得到扭转，反而在逐步加强，但不可否认的是新型工业化道路的提出是具有里程碑意义的。

2012 年 11 月，中国共产党的十八大报告提出：“坚持走中国特色新型工业化、信息化、城镇化、农业现代化道路，推动信息化和工业化深度融合、工业化和城镇化良性互动、城镇化和农业现代化相互协调，促进工业化、信息化、城镇化、农业现代化同步发展。”①这为中国特色新型工业化道路指明了方向。2015 年 5 月 8 日，国务院正式印发的《中国制造 2025》提出，坚持创新驱动、质量为先、绿色发展、结构优化和人才为本的基本方针，坚持“市场主导，政府引导”“立足当前，着眼长远”“整体推进，重点突破”“自主发展，开放合作”的基本原则，力争通过“三步走”实现制造强国的战略目标。“第一步：力争用十年时间，迈入制造强国行列”；“第二步：到 2035 年，我国制造业整体达到世界制造强国阵营中等水平”；“第三步：新中国成立一百年时，制造业大国地位更加巩固，综合实力进入世界制造强国前列”。

2017 年 10 月，中国共产党的十九大报告进一步提出：“加快建设制造强国，加快发展先进制造业，推动互联网、大数据、人工智能和实体经济深度融合”“促进我国产业迈向全球价值链中高端，培育若干世界级先进制造业集群”“坚持去产能、去库存、去杠杆、降成本、补短板，优化存量资源配置，扩大优质增量供给，实现供需动态平衡”②。总体看来，当今的工业发展方向是结构升级优化，提升技术水平，促进资源合理集约利用。

---

① 胡锦涛：《坚定不移沿着中国特色社会主义道路前进 为全面建成小康社会而奋斗》，前线，2012 年第 12 期，第 13 页。

② 习近平：《决胜全面建成小康社会 夺取新时代中国特色社会主义伟大胜利》，前线，2017 年第 11 期，第 4-28 页。

4.2　相关土地政策演化历程

土地政策，是土地管理的重要工具和手段，也为土地利用行为提供了基本的框架和背景。土地政策的发展在很大程度上影响了土地利用方式的转变。尤其是对于中国来说，土地制度从建立至今，仍处于逐步完善的阶段，土地制度的改革和政策转变将对土地利用产生深远的影响。基于此，本节梳理了与工业用地利用相关的土地政策发展进程，以期为后文的实证结果分析提供相应的政策背景支持（附表 4-2）。

中华人民共和国自成立以来，一贯实行的是城乡分开的土地管理制度，从根本的土地所有制来说，农村土地属于集体所有，城镇土地属于国家所有。工业生产所占用的建设用地，绝大多数属于城镇土地，因此本节首先分析中国城市土地管理政策发展演化的历史，进而针对工业用地的相关政策进行梳理和分析。

4.2.1　城市建设用地政策

从中华人民共和国成立以后的这段时期，中国的城市土地政策大致经历了无偿划拨、两权分离与土地参与宏观调控三个阶段，具体每个阶段的特点如下。

1. 计划经济时期的无偿划拨阶段（1949～1978 年）

中华人民共和国成立伊始，国家对城市土地所有制分阶段进行了改革，按照不同性质的土地采取不同的措施，通过没收、赎买等方式逐步实现土地国有化。其中，1949 年发布的《中国人民解放军布告》《中国人民政治协商会议共同纲领》，以及 1951 年的《关于没收战犯、汉奸、官僚资本家及反革命分子财产的指示》《中央人民政府政务院关于没收反革命罪犯财产的规定》对官僚买办资本和民族资本、个体工商户及华侨的土地改造提出了指示与要求。1950 年国家针对历史遗留的华侨土地财产问题，出台了《中央人民政府政务院关于土地改革中对华侨土地财产的处理办法》。1953 年政务院发布的《国家建设征用土地办法》中规定“凡征用之土地，产权属于国家。用地单位不需要时，应交还国家，不得转让”。1954 年 2 月 24 日发布的《中央人民政府政务院关于对国营企业、机关、部队、学校等占用市郊土地征收土地使用费或租金的批复》中规定：“国营企业经市人民政府批准占用的土地，不论是拨给公产或出资购买，均应作为该企业的资产，不必再向政府缴纳租金或使用费；机关、部队、学校经政府批准占用的土地，亦不缴纳租金或使用费。”

1954 年 9 月，《中华人民共和国宪法》的颁布与实施，标志着社会主义制度在我国初步建立，同时意味着全部城市土地归国家所有。在 1958 年发布的《国家建设征用土地办法（修正）》中规定对于迁建单位的土地，地方政府应该采取协商、调剂的办法进行安排和补偿。到 20 世纪 60 年代中期，土地所有制改造任务完成。在之后的几十年中，政府通过城乡建设用地征地的方法对非国有化土地逐步实现国有化。

20 世纪 60 年代到改革开放前的时期，主要有两个政策文件：1967 年 11 月 4 日国家房管局、财政部税务总局发布了《关于城镇土地国有化请示提纲的记录》，强调了土地国有化问题。1973 年 6 月 18 日，国家计划革命委员会、国家基本建设革命委员会发布了《国家计划革命委员会、国家基本建设革命委员会关于贯彻执行国务院有关在基本建设中节约用地的指示的通知》，提出了基本建设征用土地要认真贯彻节约用地的原则；基本建设征用土地必须严格执行征用审批制度；建设项目的总平面布置要紧凑合理；老企业的改建、扩建要充分利用原有场地；检查清理中对于多征少用、征而不用、早征迟用的土地，都要退还当地的人民公社和生产队耕种，退还时不要收回补偿费，并再次强调土地所有权归国家所有。

从中华人民共和国成立初期到改革开放前这一段时期，中国的土地政策主要表现为：土地所有权归国家，并且采取由政府统一划拨的无偿、无限期、无流动性的土地供给方式。

2. 改革开放以后的两权分离阶段（1978 年至 20 世纪 90 年代末）

1973 年发布的《国家计划革命委员会、国家基本建设革命委员会关于贯彻执行国务院有关在基本建设中节约用地的指示的通知》提出了节约用地的原则，在其后，土地供给数量有限与土地需求不断扩张之间的矛盾逐渐显露。改革开放以后，三资企业大量出现，国民经济发展迅速，非农建设用地大量增加，耕地逐年减少的趋势开始加快，计划经济体制下对土地产权制度的严格限制使土地征用在实践操作方面存在大量的问题。随着经济体制改革的不断深化，城市土地政策发生了重大的变化。1980 年 7 月 26 日，《国务院关于中外合营企业建设用地的暂行规定》（国发〔1980〕201 号）指出："中外合营企业用地，不论新征用土地，还是利用原有企业的场地，都应计收场地使用费""场地使用费，可以作为中国合营者投资的股本"。这表明国务院已开始征收城镇土地使用费，也是城市土地政策改革的前兆。

为了维护社会主义土地公有制，经济、合理地利用土地，1982 年 2 月 13 日，国务院发布了关于《村镇建房用地管理条例》的通知，指出"村镇建房必须统一规划、节约用地，凡能利用荒地的，不得占用耕地"；同时对用地标准和审批制度做出了规定。1983 年 11 月 19 日，针对一些企事业单位或个人非法买卖租赁土地的问题，国务院下发的《国务院关于制止买卖、租赁土地的通知》中要求：“我国人口多、耕地少，必须十分珍惜每寸土地，切实保护现有耕地。对买卖、租赁土地的行为，必须坚决制止。”1984 年 12 月 25 日，国家发展和改革委员会（简称国家发改委）、农牧渔业部、城乡建设环境保护部联合发布了《关于征用土地费实行包干使用暂行办法》，对土地征用费用包干的有关政策做了具体规定，以解决一些地方肆意克扣、挪用征用土地费用的问题；1985 年 10 月 5 日，城乡建设环境保护部发布了《集镇实行统一开发、综合建设的几点意见》，专门规定了集镇用地的政策问题。

20 世纪 80 年代末至 90 年代初，国务院和各部委出台了众多城市土地政策。1988 年 9 月 27 日，国务院发布了《中华人民共和国城镇土地使用税暂行条例》，对城镇土地使用税的征收、缴纳及使用的政策问题做了规定。该条例指出，征收土地使用税是“为了合理利用城镇土地，调节土地级差收入，提高土地使用效益，加强土地管理”。该条例还规定，土地使用税实行后，土地使用费改征土地使用税。1989 年 7 月 22 日国务院发布了《国务院关于出让国有土地使用权批准权限的通知》，对于国有土地使用权的批准权限做了严格规定。1990 年 5 月 19 日，国务院发布《中华人民共和国城镇国有土地使用权出让和转让暂行条例》，该条例对土地使用权出让、转让、出租、抵押、终止及划拨土地使用权等问题做了明确规定，同时要求各省、自治区、直辖市人民政府应当根据该条例的规定和当地的实际情况选择部分比较成熟的城镇先行开展城镇国有土地使用权出让和转让的试点。

随着改革开放的深入和城市化进程的加速，1992 年，邓小平同志的南方谈话开启了中国市场化改革，确立了建设社会主义市场经济体制的改革目标，开放了城市土地二级市场，土地交易范围迅速扩张，出现了大量土地投机现象，与此同时，各地开发区建设盛行。对此，1993 年 4 月 28 日国务院出台了《国务院关于严格审批和认真清理各类开发区的通知》（国发〔1993〕33 号），随后国家教育委员会发布了《国家科委关于严格审批和认真清理高新技术产业开发区的通知》，要求集中力量抓紧办好国家和省级高新技术产业开发区，认真检查和清理地方自行兴办的“高新技术产业开发区（园）”。1993 年 7 月，国务院开始整顿房地产市场，各项相关的土地法规政策相继出台并实施，对土地交易行为进行规范。1993 年 12 月 13 日，为规范土地和房地产市场，调节土地增值收益，维护国家利益，国务院发布了《中华人民共和国土地增值税暂行条例》，对土地增值税的征收、缴纳及使用的政策问题做了规定。

1994 年我国实施了分税制改革，中央将“财权上移”，所有企业的税收都要与中央分享，而且税收系统独立于地方政府，但土地出让收入归地方政府所有。1994 年 12 月 3 日，国家土地管理局、国家经济体制改革委员会发布《股份有限公司土地使用权管理暂行规定》(国土〔法〕字第 153 号),深化企业改革,优化配置土地资源,规范股份有限公司设立中的土地使用权管理。可以将一定年限的国有土地使用权作价入股,由新设企业持有并用于转让、出租、抵押,同时政府还创立了新的出租方式,即土地年租制。另外,根据国有企业改制的要求,政府改革了城市土地资产运营与管理体制,加强了土地利用的宏观管理、总体控制和总量调控,逐步理顺了政府与企业、企业与企业之间的土地利益关系,并允许原划拨性质的土地可以在补地价以后进行转让。此外,国家土地管理局等部委也制定并发布了一些土地管理政策,如《国家土地管理局关于出让国有土地使用权审批管理暂行规定》等。

这一时期相较于中华人民共和国成立初期,国家出台土地政策更加频繁,这也是中国土地政策不断改善的过程。城市土地由计划经济时期的无偿、无限期、无流动性使用政策向有偿、有限期、流动使用转变,土地所有权和使用权开始分离。

3. 土地政策参与宏观调控阶段(20 世纪 90 年代末至今)

随着改革深化、形势发展,现行土地管理体制下的土地管理政策已难以满足加强土地管理、切实保护耕地的需要。同时,随着国民经济快速发展,土地作为经济生产的投入要素,土地政策对于产业发展和经济增长也会产生一定的影响。1998 年 2 月 17 日国家土地管理局发布了《国有企业改革中划拨土地使用权管理暂行规定》(国家土地管理局令第 8 号),进一步推行土地有偿使用制度,对划拨土地的使用权做了相关规定。1998 年 3 月 10 日国土资源部的成立,标志着中国土地政策的发展进入了一个新的阶段。此后,土地政策逐步上升为一项重要的宏观调控工具。

1998 年 7 月 20 日,国务院出台《城市房地产开发经营管理条例》(中华人民共和国国务院令第 248 号),对房地产开发企业取得土地之前所必需的手续做了明确规定。1999 年 1 月 27 日,为了建设公开、公平、公正的土地市场,实现集约用地、节省土地资源,国土资源部下发了《关于进一步推行招标拍卖出让国有土地使用权的通知》(国土资发〔1999〕30 号),要求严格限定了行政划拨供地和协议出让国有土地的范围,并限定了现已出让土地使用权的最低价格。同年 3 月 2 日国土资源部发布的《土地利用年度计划管理办法》和《建设用地审查报批管理办法》,要求加强土地管理,实施土地利用总体规划,控制建设用地总量,引导集约用地,切实保护耕地,保证社会经济的可持续发展。1999 年 4 月 28 日,国土资源部出台了《闲置土地处置办法》,对闲置土地的认定、处理做了规定。1999 年 8 月 4 日,财政部、国土资源部联合发布了《新增建设用地土地有偿使用费收缴使用管理办法》(财综字〔1999〕117 号),规定了加强新增建设用地土地有偿使用费的收缴使用管理，保证新增建设用地土地有偿使用费专项用于耕地开发，实现耕地总量的动态平衡。2001 年 2 月 13 日国土资源部发布了《关于改革土地估价结果确认和土地资产处置审批办法的通知》(国土资发〔2001〕44 号)。同年，国土资源部又发布了《国土资源部关于建立土地有形市场促进土地使用权规范交易的通知》，要求各地结合本地区实际，加快建立土地有形市场，完善土地市场功能。

针对土地资产市场配置比例不高、隐形交易严重、土地收益流失、政府官员“寻租”现象等问题，2001 年 4 月 30 日，国务院下发了《国务院关于加强国有土地资产管理的通知》(国发〔2001〕15 号)，提出了严格控制建设用地供应总量，严格实行国有土地有偿使用制度，大力推行国有土地使用权招标、拍卖，加强地价管理，规范土地审批的行政行为等要求。同时，为增强政府对土地市场的调控能力，要求有条件的地方政府要对建设用地试行收购储备制度。

2002 年 4 月 3 日，国土资源部通过了《招标拍卖挂牌出让国有土地使用权规定》，同年 5 月 9 日发布，要求经营性用地必须以招标、拍卖或者挂牌方式出让。2003 年 6 月 11 日，国土资源部又发布了《协议出让国有土地使用权规定》，规定“协议出让最低价不得低于新增建设用地的土地有偿使用费、征地（拆迁）补偿费用以及按照国家规定应当缴纳的有关税费之和，有基准地价的地区，协议出让最低价不得低于出让地块所在级别基准地价的 70%。低于最低价时国有土地使用权不得出让”。2002 年 8 月 26 日，国土资源部、监察部联合发布了《国土资源部、监察部关于严格实行经营性土地使用权招标拍卖挂牌出让的通知》(国土资发〔2002〕265 号)，严格实行商业、旅游、娱乐和商品住宅等各类经营性土地使用权以招标、拍卖或者挂牌方式出让，体现公开、公平、公正的市场经济原则，抑制权力进入市场。这项举措改善了土地市场的竞争环境。2004 年 11 月 1 日，国土资源部发布了《土地利用年度计划管理办法》，要求农用地转用计划指标实行指令性管理，建立了考核机制，考核情况和下一年度指标分配挂钩。2004 年 11 月 1 日，国土资源部发布了《建设项目用地预审管理办法》，明确规定任何建设项目批准、核准必须经过预审；实行分级预审制度，规定需人民政府或有批准权的人民政府发展和改革等部门审批的建设项目，由该人民政府的国土资源管理部门预审；强调预审前置关口的重要地位，规定未经预审或者预审未通过的，不得批准农用地转用、土地征收，不得办理供地手续。

随着城市化进程的加快，一些地方政府通过压低地价竞相招商引资，引发了新一轮的开发区热。而在大量圈地以后，一些开发商以工业用地为由获得土地使用权后将土地用作房地产开发，还有一些工业园区建设后没有企业入驻而处于荒废状态。为此，2003 年国务院办公厅先后发布了《国务院办公厅关于暂停审批各类开发区的紧急通知》和《国务院办公厅关于清理整顿各类开发区加强建设用地管理的通知》，清理整顿土地市场和各类开发区建设。

2000年后房地产价格不断攀升，为了加强对房地产市场的引导和调控，巩固宏观调控成果，促进房地产业的健康发展，2005年3月26日，国务院发布了《国务院办公厅关于切实稳定住房价格的通知》（国办发明电〔2005〕8号），要求各地方政府高度重视稳定住房价格，切实负起稳定住房价格的责任。同年5月9日，《国务院办公厅转发建设部等部门关于做好稳定住房价格工作的意见的通知》（国办发〔2005〕26号），通过税收、土地、金融等一系列政策对供需双向调控，稳定房地产价格。

针对建设用地总量增长过快，低成本工业用地过度扩张，违法违规用地、滥占耕地等屡禁不止的现象，2006年8月31日，国务院发布了《国务院关于加强土地调控有关问题的通知》（国发〔2006〕31号），通知要求进一步明确土地管理和耕地保护的责任，切实保障被征地农民的长远生计，规范土地出让收支管理，调整建设用地有关税费政策，建立工业用地出让最低价标准统一公布制度，禁止擅自将农用地转为建设用地，强化对土地管理行为的监督检查，严肃惩处土地违法违规行为。这是继2004年国务院出台的《国务院关于深化改革严格土地管理的决定》后，中国政府为进一步贯彻落实科学发展观，保证经济社会可持续发展，在加强土地调控方面采取的更为严格的政策。

此后，2007年9月，国土资源部下发了《招标拍卖挂牌出让国有建设用地使用权规定》，对国有建设用地使用权出让做出详细规定。同年11月19日，国土资源部联合财政部、中国人民银行发布了《土地储备管理办法》（国土资发〔2007〕277号）的通知，加强土地调控，规范土地市场运行，促进土地节约集约利用，提高建设用地保障能力。随后的12月份，国土资源部发布了《国土资源部关于进一步加强和改进建设用地备案工作的通知》（国土资发〔2007〕326号），进一步发挥建设用地备案在土地批后监管中的作用，切实掌握各地建设用地审批、供应和供后利用情况，不断提高运用土地政策参与宏观调控的能力。

2008年1月3日，国务院出台了《国务院关于促进节约集约用地的通知》（国发〔2008〕3号），其中对于城市建设用地，要求充分利用现有建设用地，大力提高建设用地利用效率，充分发挥市场配置土地资源基础性作用，健全节约集约用地长效机制。2008年11月，国土资源部修订了《建设项目用地预审管理办法》，规定了建设项目用地预审的预审原则、预审过程及审查内容等具体细则，以保证土地利用总体规划的实施，充分发挥土地供应的宏观调控作用，控制建设用地总量。2008年4月，根据《国务院关于加强土地调控有关问题的通知》的有关规定，国土资源部联合财政部发布了《财政部、国土资源部关于印发〈中央分成新增建设用地土地有偿使用费资金使用管理办法〉的通知》，对中央分成新增建设用地土地有偿使用费的分配和使用进行了监督检查。2010年12月27

日，国务院发布了《国务院关于严格规范城乡建设用地增减挂钩试点切实做好农村土地整治工作的通知》（国发〔2010〕47 号），通知提出要坚持最严格的耕地保护制度和最严格的节约用地制度，促进农业农村发展和农业现代化，促进新农村建设和城镇化发展。

为进一步落实《国务院办公厅关于进一步做好房地产市场调控工作有关问题的通知》（国办发〔2011〕1 号）的要求，完善招标、拍卖或挂牌的供地政策，加强土地出让政策在房地产市场调控中的积极作用。2011 年 5 月 16 日，国土资源部发布了《国土资源部关于坚持和完善土地招标拍卖挂牌出让制度的意见》（国土资发〔2011〕63 号），内容要求：正确把握土地招标、拍卖或挂牌出让政策的调控作用，完善住房用地招标、拍卖或挂牌计划公示制度，调整完善土地招标、拍卖或挂牌出让政策，大力推进土地使用权出让网上运行，完善土地招标、拍卖或挂牌出让合同。

2014 年 5 月 22 日，国土资源部下发了《节约集约利用土地规定》（中华人民共和国国土资源部令第 61 号），通过规模引导、布局优化、标准控制、市场配置、盘活利用等手段，达到节约土地、减量用地、提升用地强度、促进低效废弃地再利用、优化土地利用结构和布局、提高土地利用效率的各项行为与活动。要求国土资源主管部门应当建立节约集约用地制度，开展节约集约用地活动，组织制定节地标准体系和相关标准规范，探索节约集约用地新机制，鼓励采用节约集约用地新技术和新模式，促进土地利用效率的提高。同年 9 月 12 日，国土资源部制定《国土资源部关于推进土地节约集约利用的指导意见》（国土资发〔2014〕119 号），深入强调控制建设用地总量，实施土地内涵挖潜和整治再开发战略，要求建立更加完善的土地节约集约利用制度和机制，并制定具体细则。

2015 年，国土资源部联合国家发改委、科学技术部（简称科技部）、工业和信息化部、住房和城乡建设部、商务部发布《国土资源部 发展改革委 科技部 工业和信息化部 住房城乡建设部 商务部关于支持新产业新业态发展促进大众创业万众创新用地的意见》（国土资规〔2015〕5 号），内容要求：优先安排新产业发展用地，依据国家《战略性新兴产业重点产品和相关服务指导目录》《中国制造2025》、“互联网+”等国家鼓励发展的新产业、新业态政策要求，各地可结合地方实际，确定当地重点发展的新产业，以“先存量、后增量”的原则，优先安排用地供应；对新产业发展快、用地集约且需求大的地区，可适度增加年度新增建设用地指标；同时，引导新产业集聚发展，完善新产业用地监管制度。

“十三五”时期，国家政策更加强调土地集约利用，2016 年 4 月 12 日，我国发布《国土资源“十三五”规划纲要》，要求提高土地资源节约集约利用水平，盘活存量建设用地，健全节约集约用地控制标准，加强节地考核评价，推广节地模式和技术。同年，国土资源部出台了《产业用地政策实施工作指引》，提出要充分认识产业用地政策的重要意义，地方各级国土资源主管部门要进一步将落实产业用地政策作为各项工作的重中之重，更加主动地服务国家稳增长、促改革、调结构、扩就业经济社会发展大局；进一步加大产业发展用地保障工作力度，准确把握鼓励盘活现有建设用地发展相关产业的政策要义，主动提供优质服务，促进产业结构和土地利用结构双调整双优化；进一步深化土地管理供给侧改革，落实“去产能、去库存、去杠杆、降成本、补短板”工作要求。

2016 年 5 月 12 日，国土资源部第三次修订了《土地利用年度计划管理办法》，规定新增建设用地计划执行情况考核，以农用地转用审批、土地利用变更调查等数据为依据，重点考核新增建设用地总量、新增建设占用耕地计划执行情况和农村宅基地指标保障情况。对实际新增建设用地面积超过当年下达计划指标的，视情况相应扣减下一年度计划指标。对建设用地整治利用中存在侵害群众权益、整治利用未达到时间、数量和质量要求等情形，情节严重的，扣减下一年度用地计划指标。进一步落实了“先存量，后增量”的原则。

2016 年 11 月，为保证土地利用总体规划的实施，充分发挥土地供应的宏观调控作用，控制建设用地总量，国土资源部修改《建设项目用地预审管理办法》，预审应当遵循下列原则：符合土地利用总体规划；保护耕地，特别是基本农田；合理和集约节约利用土地；符合国家供地政策。

4.2.2 工业相关土地政策

中华人民共和国成立以来很长时间，中国工业用地都是靠划拨，土地管理制度改革以后相当一段时期，也没有针对工业用地进行专门的政策调控。随着中国工业用地矛盾日益突出，依靠土地杠杆促进产业合理布局，推进产业结构优化升级等需求的提出，国家开始针对工业用地进行一系列的政策调控。

2003 年 2 月 18 日，国土资源部为了切实保护土地资源，维护土地利用总体规划和城市规划的严肃性，规范土地市场秩序，防止楼市动荡造成风险，发布了《关于清理各类园区用地加强土地供应调控的紧急通知》（国土资发〔2003〕45 号），其中主要提出了清理违规设立的各类园区；严禁违法下放土地审批权；严禁任何单位和个人使用农民集体土地进行商品房开发；严格控制土地供应总量，特别是住宅和写字楼用地的供应量，优化土地供应布局和结构，防止楼市动荡带来风险；各级国土资源管理部门要加强土地的统一规划、统一征用转用、统一开发、统一供应的管理，健全土地交易管理的各项制度；各级国土资源管理部门要加大土地出让后的监管力度，防止少数开发商圈占大量土地浪费资源和冲击市场等内容。21 日，为了进一步巩固上述文件，国土资源部又发布《进一步治理整顿土地市场秩序工作方案》的通知，其主要内容是针对各类园区用地违反土地利用总体规划和城市规划设立各种名目的园区（城、村）及园区用地中存在的非法占地、越权批地、违法供地等问题。

2004 年 10 月 21 日，国务院下发了《国务院关于深化改革严格土地管理的决定》(国发〔2004〕28 号)，主要就严格执行土地管理法律法规；加强土地利用总体规划、城市总体规划、村庄和集镇规划实施管理；完善征地补偿和安置制度；健全土地节约利用和收益分配机制；建立完善耕地保护和土地管理的责任制度等内容做了详细的阐述和全面系统的规定。2004 年 11 月 1 日，为贯彻落实《国务院关于深化改革严格土地管理的决定》，加强工业项目建设用地管理，促进建设用地的集约利用，国土资源部研究制定了《工业项目建设用地控制指标(试行)》(国土资发〔2004〕232 号)，针对一般制造业用地，给出了不同地区各类项目在投资强度、容积率等方面所要达到的“门槛”要求。该文为工业用地的审查报批提供了第一个量化依据，成为工业用地集约利用的技术保障，有效地提高了土地的利用集约度。例如，杭州市通过对 7600 亩①工业用地的容积率和建筑密度进行调整，可增加建筑面积 300 万平方米，大大提高了土地利用集约度。

2006 年，《中华人民共和国国民经济和社会发展第十一个五年规划纲要》中指出实行最严格的土地管理制度，禁止非法压低地价招商，加强土地利用计划管理、用途管制和项目用地预审管理，并且着重提出要提高资源特别是土地资源利用效率，要改变依靠大量占用土地、大量消耗资源和大量排放污染实现经济较快增长的模式。关于开发区用地，要对优化开发区域实行更严格的建设用地增量控制，在保证基本农田不减少的前提下适当扩大重点开发区域建设用地供给，对限制开发区域和禁止开发区域实行严格的土地用途管制，严禁生态用地改变用途。

2006 年 8 月 31 日，国务院发布了《国务院关于加强土地调控有关问题的通知》(国发〔2006〕31 号)，建立了工业用地出让最低价标准统一公布制度，通知规定国家根据土地等级、区域土地利用政策等，统一制订并公布各地工业用地出让最低价标准。工业用地必须采用招标、拍卖或挂牌方式出让，其出让价格不得低于公布的最低价标准。低于最低价标准出让土地，或以各种形式给予补贴或返还的，属非法低价出让国有土地使用权的行为，要依法追究有关人员的法律责任。

2006 年 12 月 23 日，《国土资源部关于发布实施〈全国工业用地出让最低价标准〉的通知》(国土资发〔2006〕307 号)规定了工业用地必须采用招标、拍卖或挂牌方式出让，其出让底价和成交价格均不得低于所在地土地等别相对应的最

① 1 亩≈666.7 平方米。

低价标准；工业项目必须依法申请使用土地利用总体规划确定的城市建设用地范围内的国有建设用地；对低于法定最高出让年期（50 年）出让工业用地，或采取租赁方式供应工业用地的，所确定的出让价格和年租金按照一定的还原利率修正到法定最高出让年期的价格，均不得低于《全国工业用地出让最低价标准》；为切实保障被征地农民的长远生计，省级国土资源管理部门可根据本地征地补偿费用提高的实际，进一步提高本地的工业用地出让最低价标准；亦可根据本地产业发展政策，在不低于《全国工业用地出让最低价标准》的前提下，制订并公布不同行业、不同区域的工业用地出让最低价标准，及时报部备案；各地国土资源管理部门要加强对工业用地出让的监督管理。

2007 年 4 月 4 日《国土资源部 监察部关于落实工业用地招标拍卖挂牌出让制度有关问题的通知》（国土资发〔2007〕78 号）发布，推进“工业用地招标、拍卖、挂牌出让”工作，这是国土资源部针对工业用地出台的又一个促进土地节约集约利用的重要文件。文件要求统一思想，提高对实行工业用地招标拍卖挂牌出让制度重要性的认识；明确范围，坚定不移地推进工业用地招标拍卖挂牌出让；适应工业项目用地特点，有针对性地组织实施工业用地招标拍卖挂牌出让工作；强化执法监察，促进工业用地招标拍卖挂牌出让制度的全面落实。各地方政府陆续响应政策，2007 年 5 月 24 日，深圳市政府转发了《国土资源部、监察部关于落实工业用地招标拍卖挂牌出让制度有关问题的通知》，并根据深圳市实际情况提出意见和要求；6 月 29 日，北京市政府出台了《北京市人民政府关于全面实行工业用地招标拍卖挂牌出让的实施意见（试行）》（京政发〔2007〕14 号），对工业用地招标、拍卖或挂牌的出让范围和条件、前期开发、公开出让、工业项目审批和监管制定了详细规定和要求。

2008 年 1 月 3 日《国务院关于促进节约集约用地的通知》（国发〔2008〕3 号）等重要文件陆续出台，多次要求大力推进节约集约用地，进一步完善土地使用标准。要严格落实工业和经营性用地招标拍卖挂牌出让制度。

2008 年 1 月 31 日，国土资源部对 2004 年发布的《工业项目建设用地控制指标（试行）》进行了修订，称为《工业项目建设用地控制指标》（简称《控制指标》），内容规定：各级国土资源管理部门要严格执行《控制指标》与相关工程项目建设用地指标；编制工业项目供地文件和签订用地合同时，必须明确约定投资强度、容积率、建筑系数、行政办公及生活服务设施用地所占比重、绿地率等土地利用控制性指标要求及相关违约责任；省（区、市）国土资源管理部门要切实加强对《控制指标》实施情况的监督管理；部将根据社会经济发展、技术进步、节约集约用地要求和《控制指标》实施情况，适时修订《控制指标》。与此同时《工业项目建设用地控制指标（试行）》（国土资发〔2004〕232 号）停止执行。同时《工业项目建设用地控制指标》规定：“工业项目建筑系数应不低于 30%。工业项目所需行政办公及生活服务设施用地面积不得超过工业项目总用地面积的 7%。严禁在工业项目用地范围内建造成套住宅、专家楼、宾馆、招待所和培训中心等非生产性配套设施。工业企业内部原则上不得安排绿地。但因生产工艺等特殊要求需要安排一定比例绿地的，绿地率不得超过 20%。”不久之后，各地方政府分别出台相关政策，2009 年 5 月，深圳市贸易工业局、深圳市规划局、深圳市国土资源和房产管理局联合发布了《深圳市工业项目建设用地控制标准（2009-2010）》，提出“加强工业项目建设用地管理，促进土地资源的集约利用和优化配置”。

为加快产业用地出让工作，落实产业用地出让计划，保障地区鼓励发展的产业用地需求，2008 年 10 月 13 日，深圳市政府结合实际情况，修订了《深圳市工业及其他产业用地使用权出让若干规定》，明确规定：“出让工业、物流、仓储用地使用权以及同一土地有两个以上意向用地者的用地，应当采用招标、拍卖或者挂牌等公开竞价的方式。”

2009 年 5 月 11 日，国土资源部在《国土资源部关于调整工业用地出让最低价标准实施政策的通知》（国土资发〔2009〕56 号）中规定：“对各省（区、市）确定的优先发展产业且用地集约的工业项目，在确定土地出让底价时可按不低于所在地土地等别相对应《标准》（注：《全国工业用地出让最低价标准》）的 70%执行。优先发展产业是指各省（区、市）依据国家《产业结构调整指导目录》制订的本地产业发展规划中优先发展的产业。用地集约是指项目建设用地容积率和建筑系数超过《关于发布和实施〈工业项目建设用地控制指标〉的通知》（国土资发〔2008〕24 号）所规定标准 40%以上、投资强度增加 10%以上。”同年 8 月 10 日，《国土资源部、监察部关于进一步落实工业用地出让制度的通知》（国土资发〔2009〕101 号）中提出：明确政策，合理选择工业用地招标拍卖挂牌出让方式；严格限定协议范围，规范工业用地协议出让；强化执法监察，严格执行工业用地出让制度。

为进一步指导中西部地区承接产业转移，完善合作机制，优化发展环境，规范发展秩序，2010 年 8 月 31 日，国务院出台了《国务院关于中西部地区承接产业转移的指导意见》（国发〔2010〕28 号），要求“在坚持节约集约用地的前提下，进一步加大对中西部地区新增建设用地年度计划指标的支持力度，优先安排产业园区建设用地指标。严格执行工业用地最低出让价标准，进一步完善体现国家产业政策导向的最低价标准实施政策。探索工业用地弹性出让和年租制度”。

2010 年之后，国家层面的土地政策主要集中于通过建设用地规划与管理参与宏观经济调控，将土地管理与产业发展相适应，并且更加注重土地集约利用。在此期间，我们可以通过各地方政府出台的工业用地相关法规文件分析政策导向，即始终坚持实施稳定总量、减少增量、盘活存量的措施。

2012 年 3 月 7 日，《国土资源部关于开展工矿废弃地复垦利用试点工作的通知》

（国土资发〔2012〕45 号）要求落实节约优先的战略，开展工矿废弃地复垦利用试点工作。在此之后，2014 年 1 月 17 日，《江苏省国土资源厅关于印发〈江苏省工矿废弃地复垦利用试点管理办法〉的通知》，对复垦项目管理、建新用地管理、土地权属管理、资金管理等做出详细规定。2013 年 8 月 29 日，福建省国土资源厅发布了《福建省国土资源厅关于贯彻省政府促进工业项目节约集约用地八条措施的通知》（闽国土资综〔2013〕255 号），要求：严格执行新修订的土地使用标准；开展存量土地盘活专项行动；着力提高开发区土地利用强度和投入产出效益。

2016 年 3 月 30 日，为全面实施“总量锁定、增量递减、存量优化、流量增效、质量提高”基本策略，充分发挥土地资源市场配置作用，加强工业用地出让全生命周期管理，《上海市人民政府办公厅转发市规划国土资源局制订的〈关于加强本市工业用地出让管理的若干规定〉的通知》（沪府办〔2016〕23 号），“工业用地出让全生命周期管理，是以提高土地利用质量和效益为目的，以土地出让合同为平台，对项目在用地期限内的利用状况实施全过程动态评估和监管，通过健全工业用地产业准入、综合效益评估、土地使用权退出等机制，将项目建设投入、产出、节能、环保、本地就业等经济、社会、环境各要素纳入合同管理，实现土地利用管理系统化、精细化、动态化”。同时，为了切实提高存量工业用地的利用质量和综合效益，建立规范、有序、共享的存量工业用地盘活机制，《上海市人民政府办公厅转发市规划国土资源局制订的〈关于本市盘活存量工业用地的实施办法〉的通知》（沪府办〔2016〕22 号），要求“本市存量工业用地盘活，全面实施‘总量锁定、增量递减、存量优化、流量增效、质量提高’基本策略，充分挖掘存量建设用地资源，坚持内涵式集约发展，注重发挥市场机制作用，进一步完善城市功能，优化城市空间，提升城市品质，强化土地全生命周期管理，提高土地节约集约利用水平”。

从目前的工业用地调控政策来看，大部分集中在土地指标调控和促进土地集约利用等方面。对工业用地指标控制做了严格的规定，并对相关指标做了详细的说明，以对工业用地调控起到实质性作用。工业用地市场运行制度和机制逐渐趋于完善，工业用地调控和集约利用也在法律制度的护航下逐渐走入正轨。

4.3 工业用地利用变化趋势

在中国工业化快速发展及土地政策不断改革完善的背景下，工业用地的利用也随之发生了显著而深刻的变化。本节将从土地面积和市场发展两个方面对中国工业用地的变化进行分析，以揭示工业用地利用的整体变化趋势，为下一步的深入分析打下基础。

4.3.1　工业用地面积变化

1. 存量分析

首先，本节对工业用地的历年存量进行分析，图 4-2 比较了 2002～2015 年中国工业用地、城市建设用地的数量及比例变化。由图 4-2 可知，2002 年以来，中国城市建设用地面积呈现出稳定而显著的增长趋势，与此同时，工业用地面积也逐年增加。分析二者比例可以看出，工业用地面积在城市建设用地面积中所占的比重在 21%的水平上下波动，这表明工业用地与城市建设用地的增长具有一定程度的同步性。但整体来看，城市建设用地中工业用地的比例呈下降的趋势，由此可初步看出中国工业用地总量日趋收紧。

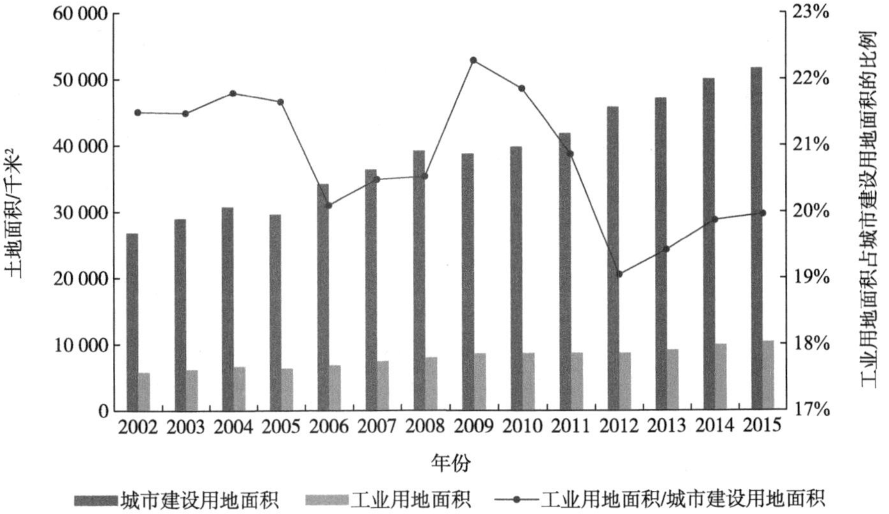

图 4-2　2002～2015 年中国工业用地、建设用地的面积及比例变化

资料来源：中国城乡建设数据库

虽然基于全国的总量分析，工业用地面积变化趋势明显，然而这并不意味着各地区都是按照这个趋势变化的。中国工业正处于发展阶段，各地由于资源禀赋、经济基础及产业政策等存在很大差距，工业用地的分布也存在着明显的区域差异。并且，十年来，随着中国产业梯度转移与各区域的产业发展政策导向调整，工业用地在全国各地的分布也发生着深刻的变化。对此，进一步进行区域比较（图 4-3、图 4-4），分析区域间工业用地分布的整体态势及增长差距尤为重要。由图 4-3 中可以看出，2002 年和 2015 年工业用地面积在地区间差异基本一致，都呈现东高西低的状态，并且区域差异很大。

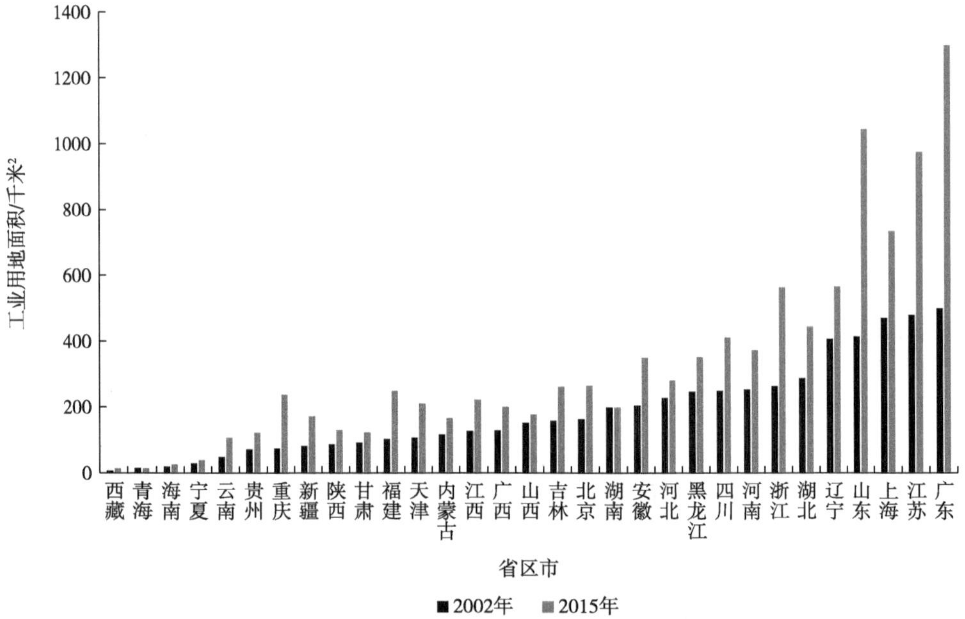

图 4-3　2002 年和 2015 年中国各省区市工业用地面积对比

资料来源：中国城乡建设数据库；受数据限制，此处没有统计港澳台地区

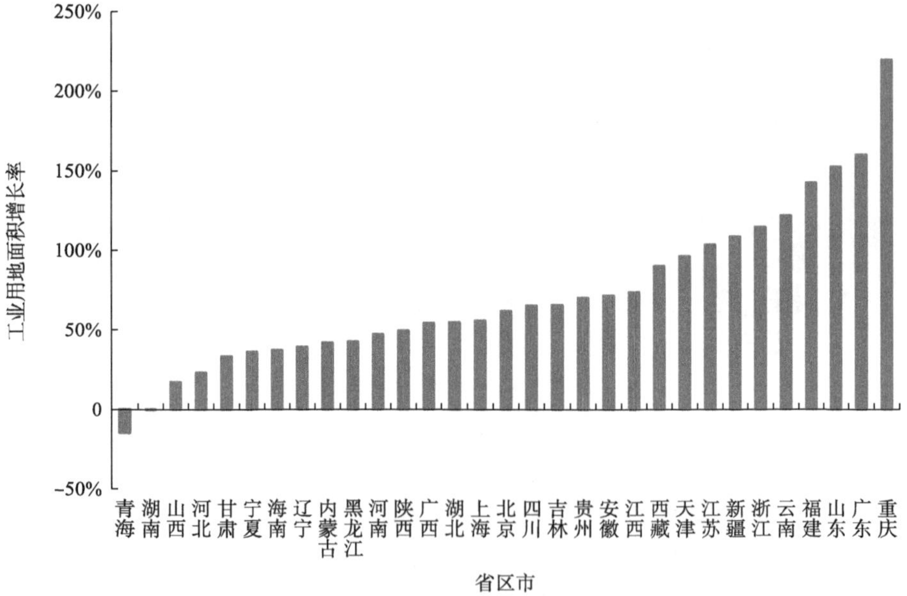

图 4-4　2002～2015 年中国各省区市工业用地面积增长幅度对比

资料来源：中国城乡建设数据库；受数据限制，此处没有统计港澳台地区

整体看来，工业用地面积较大的省区市多集中在东部沿海地区及东北老工业

基地，而工业用地面积较少的省区市多集中于西部地区。这一分布也主要是受到中华人民共和国成立以来的工业发展布局及改革开放的深刻影响。而由于产业发展和土地利用的黏性特征，十多年间，工业用地面积地区间分布特征基本一致，没有太大变化，并且在整体增长的背景下，一个显著的特征是，工业用地面积两极分化趋势越来越突出，这源于工业用地面积增长率的区域差异（图 4-4）。工业用地基数较大的广东、山东、浙江等地区工业用地面积增长率都超过 100%，而青海、海南、宁夏、甘肃等地区在基数很低的情况下增长率依然低于 50%，这样就加剧了工业用地面积分布的两极分化。

结合附表 4-3，可以看出 2003 ~ 2015 年各地区工业用地面积增长率均存在一定的差异和波动，在 2006 年有 8 个省区市出现了增长率为负的情况，在 2012 年更是有 19 个省区市出现了增长率为负的情况。可能的原因是有以下两个方面：一方面，2006 年工业用地市场化的全面进行对工业用地的市场化配置提出了更严格的要求，这在一定程度上避免了土地粗放利用情况的发生；另一方面，中国在 2011 年前后相继出台了关于工矿废弃地复垦、闲置土地处理办法等多个政策文件，并且开展国家级开发区土地集约利用评价，着重加强工业用地集约利用管理力度。

综合而言，目前中国工业用地规模分布整体上存在区域不均衡的问题，不同发展阶段的地区，工业用地数量差距较大，并且由于工业用地数量增长率的差异，两极分化越来越明显。

2. 流量分析

接下来，本节基于工业用地供应量数据，进一步分析工业用地数量的流量变动情况。通过图 4-5，可以看出城市建设用地供应总量与工矿仓储供应面积的整体变化趋势基本一致，这也说明了中国城镇化与工业化在一定程度上保持着一致性。但是，从国家的土地供给数量来看，城市建设用地供应总量呈现大幅增长趋势，与此同时，工矿仓储供应面积的增长则十分有限，后期还出现了下降。工矿仓储供应面积占城市建设用地供应总量的比重 2006 ~ 2014 年呈现出持续而显著的下降趋势，由此可见近年来工业用地的供给趋于收紧。

一方面，随着改革开放以来的快速城镇化和工业化发展，中国城市建设用地增长迅速，后备土地资源消耗过快，导致后期供给乏力；另一方面，伴随着经济发展，资源红利逐渐消失，早期依靠资源要素大量投入的生产方式已不可行，中国正处于制造业转型升级的关键时期。4.2 节的相关土地政策演化历程也指出，近年来土地政策不断收紧，促进土地集约利用成为主要的政策导向。

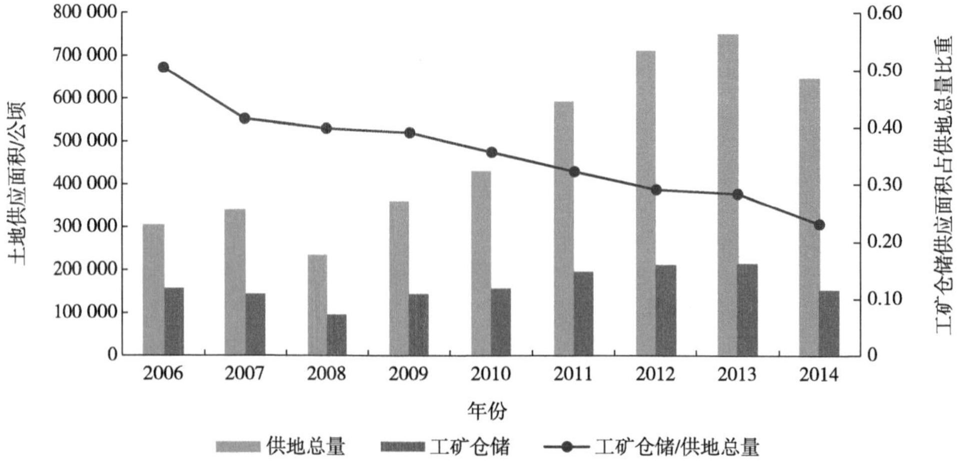

图 4-5　2006～2014 年全国工业用地供应面积变化情况

资料来源：2007～2015 年《中国国土资源年鉴》

4.3.2　工业用地市场发展

土地要素的市场配置是中国土地制度改革的重要领域。通过不断深入推行土地有偿使用制度改革、严格限定划拨用地范围，同时合理确定土地出让的宗地规模，严格实行工业用地招标、拍卖、挂牌的出让制度，充分反映市场供求关系、资源稀缺程度、环境损害成本和价格形成机制，发挥市场配置资源的基础性作用，从而实现节约集约利用土地的长效机制。因此，本节将从市场化程度和工业用地价格两个方面来分析工业用地市场发展。

1. 市场化程度

中国的土地市场化配置制度建立较晚，计划经济时代土地要素的投入全部采用政府划拨的方式，改革开放初期土地交易多是协议转让。1990 年城市土地二级市场开放后，国务院发布《中华人民共和国城镇国有土地使用权出让和转让暂行条例》对土地使用权出让、转让、出租、抵押、终止及划拨土地使用权等问题做出规定。之后随着市场化的不断深入，为了规范土地交易市场，国土资源部于 2002 年发布了《招标拍卖挂牌出让国有土地使用权规定》，土地市场逐步完善活跃起来。

但在此期间，为大力推进工业化进程，工业用地一直被视为非经营性用地，多采取协议转让方式，相较于住宅、商业用地，市场化配置进程缓慢。直到 2006 年《全国工业用地出让最低价标准》发布，中国工业用地市场化才正式开始。

虽然早在 1998 年，住宅、商业用地已开始正式通过挂牌公开拍卖，但工业用地由于其特殊性仍一直采用协议转让。直到 2007 年中华人民共和国国土资源部令第 39 号令通过《招标拍卖挂牌出让国有建设用地使用权规定》第三次修改，明确规定工业用地为经营性用地，并且同年实施了《全国工业用地出让最低价标准》，工业用地市场化的潮流已经势不可挡。

近年来，工业用地的市场化配置比例逐年攀升，市场化程度越来越高，土地市场发育也越来越完善。与此同时，伴随着快速的工业化进程，有限的土地供应与旺盛的市场需求导致了工业用地成交价格也在不断攀升。

图 4-6 给出了 2007 ~ 2015 年中国工业用地成交情况，反映了在此期间工业用地市场化程度。可以看出，2007 ~ 2008 年，工业用地市场化程度表现为跨越式的提升，招标、拍卖或挂牌方式成交比例由 2007 年的 30%增加到 2008 年的 76%，并在 2010 年开始一直保持在 90%的水平。

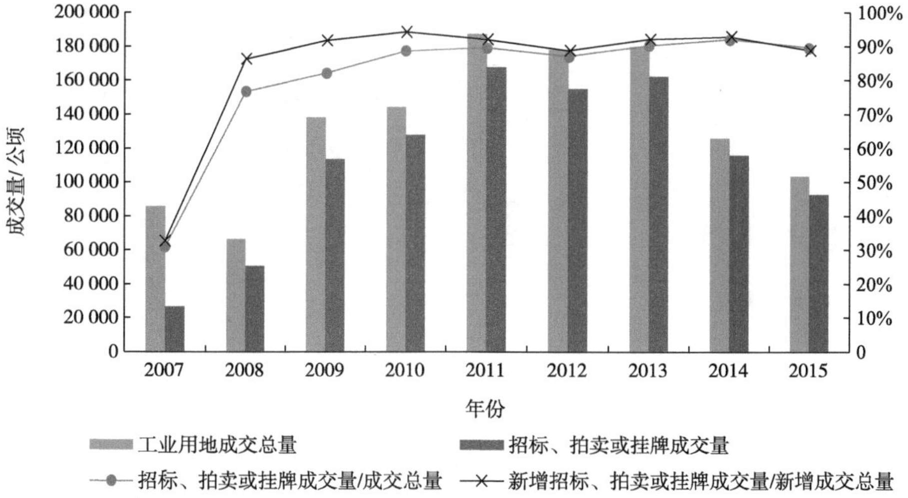

图 4-6　2007 ~ 2015 年中国工业用地成交量及市场化程度变化趋势

资料来源：中国土地市场网，由市级数据加总求和得到全国工业用地成交总量

另外，我们根据 2007 ~ 2015 年土地市场交易数据筛选整理了新增工业用地成交量，并计算得出各年度新增工业用地成交总量。然后在此基础上筛选并计算得到以招标、拍卖或挂牌方式成交的新增工业用地成交数量，从而进一步计算出新增工业用地成交量中以招标、拍卖或挂牌方式成交的工业用地所占比例，在 2008 ~ 2011 年，该比例明显大于招标、拍卖或挂牌方式成交量与成交总量的比例，这也进一步反映了国家出台相关规定后，工业用地市场化推进的力度。总之，整体来看，中国工业用地市场逐步完善，市场化程度也不断增强。

2. 工业用地价格

土地价格是反映土地市场供需的重要指标。近年来，随着中国工业用地市场化配置机制越来越完善，以招标、拍卖或挂牌方式出让的土地比例越来越大，工业用地价格的市场信号功能也越来越得以体现，目前已经能够在较大程度上反映出工业用地的供需情况。本节基于国土资源部监测的土地市场相关数据，对中国工业用地价格水平近年来的变化趋势进行了分析。

首先，从全国层面的整体地价水平来看，2000～2016 年城市建设用地中的商服用地和住宅用地整体上呈现出同步增长，并且增长幅度很大，其中 2008 年出现的较大跨度的增长。与此同时，工业用地虽然也在增长，但增长的速度十分缓慢，至 2016 年，全国工业用地地价水平仍未超过 1000 元/米^2，而同期的商服用地和住宅用地地价水平分别接近 7000 元/米^2 和 6000 元/米^2（图 4-7）。

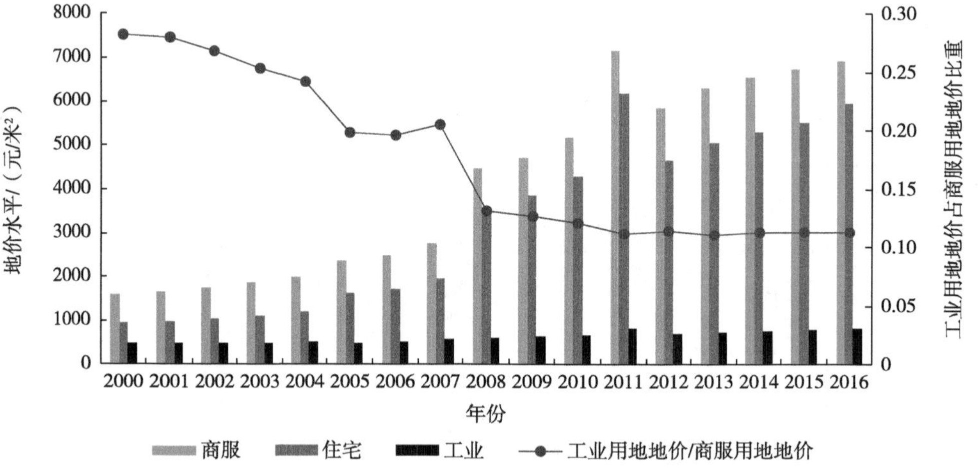

图 4-7　2000～2016 年全国各类用地地价水平变化趋势

资料来源：中国地价监测网

从工业用地地价水平占商服用地地价水平比重的变化趋势来看，2008 年出现了较大幅度的下降，对应 2008 年的商服用地和住宅用地地价水平是较大幅度的增长，工业用地仍保持了以往缓慢的增长速度，整体上工业用地地价水平占商服用地地价水平的比重表现为大幅的下降趋势。工业用地地价与商服用地地价间的“剪刀差”反映出中国工业地价正处于不合理的偏低状态。

在分析了全国工业用地地价水平的基础上，本节还分析了工业用地地价水平的区域间差异。我们通过收集和整理东北、西北、华北等六大区域的工业用地地价水平，得到 2008～2016 年各区域工业用地地价水平的变化趋势，如图 4-8 所示。

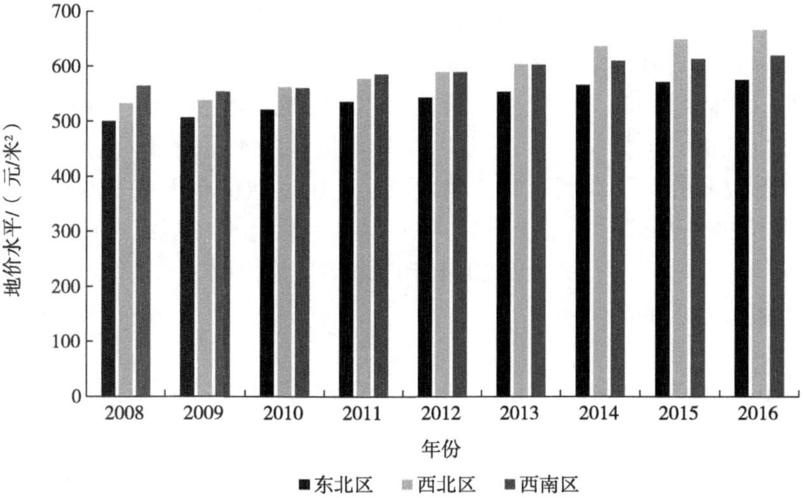

（a）中国东北、西北、西南区工业用地地价水平情况

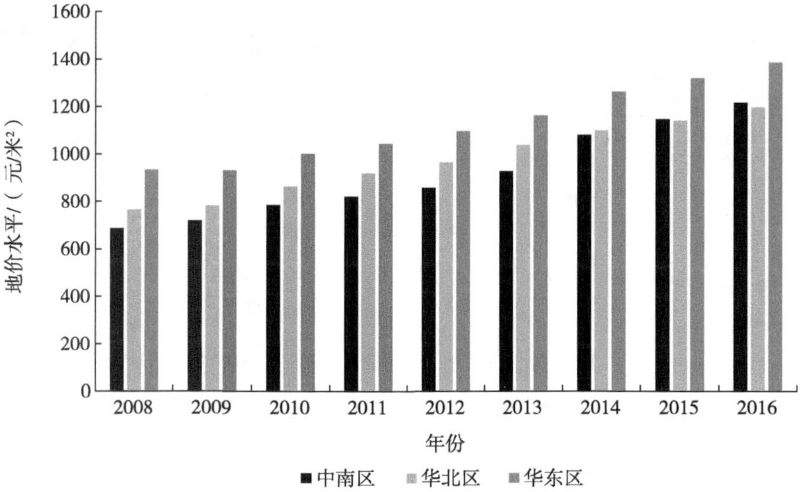

（b）中国中南、华北、华东区工业用地地价水平情况

图 4-8　各区域工业用地地价水平的变化趋势

资料来源：中国地价监测网

通过图 4-8（a）和图 4-8（b）可以看出，东北区、西北区、西南区地价水平和地价变化趋势、幅度基本一致，中南区、华北区、华东区地价变化趋势和幅度大体相同，地价水平由高到低分别为华东区、华北区、中南区，并且整体显著高于东北区、西北区和西南区，高地价地区与低地价地区差值在 800 元/米^2 以内。而相对于地区间经济发展不平衡带来的经济发展差距，工业用地地价的差值并没有与之相匹配，也就是说工业用地地价在经济发达地区与欠发达地区没有体现出

合理的差值，相反，一些发达地区凭借其自身经济发展优势，压低工业用地地价从而促进招商引资以带动地区经济增长。

此外，我们还分析了中国重点区域工业用地地价水平（图 4-9），我们可以看出环渤海地区相对于长三角和珠三角，工业用地地价水平较低但整体上地价平稳，并且保持着较低的增长速度；长三角地区工业用地地价水平在 2002 年和 2005 年均下降但自 2007 年开始平缓上升；珠三角地区自 2000 年以来工业用地地价水平呈现逐年上升的趋势，尤其是在 2014 年以来增长趋势明显，地价水平大幅超过环渤海地区和长三角地区。

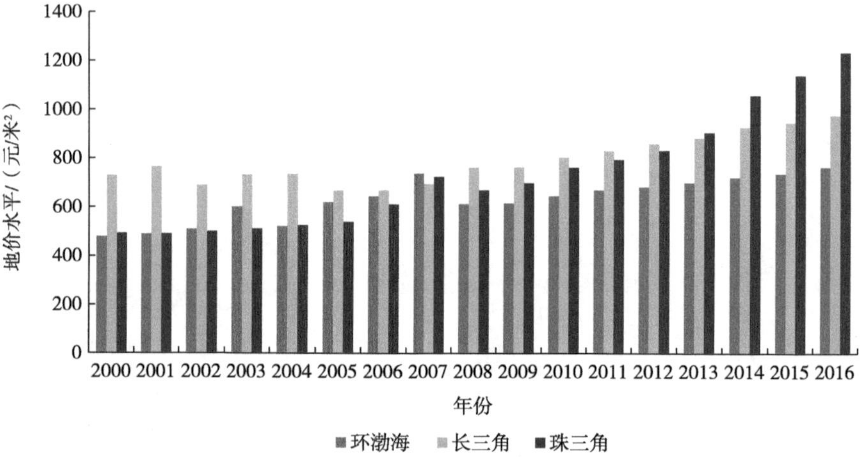

图 4-9　中国重点区域工业用地地价水平

资料来源：中国地价监测网

从整体上看，中国工业用地市场化程度呈现逐步完善和提高的趋势，工业用地地价和商服用地地价之前的差值正在减小。但是，按用地类型分析，近年来商服用地地价和住宅用地地价呈现大幅上升的趋势，而工业用地地价上升幅度并不明显；按区域间比较分析，工业用地地价分布呈现出东北、西北、西南区偏低和中南、华北、华东区较高的两极分化现状。结合 4.3.1 小节的工业用地面积地区间差异，以及本小节分析的工业用地地价与商服用地地价间的“剪刀差”，以及工业用地地价的地区间两极分化状态。对于各地区工业用地的投入与产出是否也存在这样的两极差异，从而产生了土地集约利用的差异这一问题，本书将在后续内容深入研究。

第 5 章　中国工业用地集约利用现状分析

在第 4 章的工业用地政策及市场发展分析中，已经可以看出中国工业用地供给日渐收紧、供需矛盾日益突出的趋势。今后，随着工业化、城镇化的快速发展，土地要素的集约利用是中国经济发展的必然趋势，也是具体要求。

本章将对工业用地集约利用进行量化分析。首先，从土地集约利用的现状评价与分析开始。目前，关于土地集约利用的现状评价，主要有两类数据来源：一类是统计数据，也是最常采用的数据源，其优点在于覆盖面广，数据基础相对较好，可以反映全国及各区域的整体趋势，但缺点在于分析较粗略，无法进行企业类型的细分和进一步的分析；另一类则是企业调研数据，其优点是深入企业微观层面，可以先进行企业类型的具体细分，再分析比较其土地集约利用现状，数据更加具体、细致、针对性更强。但由于是抽样调查，通常样本量受限，覆盖面不如统计数据。

为了更加全面、客观地分析中国工业用地集约利用现状和发展趋势，本章将同时运用这两类数据进行分析，第一节采用统计数据分析全国整体概况和趋势，第二节采用微观企业数据，按企业类型划分进一步比较和分析。

5.1　工业用地集约利用概况分析——基于统计数据

为促进我国土地集约利用，国务院 2008 年 1 月发布了《国务院关于促进节约集约用地的通知》，要求大力提高建设用地利用效率，并要求国土资源部要研究建立土地利用状况、用地效益和土地管理绩效等评价指标体系，加快开发区土地节约集约利用评估工作。同年 7 月，国土资源部发出《国土资源部关于开展开发区土地集约利用评价工作的通知》，开展相关评价工作。开发区作为承载工业集聚发展的重点区域，是工业用地利用现状的指针与风向标，具有很强的代表性和示范性，从开发区土地集约利用评价结果入手进行分析，可以初步了解中国工业用地利用的基本情况。表 5-1 为 2012 年、2014 年和 2016 年的中国开发区土地集约利用评价结果。

表5-1　中国开发区土地集约利用评价结果

年份	开发区综合容积率	建筑密度	工业用地综合容积率	工业用地建筑系数	单位工业用地固定资产投资/（万元/公顷）	工业用地产出强度/（万元/公顷）
2012	0.83	29.28%	0.83	47.30%	5 407.31	12 984.94
2014	0.88	30.41%	0.84	48.76%	5 861.77	12 969.22
2016	0.91	31.46%	0.87	49.79%	6 452.67	13 264.76
2012～2016 年增长幅度	9.64%	7.45%	4.82%	5.26%	19.33%	2.15%

资料来源：国家级开发区土地集约利用评价情况通报

注：2016 年单位工业用地固定资产投资指标为工业用地地均固定资产投资；工业用地产出强度为工业用地地均收入

由表 5-1 中可以看出，2012～2016 年，开发区综合容积率、工业用地综合容积率、工业用地建筑系数、单位工业用地固定资产投资均表现出持续增加的状态。开发区综合容积率由 2012 年的 0.83 增加至 2016 年的 0.91，五年间增长了近 10%；工业用地综合容积率增长了近 5%；单位工业用地固定资产投资增长明显，从 5407.31 万元/公顷增长到 6452.67 万元/公顷，增长近 20%；工业用地产出强度相较而言增长稍缓,但也由每公顷 12 984.94 万元/公顷上升至 13 264.76 万元/公顷。

由此可初步判断，中国工业用地集约利用的整体水平是逐渐提高的。接下来，本章将基于统计数据，从投入和产出两方面对工业用地集约利用的历史变化趋势进行深入分析。

5.1.1　工业用地投入分析

首先，从工业用地的投入角度进行分析。工业用地作为经营性土地，进行前期的要素投入是生产经营的第一步，前期的投入强度也会直接影响到后期的产出。因此，我们先分析了 2002～2015 年全国工业用地地均固定资产存量历史变化（图 5-1）。

根据图 5-1 可以看出，2002～2015 年全国工业用地面积增长幅度并不明显，这是由于土地政策一直侧重于“控制增量、盘活存量”，以促进土地集约利用。但是全国工业固定资产年末总量呈显著持续的上升趋势，因此工业用地地均固定资产新增投资年末余额变化趋势与全国工业固定资产年末总量变化基本一致，保持

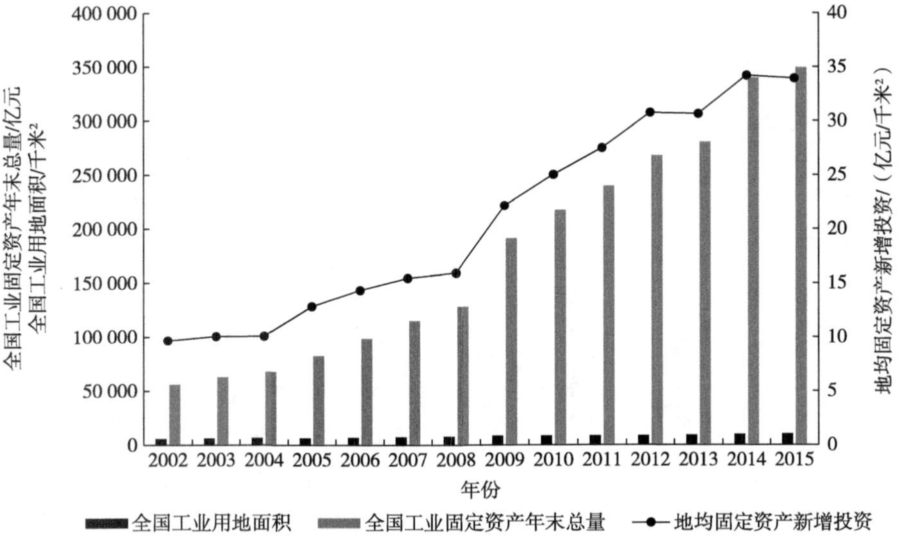

图 5-1 2002 ~ 2015 年全国工业用地地均固定资产存量历史变化

资料来源：《中国城市统计年鉴》、中国城乡建设数据库

工业固定资产年末总量指标 2008 年及以前为规模以上工业企业固定资产净值年平均余额，2008 年后变更为规模以上工业企业固定资产合计

相同的速度上升。但从全国工业固定资产年末总量的增长速度来看，固定资产投资存在一定波动，下面我们进一步分析工业用地固定资产投资强度的历史变化情况。

通过图 5-2 和附表 5-1 可以看出，2002 ~ 2015 年全国工业地均固定资产新增投资主要分布在 1 ~ 3.5 亿元/千米^2。但是 2009 年和 2014 年有较大幅度的增长，分别达到了 7.32 亿元/千米^2 和 5.97 亿元/千米^2，结合政策背景分析，2008 年国务院的《国务院关于促进节约集约用地的通知》（国发〔2008〕3 号）和国土资源部修订的《建设项目用地预审管理办法》，以及 2014 年国土资源部发布的《节约集约利用土地规定》（中华人民共和国国土资源部令第 61 号），都在强调提高土地利用效率、促进土地集约利用。

更进一步地，我们分析中国各省区市（不包括西藏、香港、澳门和台湾）在 2002 年和 2015 年工业用地投资强度（地均固定资产）变化情况。结合图 5-3 和附表 5-2，可以看出 2015 年地区间工业用地投资强度存在一定差异，投资强度年均增长率最高的为青海，13 年间年均增长率高达 23.46%；而投资强度年均增长率最低的为吉林，2002 ~ 2015 年年均增长率约为−3.79%，查找吉林 2002 和 2015 年工业企业固定资产总额和工业用地面积，我们可以看出，2015 年吉林固定资产总额增长为 2002 年的 5 倍，但是工业用地面积达到 2002 年的 8 倍以上，固定资产总额和工业用地面积增长的反向剪刀差，解释了为何吉林地均固定资产投资呈现

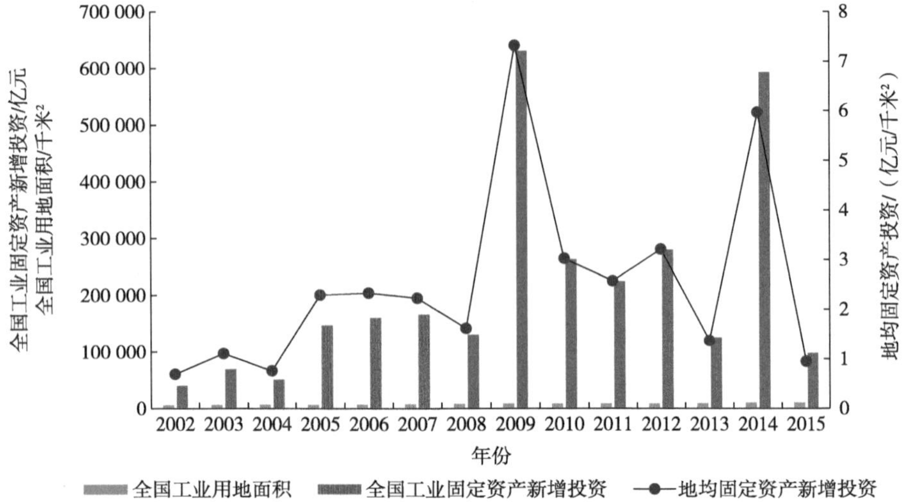

图 5-2　2002～2015 年全国工业用地地均投资强度历史变化

资料来源：《中国城市统计年鉴》、中国城乡建设数据库

工业固定资产新增投资按规模以上工业企业固定资产增加值计算，工业固定资产年末总量指标 2008 年及以前为规模以上工业企业固定资产净值年平均余额，2008 年后变更为规模以上工业企业固定资产合计

出异常的低值。总体看来，地区间工业用地投资强度年均增长率呈现出连续的梯度差异状态，那么，对应的产出强度如何变化？本章后续讨论。

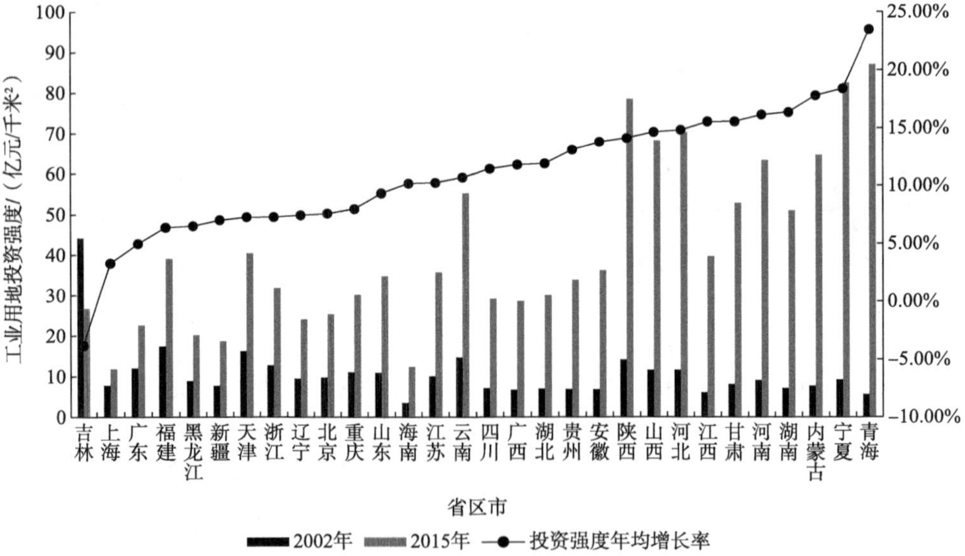

图 5-3　2002 年和 2015 年中国各省区市工业用地投资强度情况

资料来源：作者计算，源数据来自《中国城市统计年鉴》、中国城乡建设数据库

工业用地投资强度=工业企业固定资产/工业用地面积；工业固定资产年末总量指标 2008 年及以前为规模以上工业企业固定资产净值年平均余额，2008 年后变更为规模以上工业企业固定资产合计

接下来，我们将各地区按六大区域划分，计算得出各大区域 2002 年和 2015 年工业用地投资强度变化情况，以及 2002 ~ 2015 年投资强度年均增长率(图 5-4)。可以看出，区域间的投资强度增长率呈现出同样的连续梯度差异状态，这也说明了地区间的工业用地投资差异是建立在区域发展差异的基础上的。结合附表 5-3，2002 ~ 2015 年工业用地投资强度年均增长率最低的为东北区，年均增长率为 6.12%；13 年间投资强度年均增长率最快的为西北区，年均增长率为 13.61%；其他区域介于东北区和西北区之间。

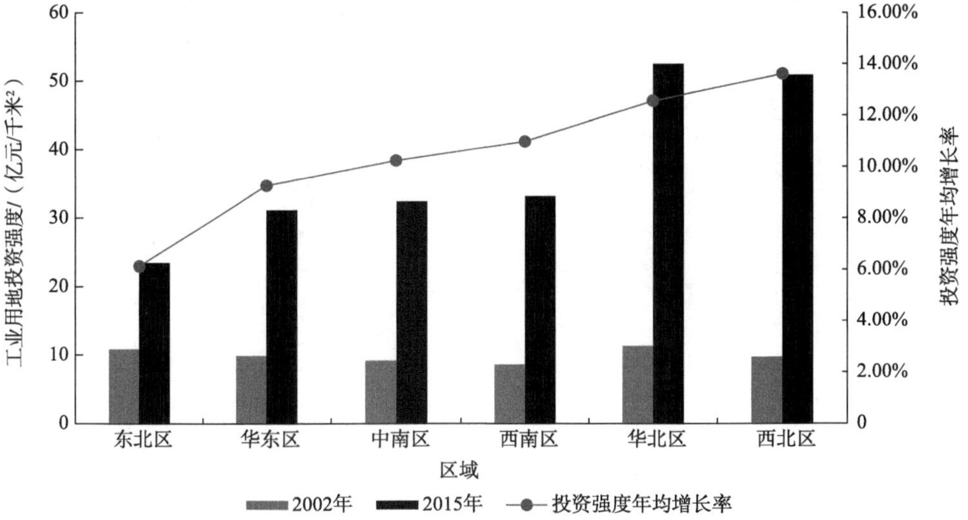

图 5-4　2002 年和 2015 年中国六大区域工业用地投资强度

资料来源：《中国城市统计年鉴》、中国城乡建设数据库

基于以上工业用地投资强度地区间的比较分析，本小节接下来将进一步分析不同区域的工业用地投资强度时间变化趋势，从空间和时间两个维度进行工业用地投入分析。

由图 5-5 和附表 5-4 可知，各大区域 2002 ~ 2015 年工业用地投资强度均呈现波动上升，在 2009 年之后，区域之间投资强度差异增大。具体来看，华东区和西南区投资强度增长幅度较大，华北区与中南区则保持着较为相似的变化趋势。

5.1.2　工业用地产出分析

接下来，本小节将从工业用地的产出角度进行土地集约利用水平的评价分析。主要采用应用最为广泛和经典的地均工业产值指标来分析近年的变化趋势。

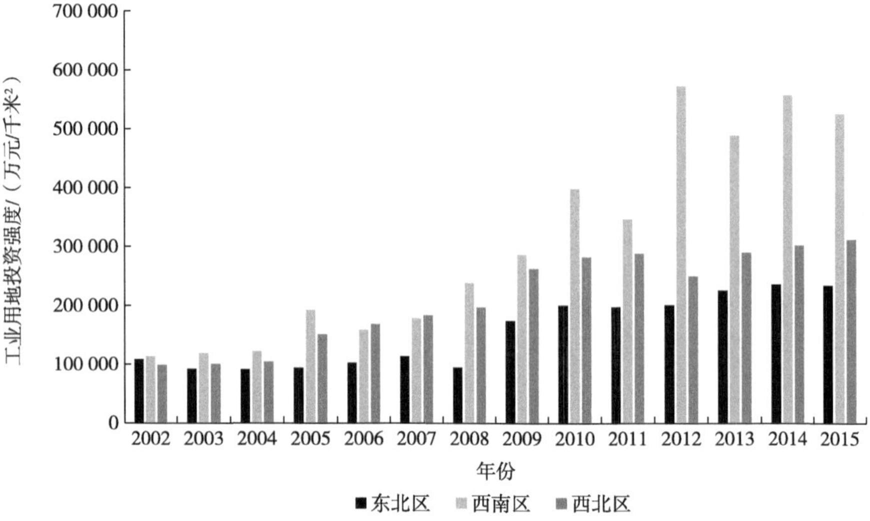

（a）2002～2015 年中国东北区、西南区、西北区工业用地投资强度对比

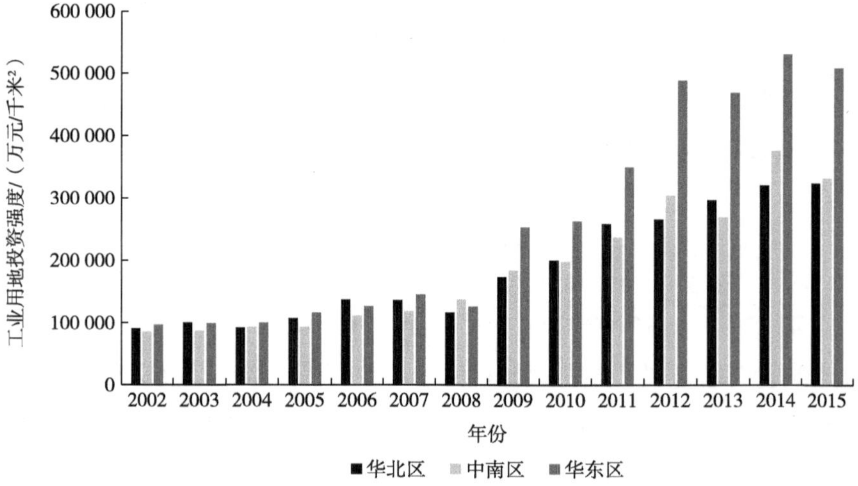

（b）2002～2015 年中国华北区、中南区、华东区工业用地投资强度对比

图 5-5　2002～2015 年中国各区域工业用地投资强度对比

资料来源：《中国城市统计年鉴》、中国城乡建设数据库

通过图 5-6 中 2002～2015 年全国工业用地产出强度变化同样可见，土地利用集约度逐年提高。工业用地产出强度从 2002 年的 18.8 亿元/千米^2，增长为 2008 年的 60.6 亿元/千米^2。由于 2008 年国务院发布了《国务院关于促进节约集约用地的通知》，对土地集约利用制定了严格的准则和用地标准，从 2009 年开始再次呈大幅上升的趋势，到 2012 年后一直保持在 100 亿元/千米^{2}水平以上，在 2013 年和 2014 年超过 110 亿元/千米^2，2014 年工业用地产出强度与 2002 年相比增长幅

度高达 488%。2002 ~ 2015 年全国工业用地产出强度平均增长率高达 14.29%。文后给出了 2002 ~ 2015 年全国工业用地产出强度的具体数据（附表 5-5）。

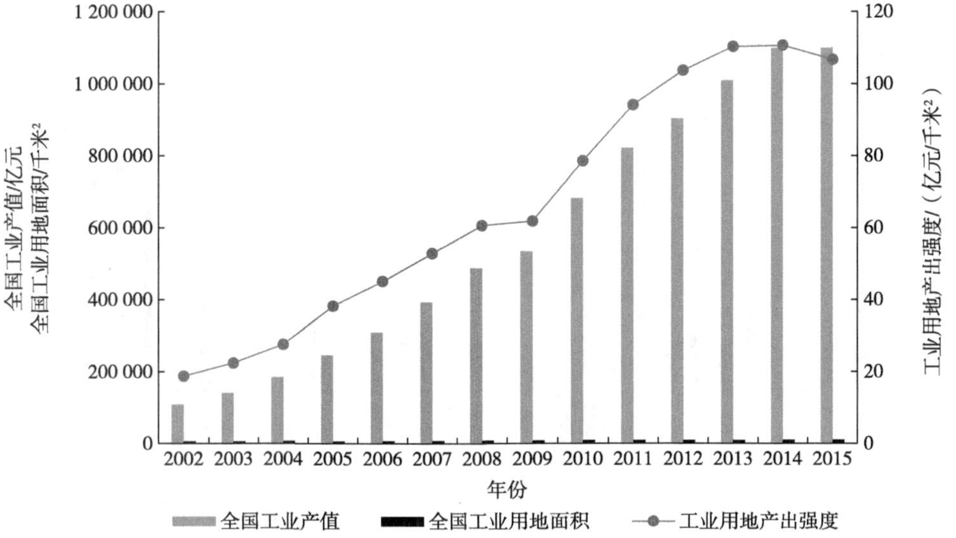

图 5-6　2002 ~ 2015 年全国工业用地产出强度变化

资料来源：《中国城市统计年鉴》、中国城乡建设数据库

通过对全国工业用地面积和工业产值情况历史变化情况的统计分析，可以看出 2002 ~ 2015 年，整体上我国工业用地单位产出强度是持续上升的，工业用地利用集约度是不断增强的。

那么，不同地区工业用地集约利用情况如何？变化趋势是怎样的？下面我们将对各地区工业用地集约利用情况进行时间变化趋势和空间比较的分析。

首先，我们整理了全国各省区市 2002 年和 2015 年的工业用地产出强度的变化情况，由于数据所限，在此没有分析西藏及港澳台地区的相关数据。结合图 5-7 和附表 5-6 可以分析，地区按工业用地产出强度年均增长率排序情况基本与图 5-3 中的地区间投资强度年均增长率排序情况相符。2002 ~ 2015 年工业用地的产出强度增长率最低的为吉林，年均产出强度增长率为 1.75%；而工业用地产出强度增长率最高的为青海，年均增长率为 26.68%。具体来看，北京、天津、江苏、山东等一些地区产出强度年均增长率处于 9% ~ 14%，而在附表 5-2 中我们统计得出这些地区投资强度年均增长率在 7% ~ 11%；而河南、湖南、四川等地区产出强度年均增长率在 18% ~ 25%，同样在前文中我们统计得出以上地区投资强度增长率为 11% ~ 17%。由此可见，中国地区间工业用地产出强度存在着与投资强度增长趋势相似的连续梯度差异，但整体上产出强度大大高于投资强度，说明了各地区土地集约利用水平普遍有显著提升。我国各省区市 2002 年和 2015 年工业用地产出强度情况对比见附表 5-6。

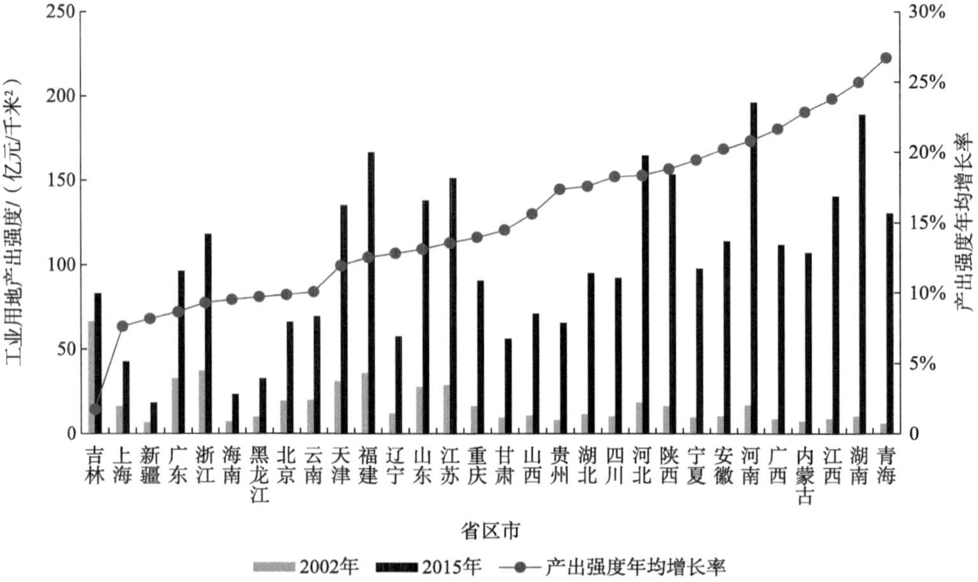

图 5-7　2002 年和 2015 年工业用地产出强度情况

资料来源：作者计算，源数据来自《中国城市统计年鉴》、中国城乡建设数据库

工业用地产出强度=工业总产值/工业用地面积；受数据限制，此处没有列出西藏自治区和港澳台地区

在此基础上，按中国六大区域将各地区划分，通过汇总和计算得出东北、华北、华东等六大区域的 2002 年和 2015 年工业用地产出强度变化情况（图 5-8）。通过图 5-8，我们可以看出 2015 年，工业用地产出强度由高到低依次为华东区、中南区、华北区、西南区、西北区和东北区，2015 年华东区工业用地产出强度已经超过 120 亿元/千米^2。各区域工业用地产出强度年均增长率均在 11%以上，其中增长幅度最低的东北区，但产出强度年均增长率依然达到了 11.40%，西北区和西南区产出强度年均增长率分别达到了 16.18%和 16.21%。

在前文中，根据图 5-5（a）和图 5-5（b）的分析可知，中国六大区域的工业用地投资强度均经历了先上升后下降的变化历程，在此通过图 5-9（a）和图 5-9（b）可以看出各区域工业产出强度也是先上升后下降的变化历程。结合图 5-9（a）、图 5-9（b）和附表 5-7，东北、西南、西北三个区域 2002～2012 年工业用地产出强度水平和变化趋势基本一致。2002 年东北区、西南区、西北区工业用地产出强度均处于 12 亿元/千米^2 左右的水平，并在之后保持着同步稳定的增长，但在 2012 年后东北区工业用地产出强度明显下降，西北区和西南区基本保持在 80 亿元/千米^2 左右的产出水平。而华北、中南、华东三大区域工业用地产出强度水平较为相似，2002～2004 年，三者均由 20 亿元/千米^2 左右的产出强度逐年增加。但自 2005 年

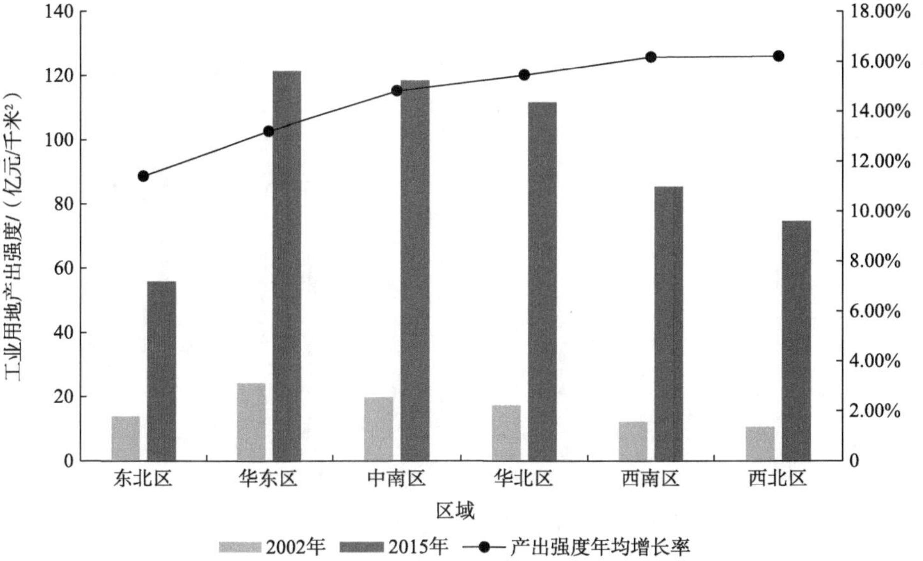

图 5-8　2002 年和 2015 年中国六大区域工业用地产出强度变化情况对比

资料来源：《中国城市统计年鉴》、中国城乡建设数据库

将各省区市数据加总得到各大区域的工业用地面积和工业产值情况，产出强度=工业产值/工业用地面积

起，华北区和华东区工业用地产出强度增长迅速，华东区 2011 年产出强度接近 120 亿元/千米²，此后一直维持着稳定的产出水平；华北区在 2013 年达到峰值 158.86 亿元/千米²后，之后每年均有所下降；而中南区始终保持着平缓的增长趋势。2013 年后，华北、中南、华东三大区域的工业用地产出强度水平再次保持在 120 亿元/千米²左右的稳定水平。

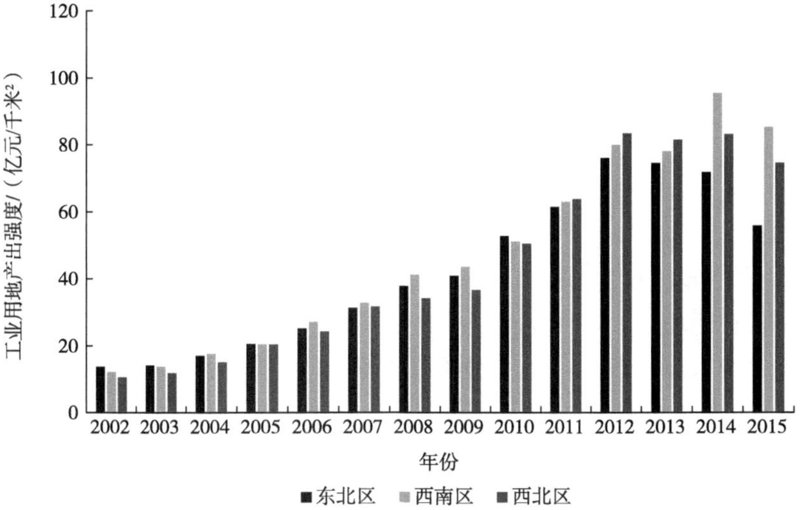

（a）2002～2015 年中国东北、西南、西北区域工业用地产出强度情况对比

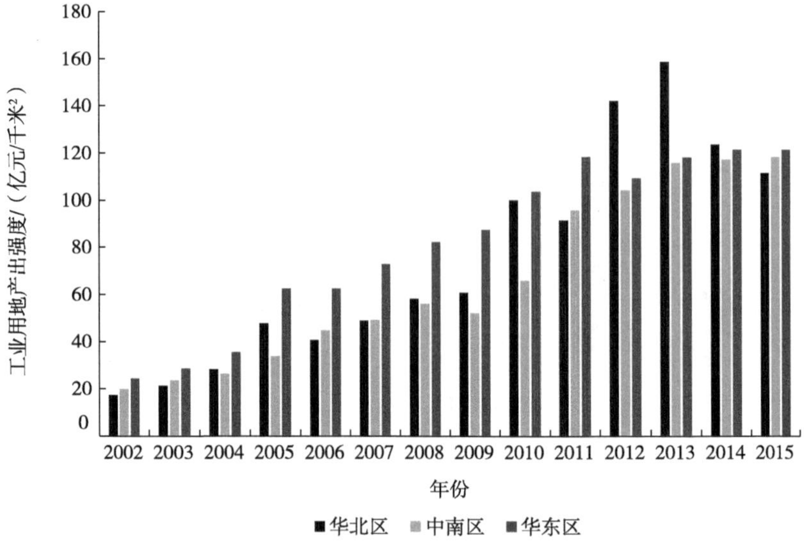

（b）2002～2015 年中国华北、中南、华东区域工业用地产出强度情况对比

图 5-9　2002～2015 年中国六大区域工业用地产出强度情况对比

资料来源：作者计算，源数据来自《中国城市统计年鉴》、中国城乡建设数据库

产出强度=工业产值/工业用地面积

作为工业生产的基本单位，企业除了追求产值产出，最终是要追求利润的，因此，下面将进一步分析地均利润的变化趋势。

如图 5-10 所示，中国 2005～2015 年规模以上工业企业利润总额整体上处于显著上升的状态，总体来看上升幅度较平稳。具体来看，2009～2010 年经历了较大幅度的上升后又继续保持稳定增加的上升趋势，2011 年后地均产出利润处于平稳状态，无明显变化，但 2014 后再次呈现上升趋势。2005～2015 年工业用地地均产出利润变化趋势基本与规模以上工业企业利润总额变化情况相同，由图 5-10 可知，这是由工业用地面积总量变化不大导致的，也再次说明了中国近些年促进土地集约利用的政策力度不断加强，以及土地利用集约度日渐提高。

至此，本节通过统计分析，分别从全国、区域、地区层面分析了土地集约利用情况的时间变化趋势，并横向比较了地区间工业用地利用集约度。整体上，中国土地集约利用状况日趋良好，工业用地数量逐渐收紧，地均投资强度有所波动，但产出强度和地均产出利润均处于持续上升的状态并且依旧保持着上升趋势。但是，深入微观层面，不同行业、不同企业属性的土地集约利用状况如何？本章后续部分将继续研究。

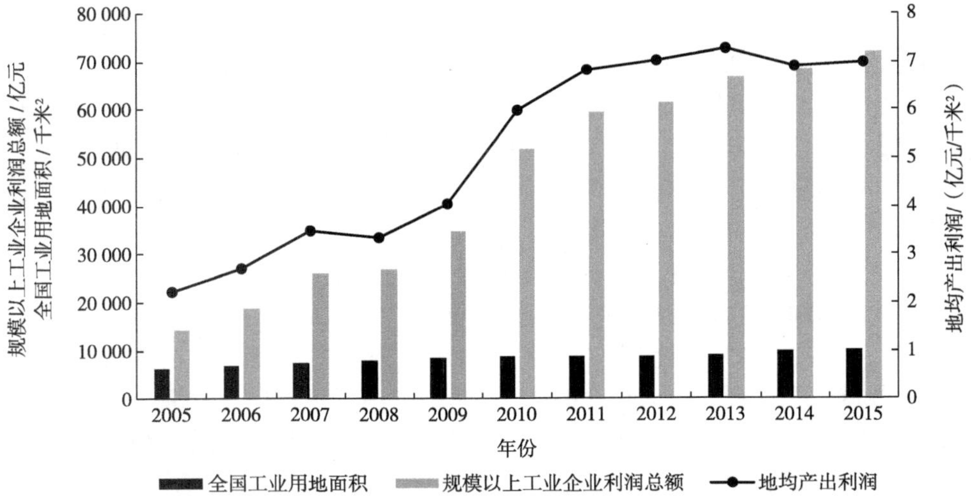

图 5-10　2005～2015 年全国工业用地地均产出利润历史变化

资料来源：《中国城市统计年鉴》、中国城乡建设数据库

5.2　工业企业集约用地概况分析——基于微观企业数据

5.1 节介绍了整体的土地集约利用情况，基于统计数据，概要地对全国和区域的土地集约利用情况进行了比较分析。本节具体介绍微观层面的工业企业集约用地情况，并且根据企业属性的不同，进行了集约度的差异分析。

由于企业数据的优势，我们可以从企业的不同属性进行分类比较，因此不同于上节，本节内容将从行业所有制和规模等方面进行企业集约用地的比较分析。

5.2.1　企业样本与指标数据

本节（包括之后的第 6～8 章）分析所采用的基础数据来自中国工业企业数据库，其涵盖了中国内地全部国有企业及规模以上的非国有工业法人企业，企业数量庞大且包含了 100 多个与企业生产经营相关的经济指标。该部分的数据处理主要包括以下三个过程。

（1）基础样本获得。首先，以中国工业企业数据库中的工业企业为基础，对 1999～2007 年广东和江苏的近 10 万家企业以企业法人代码进行匹配并筛选出每年均存在的企业，约 46 000 家；其次，把 2008 年每家企业的法人代码逐一补齐（2008 年各企业的法人代码缺失，并对照 2007 年各企业的电话号码和法人名称把 2008 年各企业的法人代码进行了补充）；最后，将 1999～2007 年已筛选出的

46 000 家企业与 2008 年、2009 年的企业以法人代码再次匹配，最终筛选出 11 年间每年均存在的约 32 600 家企业作为本书研究的基础样本。

（2）土地数据的补充调研。基础样本中收集了企业名称、法人代码、企业规模、行业类型等不同的企业概况及企业经营、财务等相关指标（从 1999 年的 96 项到 2009 年的 141 项不等），但缺乏每家企业的经营占地面积，然而企业经营占地面积才是本书研究的基础，因此本书对每家企业的土地面积进行了补充调查，调查方式以网络查找为主，辅之以电话咨询。

（3）样本的剔除整理。首先，剔除了电力、燃气及水的生产与供应业行业中的企业，这些企业并没有固定的经营占地面积，多数统计面积为所属辖区面积；其次，剔除了采矿业，因为企业的矿区面积往往大于其实际生产面积，并且随时间的推移其开采面积也在逐年变化，数据很难获取与处理；最后，剔除了重要指标缺失和遗漏的企业。

经过上述步骤的数据处理，最终得出有效工业企业数量为 11 324 家。

主要分析指标如下。

（1）投入指标。投入主要包括劳动、资本等方面，因此该部分选取地均吸纳劳动力和地均投资作为土地的投入指标。分别用“全部职工”指标和“固定资产”指标除以企业占地面积计算得出。

（2）产出指标。关于土地的产出，目前研究多数采用地均工业总产值，但由于中国制造业中的代加工企业较多（约占 20%），企业“两头在外，中间在内”的特点使企业地均工业总产值很高，而企业创造的利税却偏低，因此简单地把地均工业总产值作为评价土地产出的指标，其参考价值也会大打折扣。基于此，该部分同时选取了“地均工业总产值”和“地均利税”两个指标同时衡量土地产出水平。

5.2.2　集约用地的行业差异分析

本节针对 2007 年的 11 324 家工业企业样本（2007 年工业企业的各项指标比较齐全，同时 2007 年的工业企业集约用地现状便于与 2008 年修订的《工业项目建设用地控制指标》中的工业用地投入标准进行对比），按行业归属测算其平均占地面积、地均投入及地均产出，并结合中国各行业实际状况加以分析；进而又计算了 1999 ~ 2009 年各行业企业地均投资的最大值、最小值及平均值，并将其与《工业项目建设用地控制指标》中规定的各行业分类投资强度控制指标进行比较，探讨指标设计的合理性。

行业归属划分依据《国民经济行业分类》（GB/T 4754—2002）中的行业划分标准，30 个行业企业的统计性描述比较分析见表 5-2。

表5-2　工业企业样本行业分类及占地面积统计（2007年）

行业代码	行业名称	企业数量/家	平均占地面积/米^2
13	农副食品加工业	501	12 290
14	食品制造业	328	5 690
15	饮料制造业	190	6 130
16	烟草制品业	13	12 330
17	纺织业	701	8 680
18	纺织服装、鞋、帽制造业	482	4 910
19	皮革、毛皮、羽毛及其制造业	308	3 820
20	木材加工及木、竹、藤、棕、草制品业	160	9.93
21	家具制造业	129	8 730
22	造纸及纸制品业	333	10 030
23	印刷业和记录媒介的复制	280	7 450
24	文教体育用品制造业	260	5 110
25	石油加工、炼焦及核燃料加工业	23	8 030
26	化学原料及化学制品制造业	798	16 270
27	医药制品业	434	8 570
28	化学纤维制品业	64	26 590
29	橡胶制品业	182	12 520
30	塑料制品业	582	11 330
31	非金属矿物制造业	644	13 940
32	黑色金属冶炼及压延加工业	201	48 050
33	有色金属冶炼及压延加工业	17	6 190
34	金属制品业	558	5 680
35	通用设备制造业	672	10.16
36	专用设备制造业	459	11 980
37	交通运输设备制造业	792	16 950
39	电气机械及器材制造业	972	34 170
40	通信设备、计算机及电子设备制造业	658	8 750
41	仪器仪表及文化、办公用机械制造业	305	6 630
42	工艺品及其他制造业	241	5 960
43	废弃资源和废旧材料回收加工业	37	4 940

此外，本章又计算了30个行业的地均劳动力、地均资本、地均工业总产值及地均利税。由表5-2、图5-11与图5-12可知，不同行业工业企业的平均占地面积、地均投入及地均产出存在明显差异。从平均占地面积来看，黑色金属冶炼及压延加工业最大，而木材加工及木、竹、藤、棕、草制品业则最小。从投入角度来看，皮革、毛皮、羽毛及其制造业的地均劳动力投入最多，而农副食品加工业最少；石油加工、炼焦及核燃料加工业地均投资最多，而塑料制品业地均投资投入最少。从产出角度来看，石油加工、炼焦及核燃料加工业的地均工业总产值最高，而家具制造业最低；烟草制品业地均利税最高，而塑料制品业最低。总体看来，烟草制品业，石油加工、炼焦及核燃料加工业等行业的土地集约利用水平要明显高出其他行业，最高可达数十倍之多。

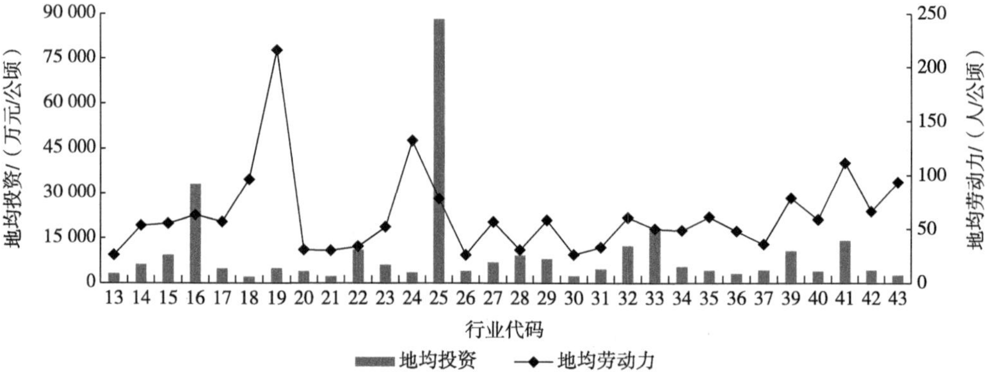

图5-11　2007年不同行业工业企业地均投入比较

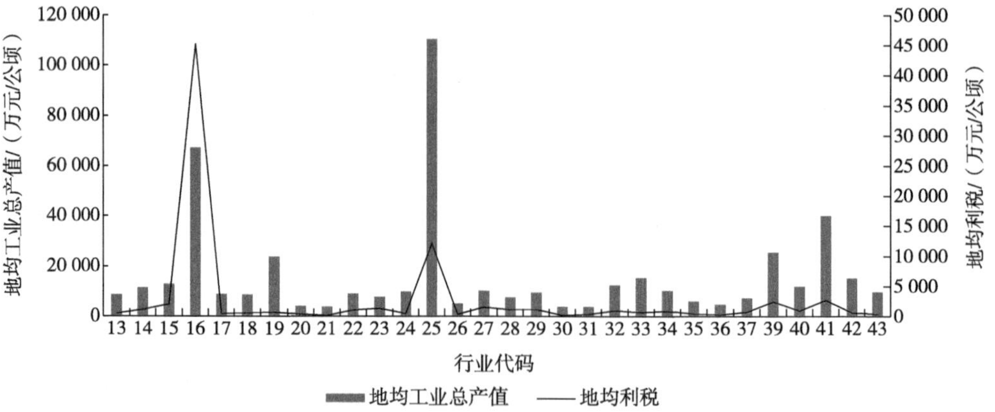

图5-12　2007年不同行业工业企业地均产出比较

资料来源：2007年中国工业企业数据库

造成上述结果的原因可能是中国某些行业有较为明显的垄断色彩（多数为国有企业），如石油加工、炼焦及核燃料加工业，烟草制品业等企业，这些企业的大部分土地是通过划拨获得的，土地成本较低，且在融资、获得补贴等方面也有较强优势（贾宏俊等，2010），直接表现就是企业的平均占地面积、地均吸收资本远高于其他企业；同时，垄断行业的利润也较高，其直接表现就是企业的地均工业总产值、地均利税居于前列。而竞争性行业多为劳动密集企业、轻工业企业，如皮革、毛皮、羽毛及其制造业，纺织服装、鞋、帽制造业等，大部分是改革开放后发展起来的，其用地多以招标、拍卖或挂牌获得，用地成本较高，企业平均占地面积相对较小，并且市场竞争激烈，在招工、融资等方面相对处于劣势，从而导致了企业地均投入及产出偏低的局面。

而对于土地管理部门来说，具体的对策研究是其最关心的问题。近年来，为了全面促进工业用地的集约利用，国土资源部也先后出台了多项政策法规予以引导和管控。其中最具代表性的是 2008 年《工业项目建设用地控制指标》的颁布实施。该项政策的出台在一定程度上遏制了工业用地粗放利用的局面，并且各地也都以此为基准先后出台了相应的地方控制指标。鉴于《工业项目建设用地控制指标》对于中国工业用地集约利用的重要意义，为了进一步完善该指标，促进其更加合理地进行修订，该部分特地计算了 1999 ~ 2009 年各行业工业用地的投资强度并将其与《工业项目建设用地控制指标》进行比较（表 5-3），以检验其指标设计（即最低投资强度门槛值）的合理性并提出改进建议。

表5-3　工业企业样本分行业地均投资强度与《工业项目建设用地控制指标》对比

行业代码	行业名称	投资强度		《工业项目建设用地控制指标》规定的最低投资强度门槛值
		最小值（1999 ~ 2009 年）	平均值	
13	农副食品加工业	**1 354.85**$^{+}$	3 090.25^{+}	1 935
14	食品制造业	4 183.85	7 674.27	1 935
15	饮料制造业	6 291.99	13 263.99	1 935
16	烟草制品业	4 533.48	38 835.65*	1 935
17	纺织业	4 690.71	7 727.64	1 935
18	纺织服装、鞋、帽制造业	1 998.09^{+}	7 956.94	1 935
19	皮革、毛皮、羽毛及其制品业	3 861.51	4 850.86	1 935
20	木材加工及木、竹、藤、棕、草制品业	3 155.69	7 735.03	1 555
21	家具制造业	2 140.09	3 168.49^{+}	1 815
22	造纸及纸制品业	6 046.65	9 763.69	1 935
23	印刷业和记录媒介的复制	5 996.87	10 959.64	2 590
24	文教体育用品制造业	3 414.21	6 859.88	1 935
25	石油加工、炼焦及核燃料加工业	13 671.38*	50 584.98*	2 590

续表

行业代码	行业名称	投资强度		《工业项目建设用地控制指标》规定的最低投资强度门槛值
		最小值（1999～2009 年）	平均值	
26	化学原料及化学制品制造业	3 564.09	5 495.35	2 590
27	医药制品业	6 776.55	9 663.22	3 885
28	化学纤维制品业	9 172.41*	12 876.35	3 885
29	橡胶制品业	7 932.86	12 103.37	2 590
30	塑料制品业	2 248.31	6 672.01	2 070
31	非金属矿物制造业	4 557.40	5 494.64	1 555
32	黑色金属冶炼及压延加工业	12 302.96*	26 290.54*	3 105
33	有色金属冶炼及压延加工业	**2 211.03**	6 026.87	3 105
34	金属制品业	3 346.13	7 530.65	2 590
35	通用设备制造业	4 145.73	5 761.01	3 105
36	专用设备制造业	**2 289.38**	3 958.99	3 105
37	交通运输设备制造业	4 205.84	7 220.57	3 885
39	电气机械及器材制造业	4 178.67	7 422.49	3 105
40	通信设备、计算机及电子设备制造业	**3 802.53**	11 511.73	4 400
41	仪器仪表及文化、办公用机械制造业	3 267.45	10 010.14	3 105
42	工艺品及其他制造业	3 963.65	4 607.10	1 555
43	废弃资源和废旧材料回收加工业	1 598.68+	2 830.23+	1 555

注：加粗数据为投资强度最小值小于《工业项目建设用地控制指标》规定门槛值
+ 为各指标在 30 个行业中排名最后三名；* 为各指标在 30 个行业中排名前三者

由表 5-3 可知，所有行业企业的平均投资强度均高于《工业项目建设用地控制指标》规定的最低投资强度门槛值，而其中绝大部分样本企业的投资强度最小值也高于门槛值（农副食品加工业，有色金属冶炼及压延加工业，专用设备制造业及通信设备、计算机及电子设备制造业 4 个行业除外）。由此可知，中国目前的指标仍较为宽松，门槛值的设定很难真正起到“门槛”限制作用。尤其值得注意的是，《工业项目建设用地控制指标》中也分别对各行业的投资门槛值进行了设定，但指标差别并不明显。从本节的统计结果看，各行业间投资强度的差异要远大于《工业项目建设用地控制指标》，平均值高低相差可达十余倍，即使考虑到样本统计的误差，也能充分说明不同行业间的投资强度差异巨大。而其中石油加工、炼焦及核燃料加工业及烟草制品业的投资强度平均值均高出门槛值较多。因此，进一步加强《工业项目建设用地控制指标》的行业差别化，着重提高几个重点行业的门槛值势在必行。

5.2.3　集约用地的企业所有制差异分析

已有研究表明不同所有制下企业的运营效率存在较大差异，由此推论企业所有制的不同也会导致土地利用存在差异。鉴于此，本节按企业控股类型对工业用地集约利用状况进行分析。

企业控股类型分类依据中国工业企业数据库中企业登记注册类型对应表(新)和《中国统计年鉴》中的相关分类，并做了简单处理，具体的企业分类情况如表 5-4 所示。

表5-4　工业企业样本所有制分类、样本量及平均占地面积（2007年）

企业类型	注册代码	企业登记注册类型	样本量/家	平均占地面积/公顷
国有企业	110、150	国有企业、国有独资公司、其他有限责任公司	873	24.14
集体企业	120、130、140	国有联营企业、集体联营企业、国有与集体联营企业、其他联营企业	3731	12.18
股份制企业	160	股份有限公司	1092	20.43
私营企业	170、190	私营独资企业、私营合伙企业、私营有限责任公司、私营股份有限公司、其他企业	2313	6.73
港澳台及外资企业	200、300、340	港澳台合资、港澳台合作、港澳台“独资”、港澳台商投资股份有限公司、中外合资经营企业、中外合作经营企业、外资企业、外商投资股份有限公司	3315	7.36

企业控股类型分类依据中国工业企业数据库中企业登记注册类型对应表(新)和《中国统计年鉴》中的相关分类，并做了简单处理，不同企业类型的样本量、平均占地面积与地均劳动力情况如表 5-5 所示。

表5-5　不同所有制企业的占地面积与地均劳动力比较（2007年）

企业类型	样本量/家	平均占地面积/公顷	地均劳动力/（人/公顷）
国有企业	873	24.14	58.95
集体企业	3731	12.18	35.74
股份制企业	1092	20.43	50.16
私营企业	2313	6.73	32.59
港澳台及外资企业	3315	7.36	61.16

本节计算了不同控股类型下，样本的地均工业总产值、地均投资、地均利税

及地均劳动力，结果如图 5-13 所示。

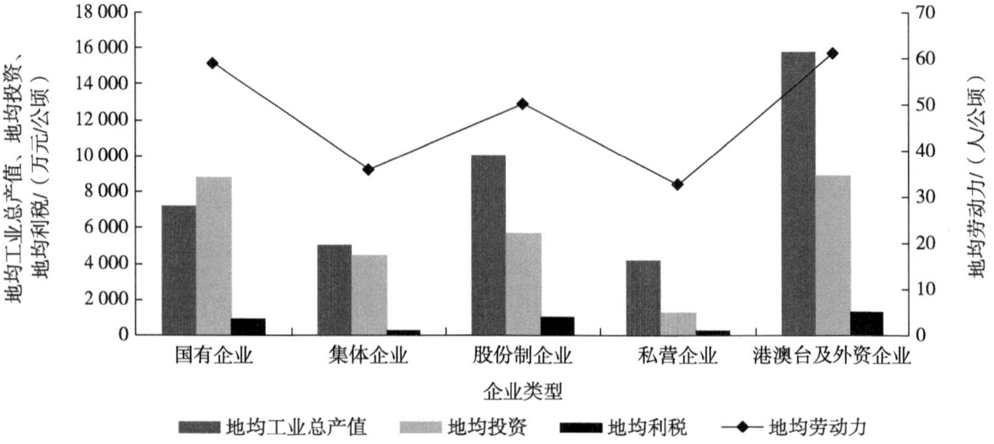

图 5-13 不同所有制企业的地均投入与产出比较（2007 年）

结合表 5-5 及图 5-13：首先，不同控股企业的平均占地面积差别明显，其中国有企业、股份制企业远大于集体和港澳台及外资企业，而私营企业最小，最大差距可达数倍；其次，地均投入存在显著性差异，其中国有企业、港澳台及外资企业的地均劳动力、地均投资均高于其他企业，而私营企业最小；最后，地均工业总产值的差异更加明显，其中港澳台及外资企业最高，高出私营企业数倍。值得注意的是，唯独国有企业的地均工业总产值低于地均投资。

结合不同所有制企业的实际特点进行如下分析。

中国多数国有企业是中华人民共和国成立初期或 20 世纪 80 年代初的公私合营、集体企业转制形成，生产用地主要靠政府划拨，通常占地面积较大。而国有企业关系国计民生，有调节经济的作用，其在研发投入等方面具有明显优势，使国有企业在地均投入上远高于其他企业。此外，国有企业可能存在缺乏竞争、创新动力不足、机构设置不合理等问题，又导致运营效率低下，使其产出小于投入。但国有企业通常又具有一定程度的垄断地位，这又导致了其能获得较高利润，并创造较多的利税。

集体企业多数是改革开放后出现的城镇或农村部分人民集体共同拥有的一种经营组织形式。其生产用地多依靠占用集体建设用地，其平均占地面积较小，且常带有“家族式”的企业特点，其吸纳的劳动力主要是当地“农转非”的剩余劳动力，综合素质相对较低，又加之企业在融资等方面有较大局限，从而导致了集体企业的地均投入、产出均偏低。

股份制企业多数由集体企业改制并由个人集股形成，初始规模相对较大，由于股份制企业主要以发行股票、债券的方式集资，其融资量较大。其所有者和经营者相分离，且又引进了较为科学的管理方法，运营效率处于较高水平，因此股份制企业在吸纳劳动、资本上也有明显优势，也使其地均工业总产值、地均利税较高。

中国的私营企业多以中小企业为主，占地规模一般偏小，并且企业抗风险能力、自生能力、融资能力等相对较弱，导致其在地均投入上有很大的限制。近几年人口红利逐渐消失，劳动力成本节节攀升，再加上中国金融体系不健全，小型企业融资难问题尤为突出，也间接导致了企业经营相对困难，土地产出也处于较低水平。

港澳台及外资企业一部分是由集体企业注入外资改制而成，另一部分则是由港澳台及国外投资者在中国内地（大陆）直接投资建立的，其土地主要是通过在市场购买获得，用地成本通常较高，因而占地面积相对较小。外资企业通常具有先进的技术与管理水平，企业制度也较完善，且有较发达的融资渠道，这使外资企业在投入产出方面均有明显的优势，从而使其土地集约利用水平处于领先地位。

从以上分析可知，不同所有制企业的土地集约利用水平有很大差异，结合国家出台的相关企业改制法规，如《关于国有企业改制重组中积极引入民间投资的指导意见》（2012 年）等，加快企业改制，并积极引导民间资本和国有资本、民间资本和外资、集体资本与外资的融合，不仅能在一定程度上解决部分国有企业、私营企业、集体企业运营效率低下的问题，也能够改善部分企业粗放用地的情况，从而从总体上提高土地集约利用水平。

5.2.4　集约用地的企业规模差异分析

企业规模的不同，可能会导致单位面积土地上的投入产出有较大差异。本书把企业划分为大型、中型、小型及微型企业来探讨不同规模企业的土地利用是否存在差别。剔除时间序列异质性的影响，本书同样选取 2007 年工业企业来探讨不同规模的企业土地利用状况。为了避免由经济波动而导致企业的年度经营状况（如主营业务收入）有较大起伏，本书采用企业从业人员（X）数量对企业规模进行了划分，划分标准依据《关于印发中小型企业划型标准规定的通知》（工信部联企业〔2011〕300 号），具体划分结果见表 5-6。

表5-6　工业企业样本规模分类、样本量及平均占地面积（2007年）

指标名称	大型	中型	小型	微型
从业人员数/人	$X\geqslant 1000$	$300\leqslant X<1000$	$20\leqslant X<300$	$X<20$
样本量/家	1294	5584	3122	1324
平均占地面积/公顷	36.74	9.27	5.56	3.08

同时，本书依据企业规模计算了不同规模企业的平均占地面积和地均劳动力，具体信息如表 5-7 所示。

表5-7　不同规模企业的平均占地面积及地均劳动力比较（2007年）

企业规模	样本量/家	平均占地面积/公顷	地均劳动力/（人/公顷）
大型	1294	36.74	4.09
中型	5584	9.27	26.61
小型	3122	5.56	48.96
微型	1324	3.08	93.56

接下来计算不同规模下的样本企业的地均工业总产值、地均投资、地均利税及地均劳动力指标，结果如图 5-14 所示。

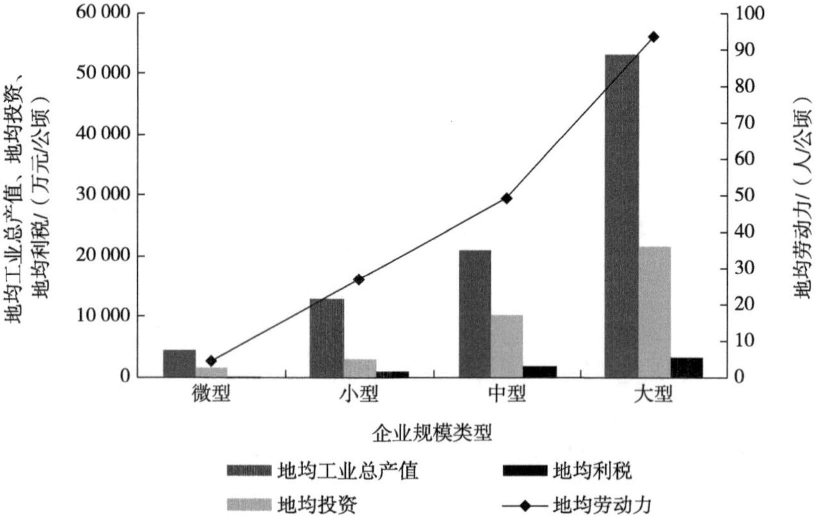

图 5-14　不同规模企业的地均工业总产值、地均投资、地均利税及地均劳动力（2007 年）

由表 5-7 及图 5-14 可以看出，随着企业规模的扩大，单位面积土地上的投入、产出均呈递增趋势，也就是说，工业企业规模越大，土地集约利用水平越高。其中大型企业相较于微型企业的投入、产出指标可高出数十倍。下面结合不同规模企业的实际状况加以具体分析。

微型企业主要以租赁方式来获得土地，规模一般较小且不稳定。此外，微型企业在吸纳劳动力及资本上处于劣势，地均劳动力、地均投资均较低，加之企业规模小，很难形成规模经济来降低生产成本，从而压缩了企业的利润空间，导致企业的运营相对困难，土地集约利用水平一般较低。中型企业用地面积扩张并不十分明显，但土地投入、产出却高出微型企业数倍。依据企业成长阶段分析，多数中型企业经过多年发展，运营水平有所提高，有了稳定的销售渠道、融资渠道，其规避风险能力和自生能力均有较大幅度提升，具有更好的发展空间，从而更能吸引劳动力、资本的投入。此外，中型企业的研发投入、政府补贴也明显高出微型企业，因此中型企业的土地集约利用水平提升较为明显。大型企业相较于中型企业，不但占地规模有了明显扩张（平均占地面积约为中型企业的4倍），而且土地集约利用水平也有了较大飞跃。

现阶段，中国工业用地供需矛盾突出，国家也正在积极引导工业用地向集约高效转变，并出台了《工业项目建设用地控制指标》等规定，设置工业企业的准入门槛。而从本书的分析结果可知，企业规模的确是工业企业集约用地的重要影响因素，大、中型企业的土地集约利用水平远高于小、微型企业。

5.3 本章小结

本章基于统计数据和微观企业数据，分别从投入和产出两个角度分析了中国工业用地集约利用的概况与变化趋势。结果有如下几方面。

（1）统计数据分析结果表明，2002～2015年中国整体工业用地投资强度和产出强度呈现出同步上升的状态和趋势，并且产出强度年均增长率整体高于投资强度年均增长率。同时，地区间工业用地投入和产出强度存在一定差异，首先，工业用地投入强度在研究期增长率处于6%～14%，西北地区最高（附表5-3）。与之对应的，工业用地产出强度同样表现为持续上升的状态，除吉林省外，13年间各省区市工业用地产出强度年均增长率处于7%～27%。同时，区域间差异明显，东北、西北、西南地区基本处于同一土地集约利用水平，低于华北、中南、华东地区。更进一步，各地区间差异较大，2015年，土地集约利用程度最高的河南省工业用地产出强度是新疆维吾尔自治区的10.7倍。

（2）微观企业数据分析结果表明，不同属性的企业土地利用集约度大不相同。①从行业来看，不同行业工业企业的平均占地面积、地均投入及地均产出存在明显差异。黑色金属冶炼及压延加工业平均占地面积较大，皮革、毛皮、羽毛及其制造业的地均劳动力投入最多，石油加工、炼焦及核燃料加工业的地均投资最多，但同时石油加工、炼焦及核燃料加工业的地均工业总产值最高。总体来看，烟草制品业，石油加工、炼焦及核燃料加工业等一些垄断行业的土地集约利用水平要明显高于其他竞争性行业。②按工业企业所有制分析，鉴于国有企业的垄断地位及获取土地、国家补贴等方面的优势，以及港澳台及外资企业的先进技术、管理水平和良好的融资渠道，国有企业和港澳台及外资企业的土地利用集约度较高。

③从企业规模来看，大型企业由于规模扩张使土地集约利用水平实现了飞跃，中型企业依靠资本和研发投入、运行水平的提升、政府补贴等优势实现土地集约利用水平的提升，因此大、中型企业土地集约利用水平远远高于小、微型企业。

（3）此外，统计分析得出所有行业企业的平均投资强度均高于《工业项目建设用地控制指标》规定的最低投资强度门槛值，其中绝大部分企业样本的投资强度最小值也高于门槛值，并且各行业间投资强度的差异要远大于《工业项目建设用地控制指标》中各行业投资门槛的差值。可见，中国目前的《工业项目建设用地控制指标》偏低，同时《工业项目建设用地控制指标》的行业差别化不足。

第6章　发达地区工业企业集约用地研究

从本章起，进入工业企业集约用地的计量分析部分。工业企业集约用地是构成并实现区域层面工业用地集约利用的微观基础，企业的生产决策及经营状况是影响土地集约利用的核心因素。因此，深入企业层面的驱动因素研究是摸清企业用地规律与合理引导企业用地的基础，对促进区域范围内的工业用地集约利用更具有实际意义。只有基于企业层面的数据分析，才能将行业、所有制、企业规模等之前研究未曾涉及的因素纳入研究中来，从而更加全面、深入地进行驱动因素分析与机理剖析。

本章从发达地区着手研究工业企业集约用地，因为这些地区是中国工业化发展的先发地区，也是目前中国工业化阶段最为成熟的地区，其工业化历程相对比较完整，其研究结果对于其他地区也具有较强的借鉴作用。

6.1　研 究 区 域

6.1.1　研究区域选择

本章首先选取广东、江苏作为研究区域，这两省是中国当前经济发展最快的两个省份，在中国工业化进程中处于领头羊地位，并且分别位于珠三角和长三角地区，区域代表性也较强。同时，二者经济总量、发展阶段相近，并且工业企业样本多，数据基础好，比较适合放在一起进行比较分析，也可以避免由涉及区域过多、区域间差异较大、数据过杂而引起的驱动因素分析没有针对性的问题。

广东位于珠三角地区，凭借良好的机遇和优越的地理位置，经济迅猛发展，工业发展经历了由传统轻工业逐步发展为以先进制造业和高新技术制造业为主的完备的工业体系的过程。在改革开放初期，广东主要发展以轻工业为主的传统工业，包括服装纺织、食品饮料、建筑材料等，处于快速崛起阶段；1990 年后，随着传统工业逐步成为推动广东经济发展的支撑力量，尤其是中国加入世界贸易组织后，广东抓住世界产业转移机遇，大力推进工业化进程，建成了较完整的工业体系，工业经济逐渐转变为引进、吸收再创新的发展模式，进入了发展调整阶段；到 2008 年，广东省政府制定并由国务院批准发布了《珠江三角洲地区改革发展规划纲要（2008—2020 年）》提出，要加快发展先进制造业及高技术产业，广东的工业进入到转型升级阶段。目前，全省拥有电子信息、电气机械等九大支柱产业，以及造船、轨道交通装备、核电装备等先进制造业，形成了海陆空三位一体的先进制造业体系。广东的主要经济指标大部分高于全国，继续发挥着对全国经济增长的支撑作用。

江苏是长三角经济区的重要组成部分，凭借其区位优势和政策机遇，江苏工业化发展经历了乡镇企业“异军突起”和外向型经济快速发展两个阶段。改革开放伊始，江苏首先成功抓住农村发展商品经济的机遇，大力发展乡镇企业和小商品加工制造业，在 2000 年左右进入工业化发展中期阶段（安同良和肖群，2000）；随后凭借“长三角腹地”的区位优势充分把握政策机会、吸引外资，如苏州工业园区吸引了包括 150 多家世界五百强企业在内的 5000 多个跨国项目，成为具有国际竞争力的高科技园区，形成了产业集聚效应。产业集聚效应的发挥使江苏积聚了丰富的技术和人力资本，形成了良好的投资环境和庞大的市场需求，为制造业发展提供了保障，到 2011 年江苏工业化达到工业化高阶段的前期水平（程俊杰和刘志彪，2012），形成了行业齐全的完备制造业发展体系。同时，随着经济的发展，江苏更加注重产业升级转型，不断提高创新能力，根据《中国区域创新能力评价报告》，江苏省 2009 ~ 2016 年连续八年创新能力全国排名第一，其产业发展路径具有较强的示范作用。

6.1.2　区域发展现状

整体来看，广东、江苏在改革开放后经济迅猛发展，其中广东地区生产总值自 1989 年到 2016 年一直处于全国第一，江苏地区经济实力也较强，地区生产总值除个别年份外一直位居全国第二名。根据《中国城市统计年鉴》数据，广东 2016 年实现地区生产总值 79 512.05 亿元，比上年增长 7.5%，经济总量居全国第一位；江苏 2016 年实现地区生产总值 7.6 万亿元，同比增长 7.8%，经济总量规模居全国第二位。

首先，从经济总量上看（图 6-1 和附表 6-1），1995 ~ 2015 年中国地区平均

GDP 呈逐年稳步上升的态势，广东、江苏两省地区生产总值与全国保持同步上升趋势，但其增速明显大于全国平均水平。从占比来看，2015 年广东地区生产总值占全国 GDP 比重平均高达 10.97%，江苏地区生产总值占全国 GDP 比重平均达到 10.03%。两省加和可占中国 GDP 的 21%，由此可见广东、江苏在中国经济发展中的重要地位。

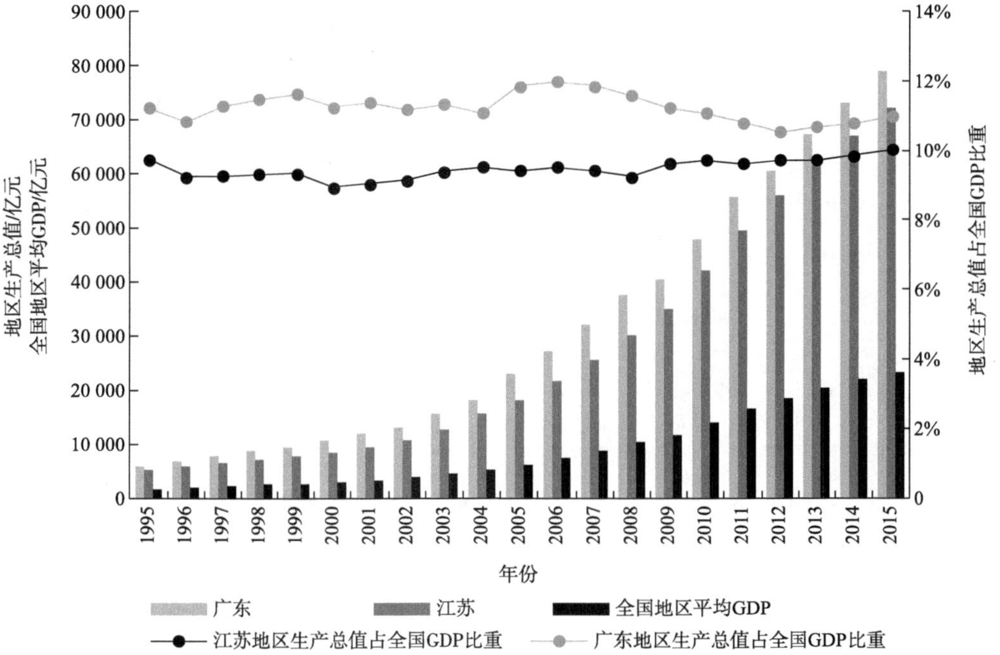

图 6-1　1995 ~ 2015 年广东、江苏地区生产总值与全国地区平均 GDP 历史变化情况对比

资料来源：中国城市数据库

由于统计数据中省级样本包括 31 个省区市，本书全国地区平均值均是以全国总量除以 31

从增长率比较来看（图 6-2），两省地区生产总值的增长率与全国 GDP 增长率基本呈同步变动，并且有些年份，两省增长率水平高于全国水平。结合附表 6-2 可以看出，2005 年广东地区生产总值增长率高达 27.03%，大约是全国 GDP 增长率的 1.4 倍。同时可见，2008 年经济危机爆发对江苏地区生产总值增长率没有明显影响，依然高达 17.16%。表明了广东和江苏对于中国经济增长起到了不可忽视的拉动作用。

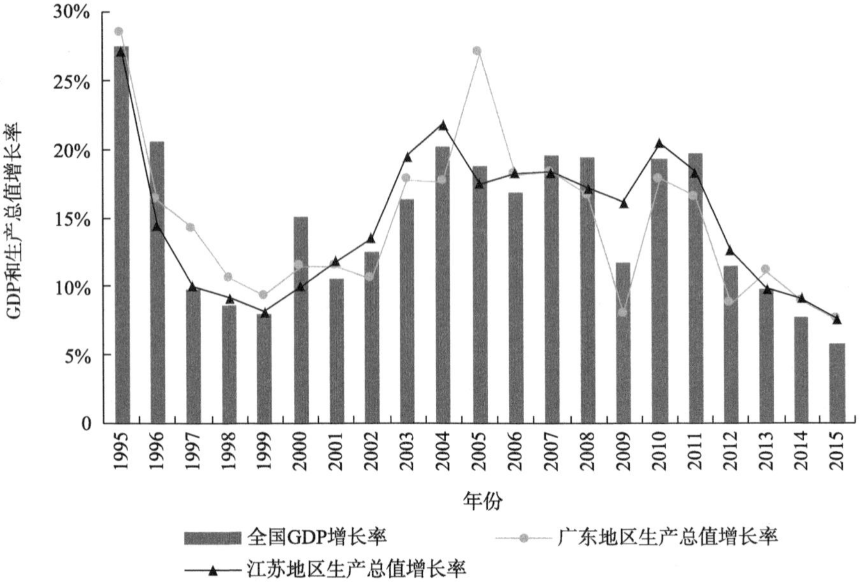

图 6-2　1995～2015 年广东、江苏地区生产总值增长率与全国比较

资料来源：中国城市数据库

根据各省区市地区生产总值计算得到

上文分析了广东、江苏两省经济发展总量及增长速度，通过与全国经济发展情况比较分析，可以看出广东和江苏两个经济体在中国经济发展过程中发挥着重要的带动作用。下面，本小节继续统计分析广东和江苏工业发展与全国工业发展总量的历史变化情况，以期探讨两省在中国工业发展过程中所扮演的角色。

从工业产值总量的角度整体来看，2000～2015 年全国地区工业平均产值逐年增加，广东、江苏两省工业产值增长速度远远高于全国地区平均工业产值增长速度（图 6-3）。结合附表 6-3 具体分析，广东和江苏 2000～2015 年工业产值占全国工业产值总量的比重各自在 13%左右。2008 年及以前，广东工业产值一直远远高于江苏，其中 2000 年广东工业产值为 12 481.69 亿元、江苏为 10 452.87 亿元，到 2008 年广东工业产值为 66 236.02 亿元、江苏工业产值为 63 133.03 亿元，两省工业产值一直存在差距。但在 2008 年后，情况发生逆转，江苏工业产值持续上升，一直高于广东，到 2015 年，广东工业产值为 124 912.65 亿元，江苏工业产值为 147 308.86 亿元。

根据图 6-4 和附表 6-4，无论是全国工业产值增长率还是广东、江苏的工业产值增长率，均呈现出较多的波动情况，全国工业产值 2000～2015 年平均增长率约为 19%，广东和江苏工业产值 2000～2015 年平均增长率均在 18%以上，所以整体来看两省工业产值增长速度基本与全国工业产值增长速度持平。其中 2000～2005 年中国工业化快速发展，工业产值增长速度较快，广东和江苏工业产值增长率也

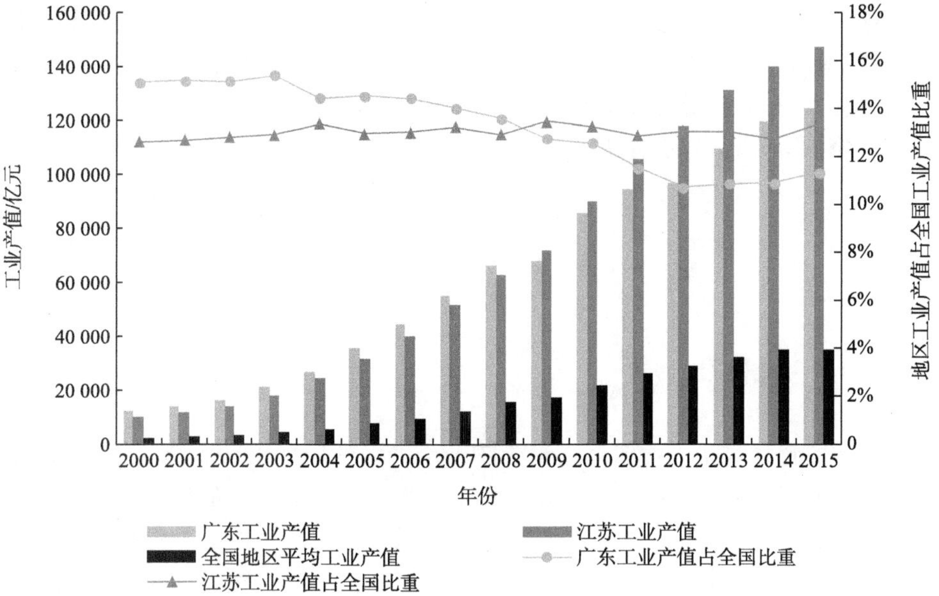

图 6-3　2000～2015 年广东、江苏工业产值与全国地区平均工业产值历史变化

资料来源：中国城市数据库

基本处于上升的状态。2005～2008 年，工业产值增长速度逐渐放缓，但增长速度依然可观，维持在 20%以上。之后工业产值增长率在 2009 年和 2012 年分别出现波动式下降后逐渐平稳。

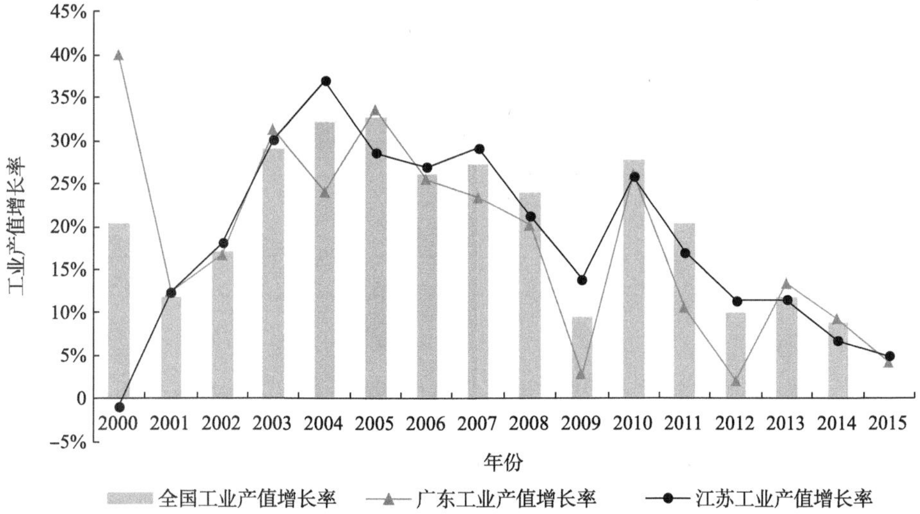

图 6-4　2000～2015 年广东、江苏及全国工业产值增长率历史变化

资料来源：中国城市数据库

由于工业产值增长率统计数据缺失，本书通过历年工业产值计算得出工业产值年增长率

通过以上统计分析表明，广东、江苏两省无论从经济总量和经济增长速度的角度，还是从工业发展的角度来说，都对中国总体的经济增长起到举足轻重的作用。那么，广东和江苏工业企业集约利用发展情况如何？两省的工业企业集约用地的驱动因素都有哪些？本章将继续深入探讨。

6.2　变量与数据说明

6.2.1　变量说明

（1）被解释变量。被解释变量为工业企业集约用地水平。参考已有文献，衡量土地集约利用水平的方法主要分有两类：一类是考虑土地的投入或产出水平的单一指标法；另一类是从投入产出等多方面系统计算测定的综合评价指标体系。为了避免多重共线性，本书采取单一指标法。当前中国衡量工业用地利用效率的主要方法是考虑其产出，这也是工业企业最终的创造目的，提高单位土地面积上的工业产出也是提高工业企业集约用地水平的重要方式。因此，本书选择工业企业土地利用集约度作为衡量工业用地集约利用水平的标准。

计算公式如下：

$$ILU=GIP/S \tag{6-1}$$

其中，ILU 为工业企业土地利用集约度；GIP 为工业企业总产值；S 为企业生产占地面积。

（2）自变量选择。为了更加全面地揭示工业企业集约用地的驱动因素，同时尽量减少模型的遗漏变量偏误，本书从直接驱动和间接驱动两方面对可能的变量进行筛选（表 6-1）。具体解释如下。

表6-1　变量及指标说明

变量名称		指标说明
直接驱动因素	劳动投入（STAFF）	单位企业占地面积上劳动力投入（人/米^2）
	资本投入（INVEST）	单位企业占地面积上资本投入（万元/米^2）
	研发投入（R&D）	单位企业占地面积上研发投入（万元/米^2）①
间接驱动因素	工业用地价格（LPRICE）	企业所在地区的工业用地基准地价（元/米^2）
	所有制（OWNERSHIP）	企业所有制归属的虚拟变量（国有企业、私营企业、港澳台企业及外资企业）②
	企业规模（SIZE）	企业规模大小的虚拟变量（大型=1，中型=2，小型=3）
	盈利水平（EL）	企业盈利能力，用总利润/主营业务总收入度量
	政府补贴（SI）	单位土地面积上获得政府补贴（万元/米^2）

续表

	变量名称	指标说明
间接驱动因素	城市规模（CITYSIZE）	城市人口数量③
	城市化率（UR）	非农人口占总人口比重
	人均地区生产总值（PGDP）	年度地区生产总值/总人口
	第二产业、第三产业之比（IS）	第二产业产值/第三产业产值
不随时间变化因素	行业（INDUS）	企业所属行业虚拟变量（重工业=1，轻工业=0）
	与区域最大港口距离（DIS1）	与周边一级港口的直线距离（千米）
	与城市基准地价最高点距离（DIS2）	企业与所在城市基准地价最高点距离（千米）
	内陆港口城市（IPC）	企业是否属于内陆港口城市（是=1，否=0）
	沿海港口城市（CC）	企业是否属于沿海港口城市（是=1，否=0）

注：①直接驱动因素中的研发投入主要是指工业企业用于开发技术的投入，该指标与资本投入是分开的，并不存在较强的关联性，故均可以同时纳入模型。②本书中把外资企业作为对照组，其余三类企业以虚拟变量形式引入模型，且国有企业（SOES）=1，其余为 0；私人企业（PRIVATE）=1，其余为 0；港澳台企业（JV）=1，其余为 0。③为防止内生性，本书采用 1953 年各城市人口数量来衡量现阶段城市规模大小。有研究表明 1949～2008 年中国城市演变遵循平行增长的模式，因此，历史上的城市规模与当前城市规模相关性较高，具有较强的解释力

6.2.2　数据说明

本章研究区域为广东、江苏两省，属沿海发达地区，工业化进程速度快且具有代表性，使结果对于其他地区具有较强的前瞻性和借鉴性。基础数据源于 1999～2009 年两省中国工业企业数据库。具体的数据处理过程如下。

（1）样本选取。把两省 1999～2009 年一直存活下来的企业按照“法人代码”进行年际之间匹配，广东有 813 家、江苏有 529 家，共 1342 家工业企业。

（2）数据补充调研。原数据库中收集了工业企业概况、财务等相关经济指标近 120 个，但缺乏土地、地理区位及社会经济等指标，而这些指标是本书研究的关键。本书对相关数据进行补充调研：企业占地面积数据主要采用网络调查；地理区位数据（主要包括各企业与区域最大港口距离、与城市基准地价最高点距离等）通过谷歌地图实验室中的距离测量工具测量所得；社会经济数据主要源于《广东统计年鉴》和《江苏统计年鉴》；片区工业用地价格则根据企业所在地址定位，通过“中国地价监测网”搜集所得，精确到城市内各区。各数据均经过了指数平减等相应处理。

（3）样本剔除整理。样本调查中剔除了电力、煤炭、矿业及天然气等企业，因为这些企业调研的数据是服务所辖地区的面积，而不是生产用地面积。此外，剔除了 1999～2009 年占地面积多次变更的企业、个别调研数据依据常规判断不真实及数据库中重要指标缺失的企业。经过剔除整理，最后剩下广东 788 家、江苏 502 家，共计 1290 家工业企业。这些企业为本书研究的样本。

6.3　工业企业集约用地统计分析

为了更好地分析广东和江苏工业企业集约用地的驱动因素，本小节对广东和江苏 1999 ~ 2009 年的样本数据进行进一步的统计分析。由于数据的量级不同，本章先对数据进行单位换算、取对数、标准化等处理，对广东和江苏 1999 ~ 2009 年工业企业集约用地水平进行分析，详细数据见附表 6-5。

根据图 6-5 我们可以看出，1999 ~ 2008 年广东和江苏两省的工业企业集约用地水平基本上呈现上升趋势，在 2009 年有略微的下降。两省对比而言，每年广东的工业企业集约用地水平都高于江苏的工业企业集约用地水平。分析表明：随着时间的推移，研究省份的工业企业集约用地水平在逐渐升高。另外，我们对 6.2.1 小节中分析的工业企业集约用地的直接驱动因素进行了统计分析，由于个别企业缺少研发投入数据，本书选取劳动投入和资本投入进行统计分析。

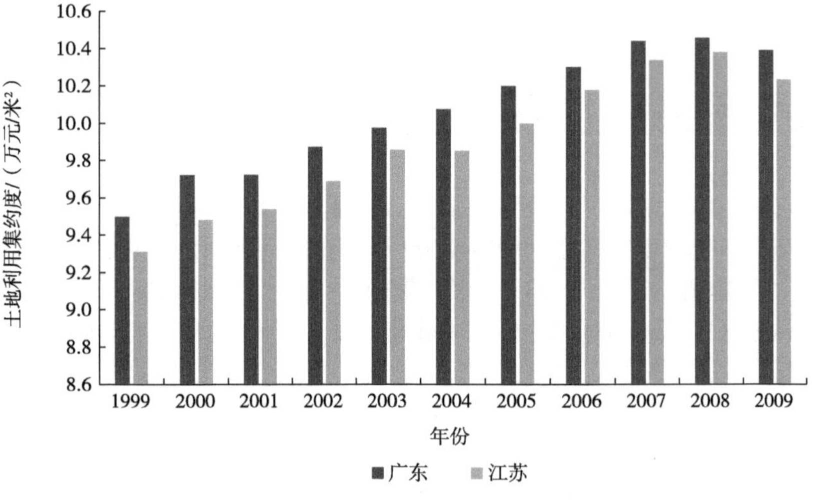

图 6-5　1999 ~ 2009 年广东和江苏工业企业集约用地水平历史变化

由图 6-6 和图 6-7 可以发现，1999 ~ 2009 年两省的工业企业劳动投入基本呈现上升趋势，而且广东的工业企业劳动投入远远高于江苏，这也说明广东的工业企业发展比江苏好；1999 ~ 2007 年两省的工业企业资本投入基本呈现上升趋势，在 2008 年均有一个断裂式下降，除了 2008 年之外，其余年份广东的资本投入均高于江苏。最后，我们对工业企业集约用地的间接驱动因素进行统计分析，选取城市化率和人均地区生产总值对两省进行分析和对比。

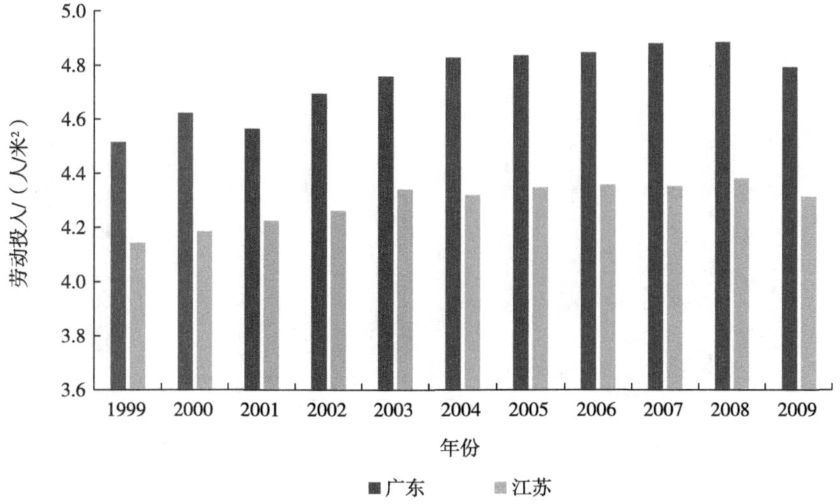

图 6-6　1999～2009 年广东和江苏工业企业劳动投入历史变化

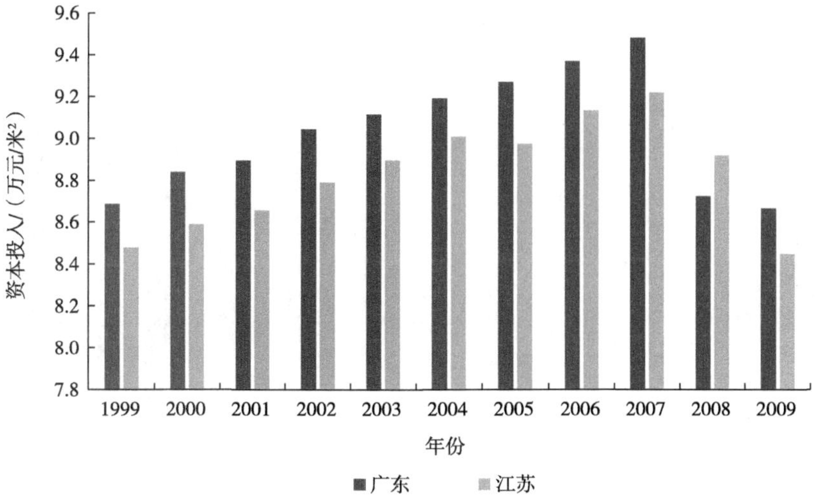

图 6-7　1999～2009 年广东和江苏工业企业资本投入历史变化

由图 6-8 和图 6-9 可以看出，1999～2008 年广东和江苏的城市化率均呈现较明显的上升趋势，2009 年有所下降，而且广东的城市化率均高于江苏。1999～2003 年广东的人均地区生产总值呈现上升趋势，2004 年下降之后，到 2009 年一直稳定上升，1999～2008 年江苏的人均地区生产总值持续稳定地上升，但 2009 年有所下降。对土地集约利用水平及驱动因素进行了统计分析之后，我们将在下一节具体进行实证分析来探讨广东和江苏工业企业集约用地的驱动因素。

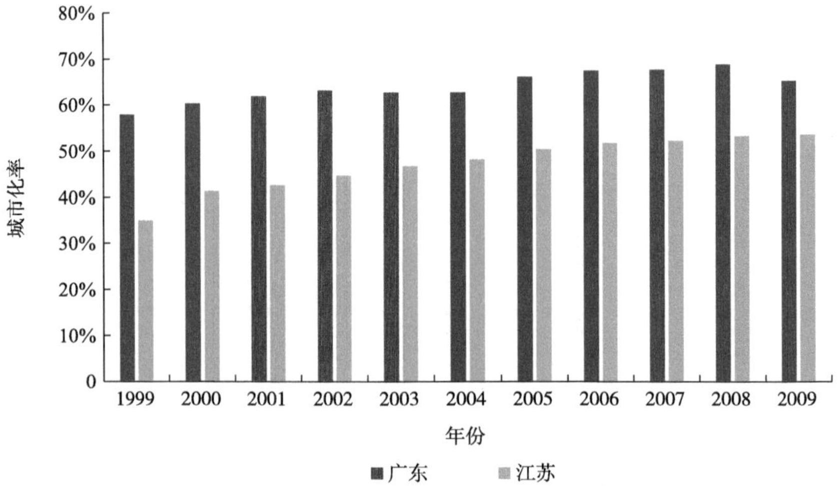

图 6-8　1999～2009 年广东和江苏城市化率历史变化

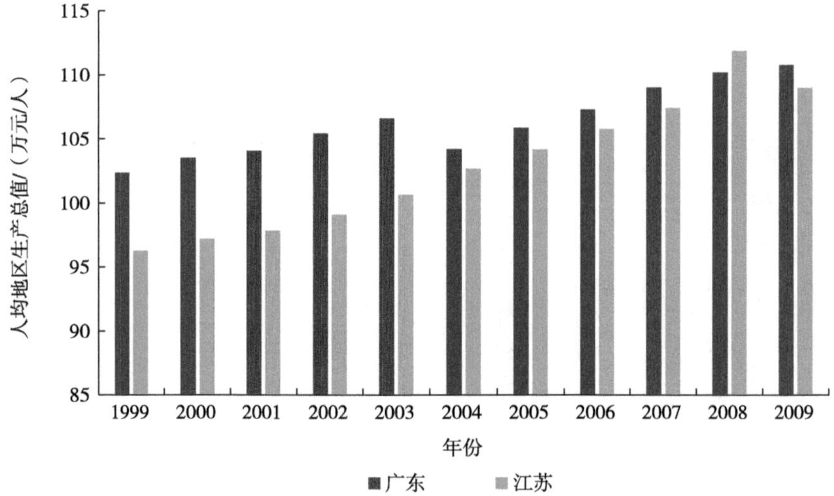

图 6-9　1999～2009 年广东和江苏人均地区生产总值历史变化

6.4　工业企业集约用地驱动因素分析

6.4.1　模型构建

本章采用面板数据模型进行实证分析。首先，进行了豪斯曼检验（Hausman test），结果建议选择固定效应模型。接下来，进一步根据本章研究目的和理论进行分析，如果单纯使用固定效应模型，研究中很多重要驱动因素，如企业所属行业、地理区位因素等由于不随时间改变，在固定效应模型中将会被剔除，从而影响到研究的全面性。因此，在参考了相关研究的基础上（Egger and Pfaffermayr，2004；钱忠好和牟燕，2013），本章采用随机效应模型与固定效应模型相结合的方式进行研究，即首先用随机效应模型将全部驱动因素纳入进行拟合，其次用固定效应模型剔除掉部分不随时间变化的驱动因素进行拟合，由此可以作为随机效应模型的稳健性检验。如果固定效应和随机效应中各变量的估计结果大致相当，则说明该模型的设定较准确，这样设计将使分析结果更加严谨准确。

模型确定之后，我们需对固定效应模型进行估计，估计操作步骤如下：①采用似然比（likelihood ratio，LR）检验来检验模型是否存在异方差；②采用伍德里奇检验（Wooldridge test）来检验模型是否存在序列相关；③采用 Pesaran 检验来检验面板数据是否存在截面相关；④如果面板数据存在异方差或者序列相关，且存在截面相关，那么将采用 Driscoll 和 Kraay 估计方法加以修正，反之，如果不存在异方差或序列相关、截面相关，则采用 Rogers 的估计方法加以修正。

固定效应模型的检验结果表明，本书存在异方差、序列相关和截面相关，故模型估计采用 Driscoll 和 Kraay 的估计方法来处理。

基于上述分析，本章分别构建如下模型。

第一，面板固定效应模型：

$$\mathrm{ILU}_{it}=\alpha_i+\beta_1 X1_{it}+\beta_2 X2_{it}+\varepsilon_{it} \tag{6-2}$$

其中，ILU_{it} 为 i 企业第 t 年工业企业土地利用集约度；$X1_{it}$ 为影响工业企业集约用地的直接驱动因素；$X2_{it}$ 为影响工业企业集约用地的间接驱动因素。其中，直接驱动因素主要是指工业生产过程中的直接要素投入，如劳动力、资本等，这些要素的投入多寡与企业集约用地水平直接相关；间接驱动因素一般包括企业所在环境、企业特征等，这些因素通常会通过其他机制或渠道来影响企业要素投入，进而影响集约用地水平。α_i 为企业间的个体差异；ε_{it} 为误差项；β 为待估参数。

第二，面板随机效应模型：

$$\mathrm{ILU}_{it}=\alpha_i+\beta_1 X1_{it}+\beta_2 X2_{it}+\beta_3 Z_i+\theta_{it} \tag{6-3}$$

其中，ILU_{it} 为 i 企业第 t 年工业企业土地利用集约度；$X1_{it}$ 为影响工业企业集约用地的直接驱动因素；$X2_{it}$ 为影响工业企业集约用地的间接驱动因素；Z_i 为影响工业企业集约用地不随时间变化的驱动因素，如企业距离区域最大港口距离、企业所属行业等；α_i 为企业间的个体差异；θ_{it} 为误差项；β 为待估参数。

6.4.2 结果分析

表 6-2 和表 6-3 分别呈现了随机效应模型和固定效应模型估计结果，其中随机效应模型采用 Hausman-Taylor 估计方法，固定效应模型采用 Driscoll 和 Kraay 的估计方法，两种模型可以作为相互补充以确定各变量的估计准确程度。

表6-2　随机效应模型估计结果

变量		系数（t 值）
直接驱动因素	STAFF	0.534 7***
		（54.25）
	INVEST	0.267 4***
		（35.74）
	R&D	0.014 3***
		（6.74）
间接驱动因素	LPRICE	1.020 5***
		（10.57）
	JV	−0.071 4***
		（−3.63）
	PRIVATE	−0.091 1***
		（−2.71）
	SOES	−0.165 1***
		（−5.63）
	SIZE	−0.787 3**
		（−2.25）
	$SIZE^2$	0.139 2*
		（1.83）
	EL	0.347 2***
		（8.15）
	SI	0.006 2*
		（1.71）
	PGDP	0.361 3***
		（16.61）
	IS	0.049 1**
		（1.98）
	CITYSIZE	−0.390 7***
		（−5.79）

续表

变量		系数（t 值）
不随时间变化的因素	INDUS	0.178 2***
		（3.45）
	DIS1	0.002 1***
		（6.88）
	$DIS1^2$	−0.000 002 9**
		（−1.82）
	DIS2	0.010 5***
		（6.33）
	CC	0.127 1*
		（1.73）
	year dummies（年份虚拟变量）	是
	regional dummies（地区虚拟变量）	是
	常数项（constant）	−5.887 6***
		（−9.15）
	F 值	13 696.94
	R^2-within（组内方差）	
	R^2-between（组间方差）	0.884 7
	Prob>chi2（拒绝原假设的概率）	0.000 0

注：①城市化率（UR）与人均地区生产总值（PGDP）存在较高相关性，且系数高达 0.4699，而城市化率、人均地区生产总值与其他变量的相关性均较小，不足以产生多重共线性和内生性问题，因此本章把城市化率和人均地区生产总值先后纳入模型，由于城市化率不显著，予以剔除，为简化版面，未列出含有城市化率的回归结果。②内生性问题。本章结果同时通过了一般意义的内生性检验（由随时间变化而改变的变量导致）和特殊内生性检验（由不随时间变化而改变的变量所致）。③统计检验问题。模型均通过了截面异方差和时间序列检验（由于数据样本量较大，企业间相对较独立，个体截面异方差不显著）。④在面板回归之前已对各变量进行了 Fisher-PP 面板数据单位根检验，并且均通过了 1%显著性水平；此外，各企业的所有制结构理论上应是不随时间改变的，但是在研究区间内有 83 家（约占 6.43%）企业进行了所有制改革，从而使得企业所有制仍保留在固定效应模型中。模型处理采用 STATA13.0 版本

***、**、*分别表示在 1%、5%、10%水平上显著

表6-3　固定效应模型估计结果

变量		系数（t 值）
直接驱动因素	STAFF	0.5392***
		（50.65）
	INVEST	0.2503***
		（31.66）
	R&D	0.0139***
		（6.43）

续表

变量		系数（t值）
间接驱动因素	LPRICE	0.7463***
		（5.39）
	JV	−0.0490**
		（−2.38）
	PRIVATE	−0.0950**
		（−2.61）
	SOES	−0.1363***
		（−4.26）
	SIZE	−0.5323**
		（−2.34）
	$SIZE^2$	0.1272*
		（1.97）
	EL	0.3255***
		（7.55）
	SI	0.0062***
		（1.66）
	PGDP	0.3306***
		（6.73）
	IS	0.0470**
		（1.97）
	CITYSIZE	−0.3813***
		（−5.58）
不随时间变化的因素	INDUS	
	DIS1	
	$DIS1^2$	
	DIS2	
	CC	
	年份虚拟变量	是
	地区虚拟变量	
	常数项	−5.4499***
		（−8.94）
	F值	21.0200
	组内方差	0.5508
	组间方差	
	拒绝原假设的概率	0.0000

***、**、*分别表示在1%、5%、10%水平上显著

回归结果中模型的异方差、序列相关及截面相关均进行了系统性处理，得出稳健性的结果。其中，随机效应的组间方差可以达到 0.8847，说明模型中已囊括绝大多数影响工业企业集约用地的因素，遗漏变量的可能性很小，模型总体拟合效果较好。下面分别对随机效应和固定效应估计的结果进行逐一分析。

1. 随机效应分析

本章先对数据进行取对数、标准化等处理，回归分析之后进行内生性检验和工具变量合理性检验，结果表明模型已不存在内生变量，工具变量合理性检验的 Sargan-Hansen 统计量为 5.328，p 值为 0.1587，工具变量选择较为合理。

表 6-2 结果显示，回归结果的 Wald 统计量的 F 值为 13 696.94，组间方差为 0.8847，方程总体上显著，大部分变量在 1%的置信水平下显著。整体来看，实证结果与理论推断相互印证，拟合结果良好。

比较各驱动因素来看，工业用地价格的系数最大，为 1.0205。由此说明，工业用地价格是企业集约用地的重要驱动因素，这与理论分析相吻合，同时与中国的实际发展情况相符。中国土地市场化配置改革起步较晚，前期大量的土地多以划拨或低价出让等形式进行分配。从资源经济学理论的角度分析，资源价格过低，无法正确反映资源价值，将会造成资源的浪费与粗放利用，工业用地就是如此。之后，随着土地市场化出让制度的逐步完善，工业用地价格逐渐回归正常，能够反映出市场的供需水平。工业用地价格高，一方面说明获取土地的企业实力强，另一方面较高的土地成本也会刺激企业进行要素替代，从而提高集约用地水平。在已有研究中，也有学者从宏观层面证明了土地市场发育水平对土地集约利用有着重要的促进作用（吴郁玲和曲福田，2007）。

首先，直接驱动因素拟合结果与理论分析相一致，单位土地的投入要素越多，工业用地集约利用水平就越高，由此也印证了前文关于目前中国处于土地报酬递增阶段的判断。其中，劳动投入和资本投入的系数较高，劳动投入系数达 0.5347，而研发投入系数较小。这说明现阶段中国工业企业仍然以投入劳动力和资本为主，劳动力和资本对工业企业的发展起到了关键性作用。以企业为主体的研发处于较低水平（研发投入企业占比为 10.92%），因此对土地集约利用的促进作用仍显不足。

其次，间接驱动因素中，除工业用地价格外，系数较大的变量为人均地区生产总值与企业盈利水平。一般来说，区域发展阶段与经济水平越好，企业的管理水平、要素配置等水平也通常越高，因此均会显著提高土地集约利用水平。具体来看相较而言，城市规模的系数为负，说明城市规模越大，工业企业集约用地水平反而越低。这与发达城市“退二进三”的实际情况及中国的产业梯度转移相吻合。广东、江苏均是中国工业发展最快、经济最发达的省份，随着产业发展阶段的推进，很多大城市的工业企业不断向外转移，而工业内部的结构优化升级与替代尚未跟上，导致工业相对萎缩；而中小城市由于承接了相应的产业转移，工业处于快速发展阶段。如此一来，就出现城市规模扩大，而工业企业集约用地水平下降的局面。这也是中国工业发展过程中的一个过渡时期，如果发达地区能够较好地完成工业优化与升级，土地集约利用水平还会再次提高。

此外，企业所有制变量系数均为负，且国有企业系数绝对值最大，达到 0.1651。由于本章将外资企业作为对照组，这说明相较于外资企业而言，其他所有制结构的工业企业集约用地水平较低，尤其国有企业集约用地水平最低。这与中国的实际状况相符，中国大量的国有企业用地是计划经济时代靠政府划拨所得，土地成本低，利用相对粗放，而大部分外资企业的土地则是靠租赁或出让等市场化手段获得，土地成本相对较高，因而也提高了集约用地水平。从行业比较来看，一般重工业企业的集约用地水平要比轻工业企业要高，而企业规模的二次项系数为正，说明其与土地集约利用水平呈“U”形关系，这些结果也都验证了理论判断。

最后，不随时间变化的因素。区位因素的系数整体上较小，对土地集约利用的影响相较于其他因素要弱。但从实证结果来看，各变量均显著，并能体现一定的规律。与城市基准地价最高点距离的系数为 0.0105，且在 1%置信水平下显著，表明随着企业远离城中心，其集约用地水平反而有所提升。这点与中国很多发达城市产业布局导向相吻合，即将市内的工业企业（主要是制造业）搬迁到离城市中心较远的郊区或工业园区，腾退土地用以商业开发，使城市中心工业空心化，很多经营良好的工业企业则多集中于城市外围工业区，从产业集聚的角度来看，这可以促进企业的集约用地。

而进一步分析与区域最大港口距离的变量发现，其与集约用地水平之间呈现倒“U”形关系，即随着企业与港口的距离逐渐变远，其集约用地水平先提升后降低，转折点在与最大港口距离为 362.08 千米处。通过样本统计可知，大约有 96.74%的企业处于距离最大港口小于 362.08 千米的位置，即绝大多数企业的集约用地水平会随着与区域最大港口的距离变远而提升。这与前文的分析结果相互印证，表明除了城市内部的产业布局调整之外，城市之间的产业梯度转移，也使很多工业从发达地区搬迁至相对欠发达的地区，从而使相应的土地利用集约度发生了变化，与最大港口有一定距离的二、三线城市成了工业用地利用相对集约的地区。

2. 固定效应分析

为了对比回归结果，本章又采用固定效应模型进行拟合，模型自动剔除不随时间变化的部分变量，又剔除不显著变量（篇幅所限，结果未全部列出），回归结果如表 6-3 所示。

回归方程整体上显著，且模型均通过了截面异方差检验和时间序列检验、内生性检验和工具变量合理性检验，各项指标均在不同置信水平下显著。与随机效应模型的实证结果比较可以看出：影响最大的因素第一为工业用地价格，其次是劳动投入。两个模型的拟合结果相互印证吻合，说明本章的驱动因素分析结果真实可信。

此外，由于剔除了较多变量，固定效应模型的拟合优度（0.5508）要低于随机效应模型（0.8847），由此说明，如果一开始就采用固定效应模型，会有较多的驱动因素被忽略掉，从而影响分析的全面性和准确性。本章的尝试也证明，随机效应模型分析此类问题能够尽可能地保留自变量，避免驱动因素的损失与遗漏，同时可以通过相关检验，符合计量方法的要求，今后可以应用在类似研究中。

6.5　本 章 小 结

本章选择了中国工业化进程最快、最具代表性的两个省份（广东和江苏）作为研究区域，补充数据后，从经营投入、企业属性、区位布局及经济环境四个方面，剖析工业企业集约用地的驱动因素，得出以下结论。

（1）劳动投入、资本投入、研发投入的系数均显著为正，说明中国工业企业的生产目前处于土地边际报酬递增阶段，单位土地上要素投入的增加能促进土地集约利用，因此政府积极促进工业用地的要素投入强度十分必要。2008 年，国家发布了《工业项目建设用地控制指标》，明确规定了各地区、行业的工业用地投资强度，其中最低等级的投资强度不得低于 440 万元/公顷，而作者前期研究发现，大部分样本企业可达标，并且很多企业要远高出这一指标（张琳和王亚辉，2014）。同时，中国土地投资强度相较于国外仍存在较大差距。所以，今后仍需进一步提高工业用地投资的准入门槛。

（2）目前工业企业的研发投入对土地集约利用的驱动力不足，今后应鼓励工业企业加大研发投入，从而促进土地与技术之间的要素替代。

（3）工业用地价格是工业企业集约用地最重要的驱动因素，对集约用地有积极的促进作用。因此，今后应进一步深化工业用地市场化配置改革，进一步完善工业用地出让、租赁机制，使土地价格充分体现资源的稀缺程度与资源价值，并结合所在区域的宏观经济背景与后备资源禀赋，科学制定工业基准地价，正确反映当地的工业用地供需水平，避免以招商引资为目的，刻意压低工业地价的行为。

（4）企业规模与集约用地水平呈现“U”形关系，并且大型企业的土地利用集约度较中、微型企业有很大飞跃。因此，政府首先应尽量引导一些资金、技术相对成熟的大型工业企业落地投产，同时扶持现有企业做大做强，突破土地集约利用的低值区，提高土地利用的规模效应，使企业在较高的生产经营水平上实现土地集约利用。

（5）相较于外资企业而言，国有企业、私营企业及港澳台企业的集约用地水平仍显偏低，尤其是国有企业的集约用地水平最低。在第 5 章全国样本分析时，国有企业地均投入产出还在前两名的位置，但在本章发达地区分析时，国有企业已经落后。说明发达地区其他所有制企业发展迅速，国有企业已经失去集约用地的优势。

（6）理论分析和实证检验均表明合理的空间集聚会促进工业企业集约用地。因此，对于新增工业企业，要合理引导其选址布局；对于城市已有的工业企业，则应结合城市发展规划，逐步引导其搬迁至相应园区。此外，对于已经存在的各类工业园区也应加强评估、监管，实行园区、工业企业间适度的动态淘汰机制，从源头上杜绝工业用地粗放利用，提高园区的土地集约利用水平。

第7章　代表性省份工业企业集约用地比较研究

在第 6 章中，本书以广东和江苏两个发达地区作为研究样区，探讨了工业企业集约用地的驱动因素。而目前中国关于工业企业土地资源集约利用问题的研究中，鲜有对全国范围内工业用地集约利用的整体探讨，尤其缺少针对不同工业发展阶段下的工业用地集约利用影响因素的比较研究。然而地区差异明显是中国的现实情况，在进行土地集约利用研究时缺少对比容易导致结果以偏概全，不利于提出针对性对策。因此，有必要重视不同地区工业企业集约用地的比较研究，为提出因地制宜的区域性工业用地政策提供理论依据。

基于以上研究基础与现实需求，本章进一步扩大研究范围，将其他代表性省区市纳入研究范围，以此来分析不同发展阶段的地区，工业企业集约用地的主要驱动因素差别，以期更准确地揭示中国处于不同工业发展阶段的地区工业企业集约用地的特征和驱动因素。

7.1　研 究 区 域

7.1.1　研究区域选择

本章的研究区域为广东、江苏、河南、四川和辽宁五个省份。广东、江苏是中国发展最早的工业化地区，目前已经处于工业化后期阶段，工业相对来说有萎缩和向外转移的倾向。河南、四川则借助“中部地区崛起”和“西部大开发”等宏观经济发展战略，发展成为近年来典型的新兴工业化地区，工业发展势头较为迅猛，其中四川在钒钛新材料、电子信息及重大技术装备制造业基地建设等方面取得重大进展，不断发展壮大电子信息、机械冶金、医药化工等高技术产业。而辽宁则属于东北老工业基地的代表，面临着重新振兴工业的重大挑战，并且其现存工业用地以早年间国企的划拨用地居多，在集约利用方面存在较多遗留问题，具有较强代表性。

广东、江苏属于东部地区，河南属于中部地区，四川属于西部地区，辽宁属于东北地区，并且广东、江苏两省，可分别作为珠三角和长三角两大区域的代表。五省可以代表中国目前工业经济的几个主要发展阶段及类型，且五省数据基础和企业样本相对丰富，可以满足研究需要。

7.1.2 区域发展现状

整体来看，河南地区生产总值一直处于全国前列，2000～2015 年，除了 2003 年河南地区生产总值位列全国第 6 名以外，其他年份一直稳居第 5 名，成为中国经济的第五大区域经济体。在国家“中部地区崛起”宏观经济战略指导下，河南成为中原经济区建设的核心部分。辽宁和四川 2000～2015 年地区生产总值一直处于全国前 10 名行列。

通过图 7-1 和附表 7-1 可以看出，2000～2015 年辽宁、河南及四川三省地区生产总值都有大幅上升，并且均高于全国平均水平。与辽宁和四川相比，河南地区生产总值最高，占全国 GDP 的比重最大，且上升幅度最显著，尤其是 2005 年开始，受益于“中部地区崛起”战略的实施，地区生产总值增长幅度扩大，自此河南地区生产总值占全国 GDP 比重一直在 5%以上。四川在“西部大开发”战略指导下，地区生产总值一直稳步上升，经济增长状况平稳。而辽宁地区生产总值虽然高于四川（2015 年除外），但由于东北老工业基地体制性和结构性矛盾日益凸显，辽宁经济增长缓慢，随着 2009 年国家提出“进一步实施东北地区等老工业基地振兴战略”①，辽宁经济增长出现一定回升，但情况仍不容乐观。

由图 7-2 可见，辽宁、河南及四川 2000～2015 年地区生产总值增长率变化较大，均经历了在 2002 年开始先上升，后在 2009 年产生较大幅度的下降，并在 2010 年恢复上升状况，又在 2012 年呈下降的趋势。结合附表 7-2 可以看出，受世界经济不景气影响，2001 年全国生产总值增长率及各省份经济增速均出现下滑，此后在 2002～2004 年均保持了较高的增长率，其中 2003～2005 年河南地区生产总值增长率高于辽宁和四川，2004 年更是最高达到 24.55%。受 2008 年经济危机的影响，2009 年三省地区生产总值增长率大幅下降，但随后国家实施了“一揽子计划”，2010 年经济恢复增长，2009～2015 年，辽宁、河南及四川三省地区生产总值增长率变化幅度相似，其中，2009～2013 年四川略高于辽宁和河南，2011 年达到最高值 22.35%。

---

①《国务院关于进一步实施东北地区等老工业基地振兴战略的若干意见》. http://www.gov.cn/xxgk/pub/govpublic/mrlm/200909/t20090911_33909.html[2020-05-15].

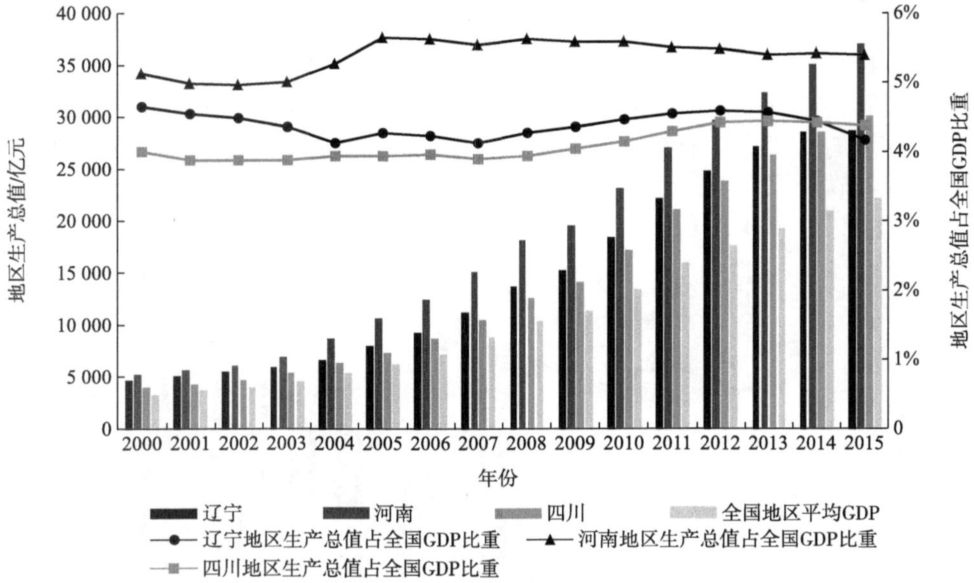

图 7-1　2000～2015 年辽宁、河南、四川地区生产总值及占全国比重

资料来源：中国城市数据库

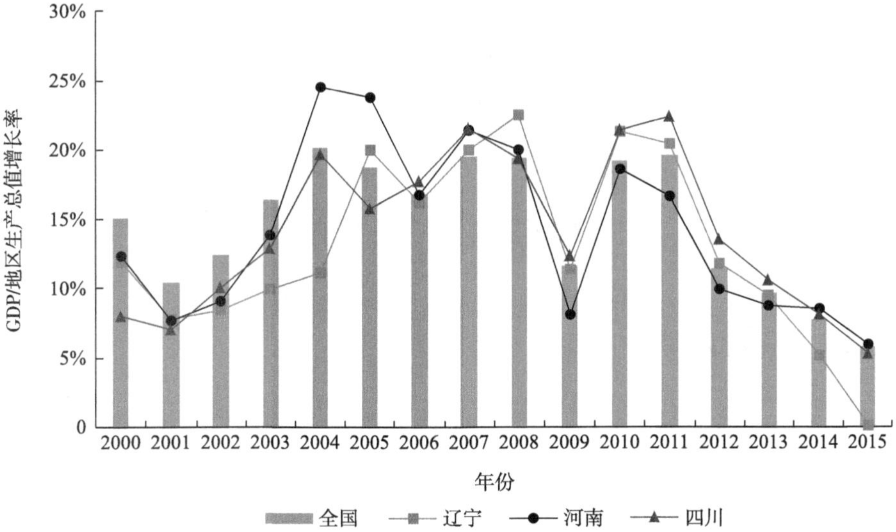

图 7-2　2000～2015 年辽宁、河南、四川地区生产总值增长率与全国 GDP 增长率

资料来源：中国城市数据库

根据图 7-3，整体上辽宁、四川和河南三省 2000～2013 年工业产值呈上升的状态，辽宁在 2014 年开始下降，四川在 2015 年有所下降，河南则一直上升。结合附表 7-3 可知，河南工业产值由 2000 年的 3153.79 亿元上升至 2015 年的 72 719.95 亿元，是 2000 年的 23 倍。四川工业产值也表现为明显的增加状态，其中 2000 年为

1947.55 亿元，到 2015 年增加至 37 889.07 亿元。而辽宁作为传统的工业基地，工业产值表现为先上升后下降的状态，2005 年之前辽宁工业产值占全国工业产值的比重高于四川和河南，但随后工业产值增长放缓，到 2013 年工业产值为 51 892.10 亿元，之后由于东北老工业基地体制和结构性问题日趋严重，辽宁工业产值呈现出一定的下降趋势。

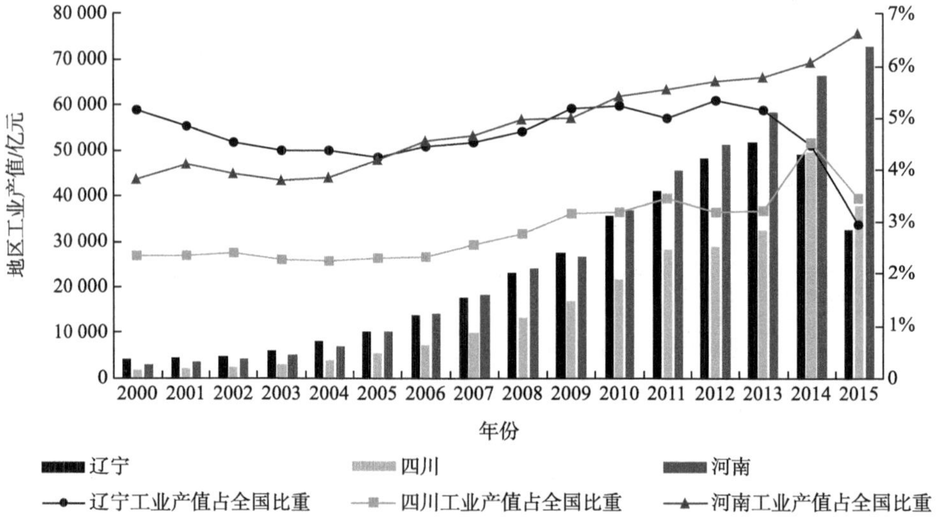

图 7-3　2000～2015 年辽宁、四川、河南工业产值及占全国比重

资料来源：中国城市数据库

7.2　变量与数据说明

7.2.1　变量说明

本书结合前面的理论分析，对可能的影响因素进行识别，主要从以下四个方面分析。

（1）企业属性。在中国的土地制度背景下，不同类型的企业获取土地的难易程度和价格不尽相同，不同类型的企业经营方式也有很大不同，这些直接影响土地利用方式。早期，国有企业通常由国家划拨获得土地，土地成本相对较低，粗放利用现象明显；近年来随着土地市场化改革的推进，很多私营企业通过市场方式获得土地，导致不同类型企业间土地成本相差较大，并在一定程度上影响了土地集约利用水平。理论上讲，土地获取成本高会促使企业更加集约地利用土地。而轻、重工业和企业规模对工业用地集约利用水平的影响也不容忽视，这点作者前期研究中已经验证（张琳等，2015a）。

（2）投入因素。从概念上讲，集约用地是指土地使用者用资本、劳动、科技等要素投入来替代土地要素投入以提高产出，即在单位土地面积上投入更多的生产要素以提高地均产值的过程。从生产理论分析来看，在边际报酬递减阶段之前，持续增加要素投入可以提高产出水平，促进土地集约利用水平的提高。具体包括资本投入、劳动力投入、研发投入和政府补贴投入。

（3）区位因素。区位理论是区域经济学的核心理论，区位因素也是影响企业布局和经营的重要因素。随着工业化进程的推进，产业逐步集聚，体现出一定的区位倾向性，研究区位因素与企业用地之间的关系，对产业布局引导具有较强的参考价值。在全球化趋势和国际贸易主流方式为海运的情况下，企业所处区位与土地利用效率息息相关。

（4）社会经济因素。土地作为一种重要的生产要素，其价格和利用方式与所在区域的经济发展紧密相连。理论上讲，区域经济发展水平高的地区，一方面，资本、技术、劳动力等要素相对丰沛，管理水平先进；另一方面，土地要素价格相对较高。这两方面都会对土地集约利用有正向促进作用。区域人均地区生产总值、城市规模、第二产业占比和地价水平等指标很大程度上可以体现区域经济发展水平。

本章基于数据基础，结合使用频率和统计分析建立指标体系。使用频率是指梳理相关研究成果，选取使用频率较高的指标作为参考；统计分析是指在对整体数据把握的基础上，选取与影响工业企业集约用地水平联系更密切的指标，剔除相关性比较弱的指标。

7.2.2　数据说明

（1）样本选取。首先把广东、江苏、河南、四川和辽宁五个省份 1999 ~ 2009 年各年度的企业均从中国工业企业数据库中筛选出来，之后把五省基础样本中 1999 ~ 2009 年一直存在的企业按照法人代码进行匹配。

（2）数据补充调研。在第 6 章研究中，对于包含工业企业概况、财务等 120 个相关经济指标的数据库，补充了广东和江苏的土地、地理区位及社会经济等指标。本章在此基础上进一步收集数据，主要对河南、四川和辽宁的工业企业数据进行补充调研。第一，土地数据补充，以网络调查和电话调研的形式进行企业用地数据补录。第二，区位数据补充，主要包括企业所在地与区域最大港口距离、与城市基准地价最高点距离等，方法是利用谷歌地图实验室中的距离测量工具进行距离测量补录。第三，经济环境数据。细化到企业所在地级市的人均地区生产总值、第二产业占比等数据，方法是通过各个省份的统计数据收集、计算和补录，主要来自《河南统计年鉴》、《四川统计年鉴》和《辽宁统计年鉴》。其中，工业用地价格数据来自“中国地价监测网”。为了剔除价格变化的影响，以上数据均进行了必要的指数平减处理。

（3）剔除整理。样本调查中剔除了电力、煤炭、矿业及天然气等工业企业，因为这些企业调研的数据是服务所辖地区的面积，而不是厂房、生产用地面积；此外，剔除了 1999 ~ 2009 年占地面积多次变更的企业、个别调研数据依据常规判断不真实及数据库中重要指标缺失的企业。经过剔除整理，最终数据量为广东 6152 个、江苏 4992 个、辽宁 1391 个、四川 746 个、河南 1473 个。

7.3　工业企业集约用地统计分析

为了更好地剖析各省工业企业用地区域差异，本节针对五个省份 1999 ~ 2009 年的样本数据进行进一步的统计分析。首先整理了与工业企业集约用地相关指标并进行统计分析，其次将数据标准化进行实证检验，深入探讨五省工业企业集约用地情况及影响因素。

在统计分析中，首先整理了 1999 ~ 2009 年五省工业企业工业用地集约利用水平（图 7-4），用以分析五省工业企业 1999 ~ 2009 年工业企业集约用地情况的历史变化及区域间比较分析。

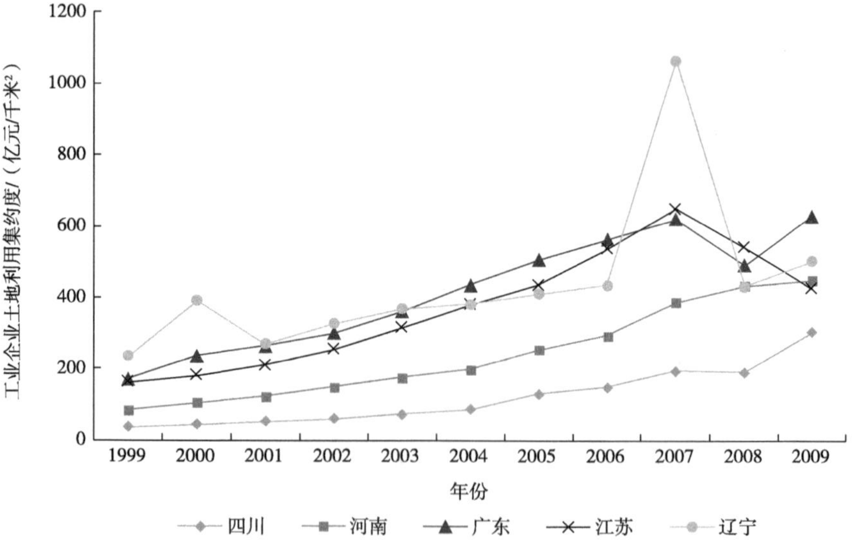

图 7-4　1999 ~ 2009 年五省工业企业工业用地集约利用水平

土地利用集约度=工业产值/占地面积，工业企业工业产值和占地面积来源于中国工业企业数据库及课题组补充调研数据结合图 7-4 和附表 7-4，我们可以看出，在 1999～2009 年四川、河南的工业企业集约用地水平基本保持着同步平稳上升的变化趋势。江苏和广东工业企业集约用地水平在 1999～2008 年一直高于四川、河南两省，这在本书第 6 章已经做过深入分析。辽宁工业企业集约用地水平存在一定波动，2003 年之前辽宁工业企业集约用地水平高于江苏和广东，根据东北地区前期经济发展历史可知，辽宁属于老工业基地，在前期工业用地集约利用水平较高，但在 2003 年后上升趋势不明显，2007 年出现了突变式的上升后又在 2008 年回归到正常变化水平，虽然逐渐被江苏、广东赶超，但整体依然高于四川和河南（2008 年除外）。

在五省工业企业集约用地水平历史变化比较分析的基础上，接下来进一步在统计上分析各省工业企业土地利用集约度和与之相关的劳动投入、资本投入之间的变化关系。

如图 7-5 所示，整体上可以看出四川工业企业土地利用集约度与劳动投入和资本投入呈现正向的变化趋势，当劳动投入和资本投入增加时，工业企业集约用地水平同步上升，劳动投入和资本投入减少时，土地利用集约度相对应地会下降。同时结合附表 7-5，我们可以看出四川劳动投入和资本投入保持着同增加、同减少的变化状况，因此 1999～2009 年四川工业企业人均资本投入基本平稳，保持在 100 万元/人上下波动。

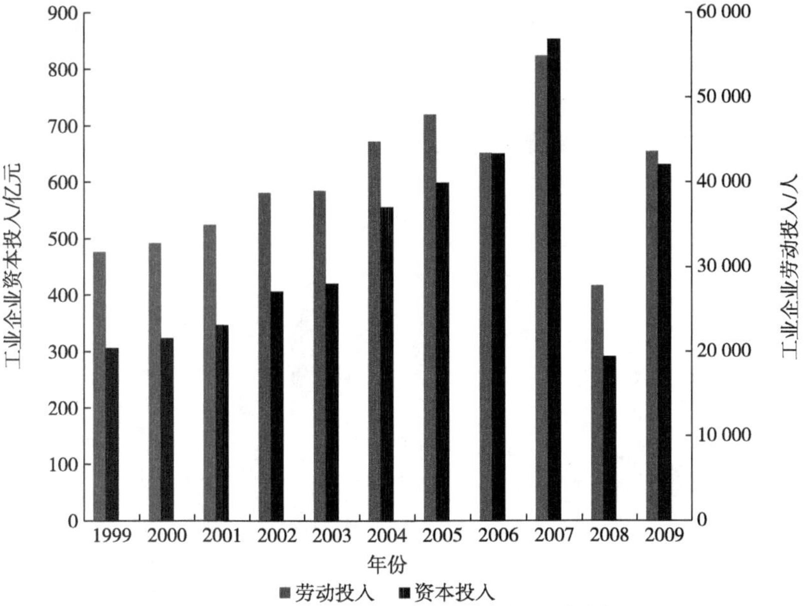

（a）四川 1999～2009 年工业企业劳动投入、资本投入

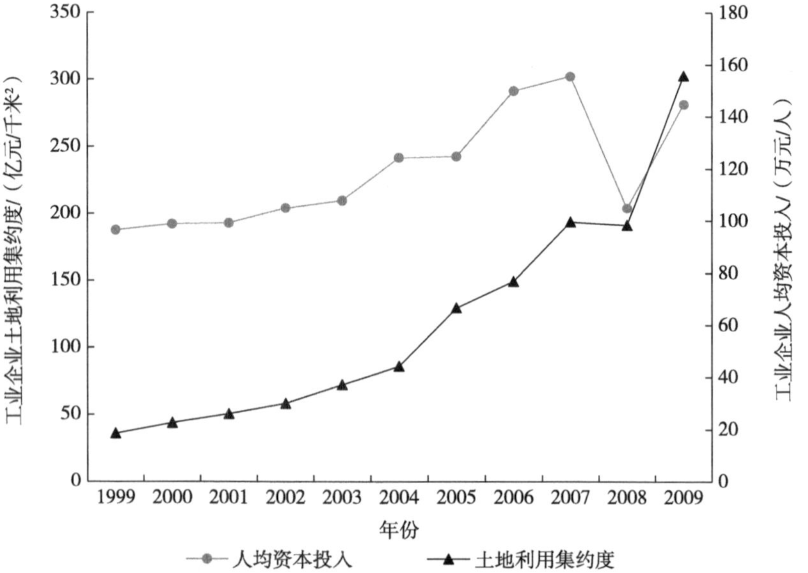

（b）四川 1999～2009 年人均资本投入、土地利用集约度

图 7-5　四川 1999～2009 年工业企业劳动投入、资本投入及土地利用集约度

资料来源：土地利用集约度、人均资本投入由作者计算，土地利用集约度=工业产值/占地面积、人均资本投入=资本/劳动力；工业企业劳动、资本数据源于中国工业企业数据库

通过图 7-6 和附表 7-6，能够发现 1999～2007 年河南劳动投入数量变化趋势较为稳定，工业企业资本投入总量增加明显，工业企业土地利用集约度随着资本投入的增加呈现出明显的上升状态。随着工业企业人均资本投入的增加，1999～2009 年工业企业集约用地水平始终保持着快速增长的状态，工业企业土地利用集约度从 1999 年的 82.99 亿元/千米^2，增加到了 2009 年的 449.22 亿元/千米^2。

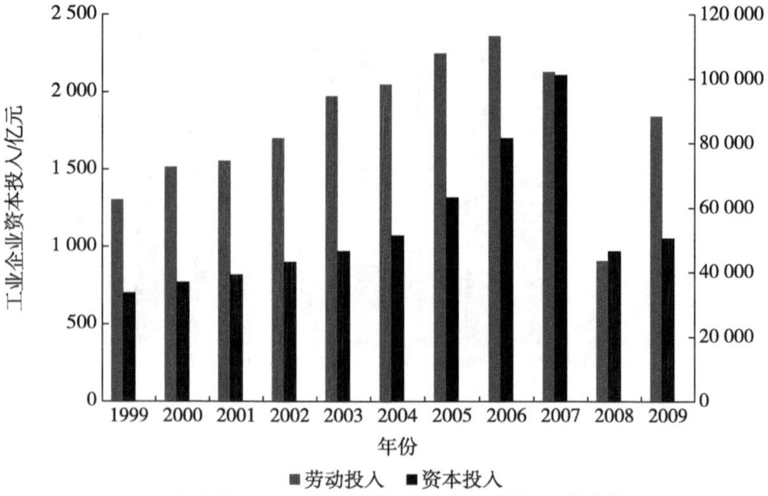

（a）河南 1999～2009 年工业企业劳动投入、资本投入

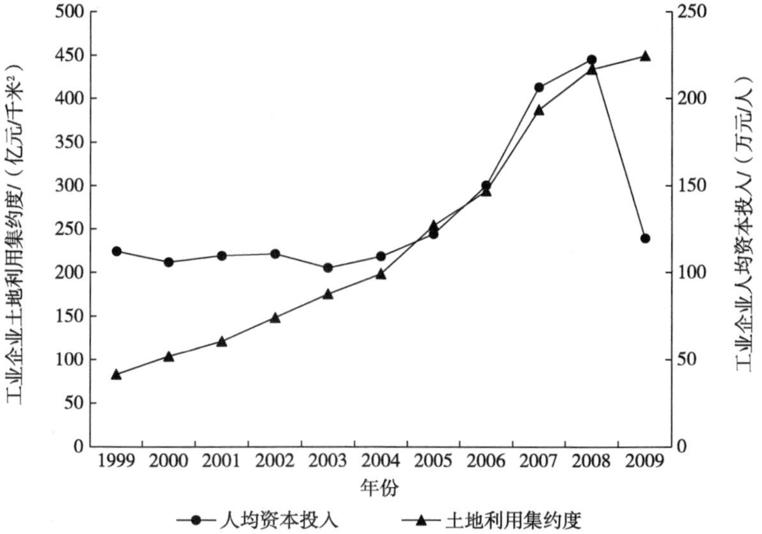

（b）河南 1999 ~ 2009 年人均资本投入、土地利用集约度

图 7-6　河南 1999 ~ 2009 年工业企业劳动投入、资本投入及土地利用集约度

资料来源：土地利用集约度、人均资本投入由作者计算，土地利用集约度=工业产值/占地面积、人均资本投入=资本/劳动力；工业企业劳动、资本数据来源于中国工业企业数据库

同样地，1999 ~ 2009 年广东工业企业土地利用集约度整体上表现为大幅上升的状态，从图 7-7（b）中可以看出，1999 年广东工业企业土地利用集约度为 171.50 亿元/千米 ^{2}，到了 2009 年工业企业土地利用集约度已达 629.31 亿元/千米 ^{2}。在图 7-7（a）和图 7-7（b）中我们可以看出，广东工业企业土地利用集约度随着工业企业劳动投入和资本投入的增加呈现出同步增长的态势，而后随着劳动投入和资本投入的变动呈现出同方向的波动趋势。但结合附表 7-7，不难发现在 1999 ~ 2009 年广东工业企业人均资本投入变化趋势不显著，基本维持在 100 万元/人左右的水平。

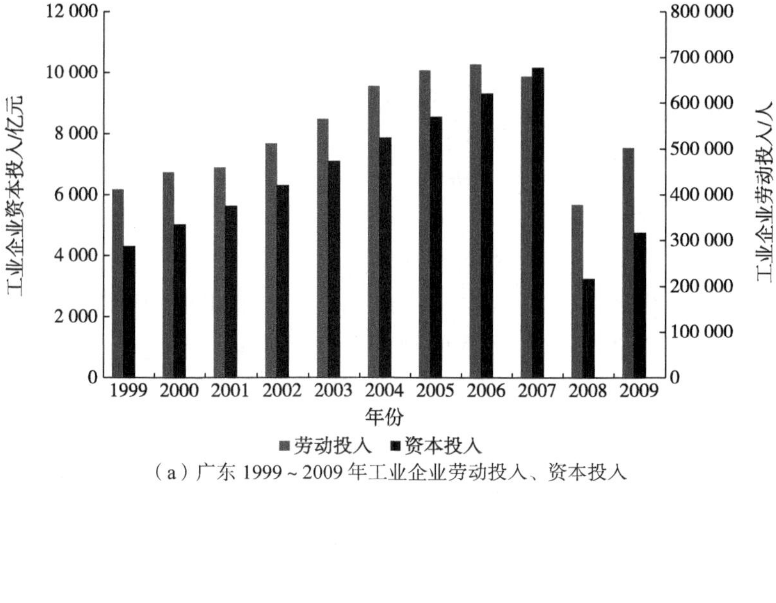

（a）广东 1999 ~ 2009 年工业企业劳动投入、资本投入

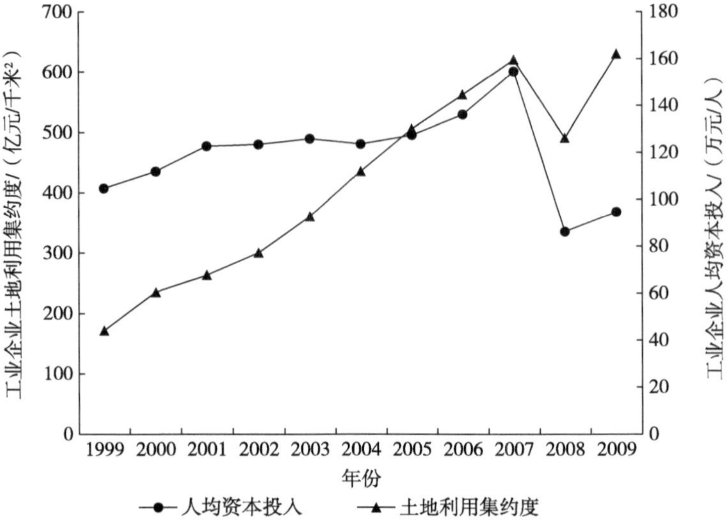

（b）广东 1999～2009 年人均资本投入、土地利用集约度

图 7-7　广东 1999～2009 年工业企业劳动投入、资本投入及土地利用集约度

资料来源：土地利用集约度、人均资本投入由作者计算，土地利用集约度=工业产值/占地面积、人均资本投入=资本/劳动力；工业企业劳动、资本数据来源于中国工业企业数据库

以上三省资本和劳动要素的投入基本呈现出平稳增加的历史变化趋势，工业企业土地利用集约度都处于大幅上升的变化情况，其中，四川和河南受“西部大开发”“中部地区崛起”等政策的影响，上升速度尤其显著。基于统计数据显示，江苏和辽宁的工业企业集约用地情况及劳动投入、资本投入数量变化与四川、河南和广东有所不同，下面我们具体分析。

根据图 7-8 和附表 7-8，江苏 1999～2009 年工业企业土地利用集约度和人均资本投入基本保持着同步增减变化的演变趋势，1999～2007 年江苏工业企业劳动投入总量基本平稳，但资本投入呈现出显著增加的态势，人均资本投入由 1999 年的 170.50 万元/人上升到 2007 年的 356.89 万元/人，同时工业企业土地利用集约度也由 1999 年的 162.74 亿元/千米^2 增加至 2007 年的 649.65 亿元/千米^2。2008 年受经济危机影响，劳动投入和资本投入均下降，但资本投入下降幅度尤为突出，甚至低于 1999 年资本投入水平，造成人均资本投入下降，与此同时土地利用集约度也同步降低，但已有数据表明，2009 年开始江苏工业企业集约用地程度再次大幅提高，在 2011 年达到了 1768 亿元/千米^2。

与江苏情况相类似，辽宁 1999～2009 年工业企业土地利用集约度与工业企业人均资本投入变化趋势也基本表现出同步增加和减少的变化趋势，并且随着工业企业人均资本投入的变化，工业企业土地利用集约度存在显著的波动情况（图 7-9）。其中，1999～2006 年工业企业土地利用集约度基本处于平稳上升的状态，

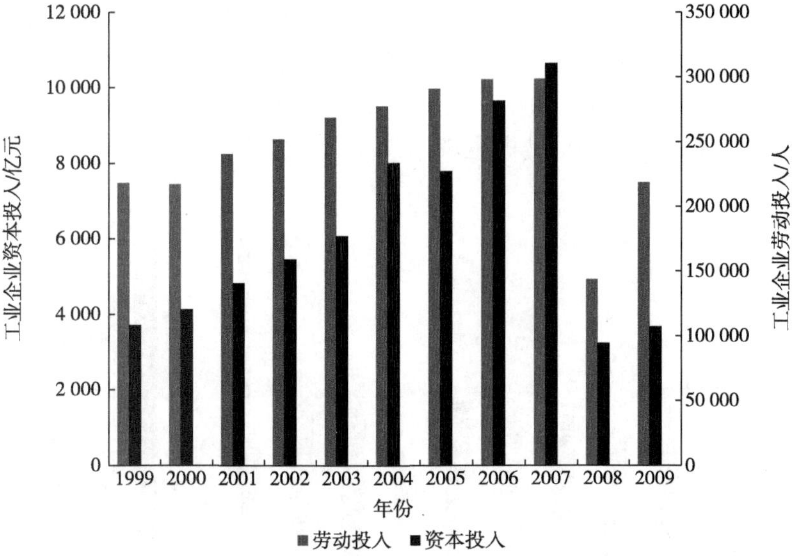

（a）江苏 1999～2009 年工业企业劳动投入、资本投入

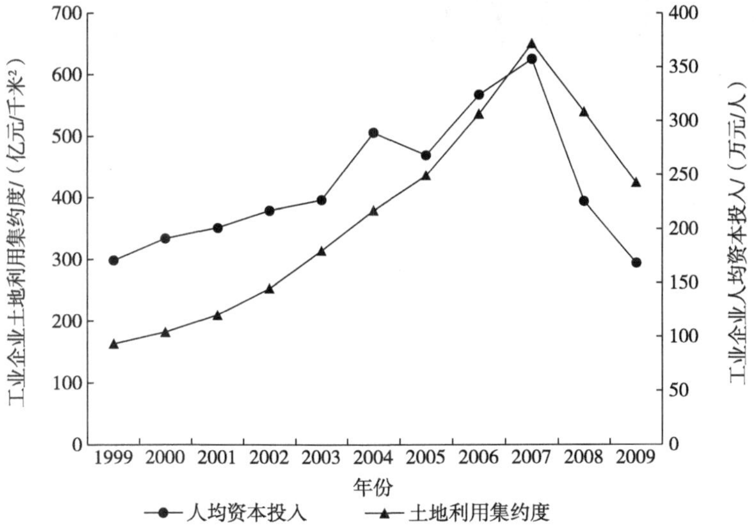

（b）江苏 1999～2009 年人均资本投入、土地利用集约度

图 7-8　江苏 1999～2009 年工业企业劳动投入、资本投入及土地利用集约度

资料来源：土地利用集约度、人均资本投入由作者计算，土地利用集约度=工业产值/占地面积、人均资本投入=资本/劳动力；工业企业劳动、资本数据来源于中国工业企业数据库

在 2007 年产生较大幅度的上升，结合附表 7-9 可以看出工业企业人均资本投入达到了 478.82 万元/人，土地利用集约度高达 1065.01 亿元/千米^2，2008 年后人均资本投入和土地利用集约度都开始回归正常的增长速度。总体来看，辽宁工业企业土地利用集约度是呈上升趋势的。此外，除 2008 年低于河南以外，辽宁 1999～

2009 年工业企业人均资本投入均高于四川、河南、广东三省，1999～2009 年平均的人均资本投入达到了 259 万元/人，结合现实分析，这与辽宁的工业属性有很大关系，辽宁工业以重工业为主，固定资本投入占了很大比重，使辽宁工业企业人均资本投入水平相较于其他地区呈现出较高的水平。

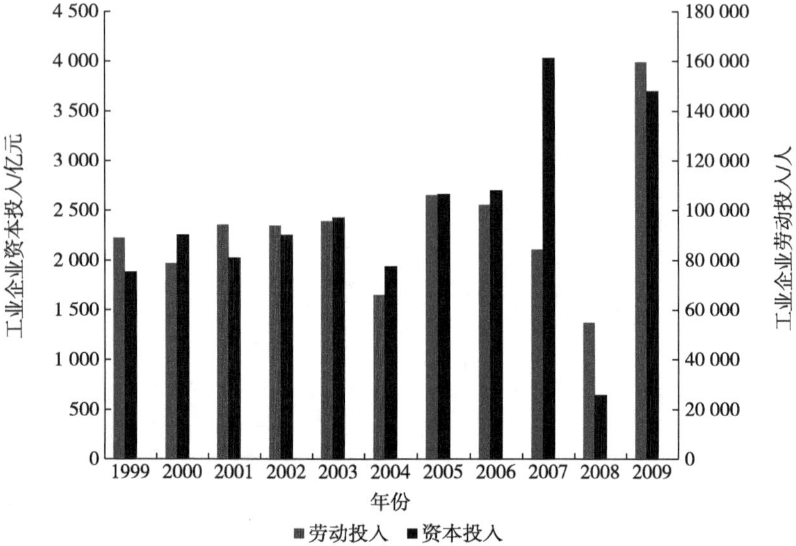

（a）辽宁 1999～2009 年工业企业劳动、资本投入

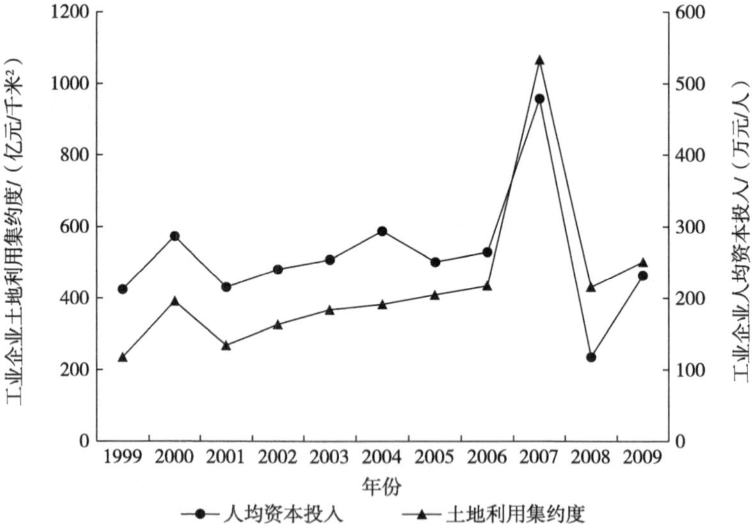

（b）辽宁 1999～2009 年人均资本投入、土地利用集约度

图 7-9　辽宁 1999～2009 年工业企业劳动投入、资本投入及土地利用集约度

资料来源：土地利用集约度、人均资本投入由作者计算，土地利用集约度=工业产值/占地面积、人均资本投入=资本/劳动力；工业企业劳动、资本数据来源于中国工业企业数据库

结合以上分析，广东、江苏和辽宁工业企业集约用地程度较高，辽宁工业企业集约用地水平的历史变化存在一定波动。整体上，各省工业企业土地利用集约度均与劳动投入和资本投入呈相同方向的增减变化。具体而言，四川、河南和广东工业企业土地利用集约度与资本投入同步变动，资本投入增加的同时工业企业土地利用集约度表现为相同的增长趋势，并且这三个省份的工业企业人均资本投入历史变化趋势较平稳；而江苏和辽宁 1999～2009 年的工业企业土地利用集约度情况与工业企业人均资本投入基本维持着一致的增减变化趋势。

通过以上统计分析，基本可以看出各省的工业企业集约用地水平与劳动投入和资本投入有很大的相关性，接下来本章进一步通过实证检验深入分析代表性省份的工业企业集约利用情况。

7.4　工业企业集约用地驱动因素分析

7.4.1　模型构建

本章被解释变量工业企业土地利用集约度的计算公式同式（6-1）一样。

所构建的实证检验模如下：

$$\mathrm{ILU} = \alpha_i + \beta_i I_i + \gamma_i S_i + \rho_i L_i + \phi_i Q_i + \mu_i \tag{7-1}$$

其中，ILU 为被解释变量，即工业企业土地利用集约度；I_i、S_i、L_i 和 Q_i 分别为四组解释变量，即企业属性、投入因素、区位因素和社会经济因素；β_i、γ_i、ρ_i 和 ϕ_i 为相应的变量系数；μ_i 为随机干扰项；α_i 为常数项。

本章所研究的数据结构，常用的计量模型包括面板数据分析与混合截面数据分析。由于数据所限，部分企业数据有个别年份和个别指标的缺失，本章采用了混合截面数据回归。

7.4.2　结果分析

由于本书截面数据量较大，基于混合截面数据进行 OLS（ordinary least squares，普通最小二乘法）回归可能会产生异方差问题，White 等（2012）稳健性估计在假定估计方程的残差不存在序列相关的前提下，推导出一个异方差一致协方差矩阵，用于重新校准变量的 t 值和标准误差。因此本章采用 White 异方差稳健性估计对混合截面数据进行回归，结果如表 7-1 和表 7-2 所示。

表7-1　变量及指标说明

变量名称	指标说明
劳动投入（STAFF）	企业年度职工人数/占地面积（人/米^2）
资本投入（INVEST）	企业年度中间资本投入/占地面积（万元/米^2）
研发投入（R&D）	企业年度研发投入/占地面积（万元/米^2）
外资企业（JV）	虚拟变量，若企业属于外资企业取 1，否则取 0
私营企业（PRIVATE）	虚拟变量，若企业属于私营企业取 1，否则取 0
国有企业（SOES）	虚拟变量，若企业属于国有企业取 1，否则取 0
土地价格（LP）	企业所在地区的工业用地基准地价格（元/米^2）
城市规模（CSIZE）	虚拟变量，按城市人口规模分为大中小型城市分别取 3,2,1
第二产业占比（SEC）	第二产业增加值/地区生产总值
企业规模（SIZE）	虚拟变量，按企业占地面积分为大中小型企业分别取 1,2,3
政府补贴（SI）	企业年度政府补贴/占地面积（万元/米^2）
人均地区生产总值（PGDP）	地区生产总值/地区总人口（元/人）
行业（INDUS）	虚拟变量，若企业所属行业是重工业取 1，否则取 0
与区域最大港口距离（DIS1）	与周边一级港口的直线距离（千米）
与城市基准地价最高点距离（DIS2）	企业与所在城市基准地价最高点距离（千米）
内陆港口城市（IPC）	虚拟变量，若企业属于内陆港口城市取 1，否则取 0
沿海港口城市（CC）	虚拟变量，若企业属于沿海港口城市取 1，否则取 0

表7-2　分区域混合截面回归结果

变量	广东	江苏	辽宁	四川	河南
SIZE	−0.002	−0.046	0.578	0.259	−0.630**
	(−0.17)	(−0.96)	(−1.21)	(−0.42)	(−2.54)
JV	−0.019***	−0.014	0.942***	0.075	0.443*
	(−3.27)	(−0.45)	(−3.49)	(−0.12)	(−1.65)
PRIVATE	0.025**	0.018	0.053	−0.027	−0.148
	(−2.24)	(−0.51)	(−0.16)	(−0.05)	(−0.68)
SOES	−0.039***	−0.056*	0	0.112	0
	(−3.17)	(−1.91)		−0.21	
INDUS	−0.004	0.014	−0.303	0.216	0.615***
	(−0.94)	(−0.64)	(−1.56)	(−0.88)	(−2.79)
STAFF	1.065***	0.526***	−0.028	0.414***	0.449***
	(−163.53)	(−40.65)	(−0.26)	(−2.65)	(−4.15)
INVEST	0.008***	0.411***	0.666***	0.174	0.211**
	(−3.62)	(−35.17)	(−7.53)	(−1.31)	(−2.34)
R&D	0.001	0.008**	0.152***	0.147***	0.302***
	(−0.81)	(−2.16)	(−4.02)	(−3.10)	(−11.72)

续表

变量	广东	江苏	辽宁	四川	河南
SI	−0.007***	0.013**	0.136**	0.338***	0.130***
	(−3.04)	(−2.40)	(−2.31)	(−4.95)	(−2.81)
DIS1	−0.070***	0.053	0.501	−295.0	139.1***
	(−3.53)	(−0.14)	(−0.75)	(−0.77)	(−3.47)
C.DIS1#C ~ 1	0.015***	−0.022	−0.065	20.95	−10.98***
	(−5.68)	(−0.48)	(−0.70)	(−0.77)	(−3.45)
DIS2	−0.121***	−0.300	−1.127**	0.028	0.024
	(−8.47)	(−0.23)	(−2.10)	(−0.05)	(−0.05)
C.DIS2#C ~ 2	0.025***	0.060	0.198**	0.041	0.048
	(−10.83)	(−0.47)	(−2.46)	(−0.40)	(−0.55)
IPC	−0.041***	−0.213***	−0.925		
	(−3.91)	(−5.53)	(−1.50)		
CC	−0.176***	0.261***	0		
	(−20.88)	(−6.48)			
LP	0.102***	−0.168***	−0.371**	0.959	0.027
	(−12.1)	(−5.96)	(−2.05)	(−0.91)	(−0.33)
CSIZE	−0.075***	−0.205***	−1.955***	0	−2.339***
	(−3.98)	(−6.61)	(−9.50)		(−9.08)
PGDP	0.422***	0.473***	−2.265***	−0.937*	−0.316**
	(−40.67)	(−17.99)	(−14.62)	(−1.66)	(−2.43)
SEC	−0.461***	−0.758**	−1.634*	−0.888	0.001
	(−7.97)	(−2.40)	(−1.89)	(−0.98)	(−1.40)
常数项	0.230*	0.951	34.21***	1045	−435.1***
	(−1.70)	(−0.34)	(−8.55)	(−0.78)	(−3.46)
样本量	6152	4992	1391	746	1472
R^2	0.978	0.707	0.258	0.139	0.275
调整 R^2	0.978	0.706	0.249	0.118	0.267
F 统计量	7735	510.8	33.89	6.188	31.51

注：括号内为 t 统计量；C.DIS1#C ~ 1 表示与区域最大港口距离的平方项，C.DIS2#C ~ 2 表示与城市基本地价最高点距离的平方项

***、**、*分别表示在 1%、5%、10%水平上显著

从表 7-2 可以看出，不同区域工业企业集约用地水平的影响因素存在较大差异：企业属性对广东土地集约利用水平影响较为显著；要素投入对江苏、河南土地集约利用均有显著影响，但不同地区间存在差别；区位因素对广东影响最为显著，这可能是因为相较其他地区，广东地理位置更为优越、交通更加便利；经济环境因素对

广东、江苏、辽宁土地集约利用影响更加显著。

（1）在企业属性方面，所有制背景对广东土地集约利用影响最为显著，对江苏、辽宁和河南的土地利用也比较明显。具体来看，广东私营企业所有制属性对土地集约利用有显著的正向影响，提高了土地利用效率；辽宁外资企业所有制属性提高了土地集约利用水平；而国有企业属性则降低了江苏和广东土地利用效率。广东改革开放和工业化进程较早，私企的发展规模和经营水平在全国也属前列，私企清晰的产权结构、严格的预算约束和利润最大化的经营目标对于土地集约利用有明显促进。而相较于原有工业企业类型，辽宁引入的外资企业，有先进的技术水平和丰富的管理经验，有助于提高土地集约利用水平；相对来说，国有企业的土地大多是国家计划经济时期无偿划拨的，土地成本很低，对于土地集约利用水平的约束也较弱。

（2）总体来看，增加要素投入对土地集约利用有正向促进作用，单位土地上的投入越多，土地利用效率越高。但由于五省份工业发展阶段不同，四种投入要素对不同地区土地产出效率的影响也有差别。具体来看，劳动投入对广东、江苏、四川、河南四省的土地集约利用均有显著正向促进作用，但对辽宁没有显著影响，可能是因为辽宁作为东北老工业基地之一，多数企业属于资本密集型行业，劳动投入的影响不显著；资本投入对广东、江苏、辽宁、河南四省的土地集约利用均有显著正向影响，但对四川影响不显著，这可能是因为四川工业发展水平相对较低，基础设施建设不完善，资本的投入并不能很快转化为生产能力，企业成长缓慢，资本投入对土地集约利用影响不明显；研发投入对江苏、辽宁、四川、河南四省的土地集约利用水平均有显著正向影响，说明研发投入可以提高企业技术水平，提高生产效率，促进土地集约利用水平；政府补贴对五省份土地集约利用均有显著影响，促进了江苏、辽宁、四川和河南四省的土地集约利用水平，但值得注意的是政府补贴对广东土地利用效率的影响系数显著为负，可能的原因是：政府补贴是政府为扶持企业发展而进行微观干预的一种手段，而广东工业发展水平较高，政府补贴对于企业的激励作用有限甚至会产生负面影响。

（3）区位因素对于广东土地集约利用水平影响相对更为显著。改革开放以来，凭借更优越的地理位置、更便利的交通设施，珠三角率先发展，推动了本地区土地集约利用的进程。分析回归系数中的显著项，在广东，企业所在地与区域最大港口距离和与城市基准地价最高点距离对土地集约利用的回归系数均呈现出一次项显著为负，二次项显著为正的结果，这表明与区域最大港口距离和与城市基准地价最高点距离对广东土地集约利用的影响呈现倒“U”形关系；同时，对于辽宁，企业所在地与城市基准地价最高点距离对土地集约利用的影响也呈现倒“U”形关系；而对于河南，企业所在地与区域最大港口距离对土地集约利用的回归系数呈现出一次项显著为正，二次项显著为负的结果，这符合新经济地理学的“中心–外围”理论，根据该理论，企业距离中心经济体越远，生产率越低，但是在市场容量足够大的情况下，可能在一定距离之外，形成一个“次中心”，从而使企业与中心经济体的距离对生产效率影响效果呈现“∽”形状（安虎森，2009），这也与陆铭的研究结果一致（陆铭，2011）。内陆港口城市因素对广东、江苏两省土地集约利用的影响显著为负，可能的原因是：港口城市的企业运输成本存在优势反而导致了企业对土地的粗放经营，降低了土地集约利用水平。由于四川、河南两省没有港口城市，对于这两个省份，港口城市因素没有加入模型。

（4）社会经济因素对五省份的影响迥异，充分表明了由于工业发展阶段和要素禀赋不同，社会经济因素对不同地区土地集约利用影响效果相差较大。土地价格因素对广东土地集约利用水平的影响显著为正，对其他省份显著为负或者不显著。土地价格因素在广东的回归结果符合预期，这和广东地价市场化水平较高有关，土地集约利用水平高的企业才能在基准地价高的地区存活。而对于江苏和辽宁来说，基准地价高的地区大多是建厂多年的国有企业，集约水平不一定很高，更具竞争力和集约利用水平更高的企业倾向于在基准地价较低的郊区和工业园区选址。就河南和四川而言，由于地方政府的引资竞争，企业在土地获取过程中可以得到许多优惠政策，使基准地价不能发挥正常作用，土地价格因素影响不显著。城市规模对土地集约利用的影响系数显著为负或为零，这与林雄斌和马学广基于珠三角的研究结果一致（林雄斌和马学广，2015），表明在城市拓展过程中，土地集约利用水平降低，这是因为在城市化快速推进的过程中，土地的外向扩张逐渐制约了土地的集约利用。而一些超大城市的人口过度增加使大量资源被占用并造成人口、就业、经济发展之间的不匹配，导致规模不经济。人均地区生产总值对工业化阶段相对成熟的广东、江苏两省的土地集约利用水平有很好的促进作用，表现出土地资源和经济产出间的良性循环状态，而其余三个省份系数则显著为负，表明这些地区尚处于以土地资源的量化投入换取经济发展的阶段。

（5）比较五个省份的 R^2 项，发现所选影响因素能很好地解释处于工业化成熟阶段的广东和江苏两省土地集约利用水平，但是对于其余三个省解释度较低，还有其他影响因素有待发掘，这也验证了不同工业化阶段，工业企业土地集约利用影响因素存在较大差异。

7.5　本章小结

本章首先统计分析了广东、江苏、河南、辽宁和四川五个代表性省份的区域经济发展情况，以及工业企业集约用地现状，探究了不同地区工业企业集约用地的驱动因素，并基于相关理论与实证分析，得出以下结论。

（1）根据统计分析，广东、江苏和辽宁工业企业集约用地程度较高，辽宁工业企业集约用地水平的历史变化存在一定波动。整体上，各省工业企业集约用地水平与劳动投入、资本投入基本呈同方向变动。

（2）不同区域的工业企业集约用地水平的影响因素存在较大差异，这与中国东、中、西、东北部要素禀赋不同和工业化水平差异显著的现实情境吻合。因此，在制定土地方面的政策时，要差别对待，因地制宜。

（3）投入因素和社会经济因素对五省份土地集约利用影响相较于区位因素和企业属性因素更为显著。就共性的因素来讲，增加投入因素对土地集约利用有促进作用，所以增加劳动、资本、研发的投入均有利于提高土地集约利用水平；就社会经济因素而言，因地制宜地合理调控地价、城市规模和产业结构将有利于提高土地利用效率。

（4）区位因素对工业化阶段相对成熟的广东影响更加显著，因此应引导该省企业更好地利用区位优势，积极发挥产业集聚效应，提高土地利用效率。企业属性对广东影响较为显著，广东应积累先进经验，发挥私企的带动作用，使不同所有制企业土地利用效率共同提高。

第 8 章　轻、重工业企业集约用地比较研究

在前文中，本书已从区域比较的角度探究了工业企业集约用地的驱动因素。本章将基于行业属性的视角，分析轻、重工业企业的土地集约利用驱动机制。

理论上来说，轻、重工业企业性质差异导致企业投资决策、内部属性及对社会经济因素的反应等均有不同，进而决定了企业的土地利用方式不同，从而影响土地集约利用效率。以投入因素对工业企业集约用地的影响为例，轻工业和重工业具有不同的行业特点，在经营过程中对劳动投入、资本投入要求也不同。重工业是资本和技术密集型产业，需要大量的投资和不断提高的技术；轻工业企业规模较小，特点是需要大量的劳动力，因此忽略工业类型对工业用地进行研究难免会掩盖轻、重工业用地集约利用影响因素的差异。对不同工业类型的企业集约用地情况分别进行研究，可以更加清晰地掌握轻、重工业企业的土地利用特点，使研究结果更具有针对性和参考价值。

基于此，本章将对轻、重工业企业分别进行分析，并比较研究不同工业类型企业集约用地的主要特征，从产业类型上揭示企业集约用地的规律特点。

8.1　变量与数据说明

8.1.1　变量说明

本章将继续采用工业企业土地利用集约度，即单位土地面积上的工业总产值作为工业用地集约利用水平的度量指标。公式同式（6-1）。

此外，综合以往研究，本章从企业属性、投入因素、社会经济因素和区位因素四个方面选取工业用地集约利用水平的影响因素，具体指标如表 8-1 所示。

表8-1　变量及指标说明

变量名称	指标说明
企业规模（SIZE）	虚拟变量，按企业占地面积分为大中小型企业分别取 1,2,3
国有企业（SOES）	虚拟变量，若为国有企业取 1，否则取 0
私营企业（PRIVATE）	虚拟变量，若为私营企业取 1，否则取 0
外资企业（JV）	虚拟变量，若为外资企业取 1，否则取 0
盈利水平（EL）	企业年度利税总额/中间资本投入
劳动投入（STAFF）	企业年度职工人数/占地面积（人/米^2）
资本投入（INVEST）	企业年度中间资本投入/占地面积（万元/米^2）
研发投入（R&D）	企业年度研发投入/占地面积（万元/米^2）
政府补贴（SI）	企业年度政府补贴/占地面积（万元/米^2）
土地价格（LP）	企业所在地区的工业用地基准地价格（元/米^2）
城市规模（CSIZE）	虚拟变量，按城市人口规模分为大中小型城市分别取 3,2,1
城市化率（UR）	年末城镇人口/年末总人口
人均地区生产总值（PGDP）	地区生产总值/地区总人口（元/人）
第二产业占比（SEC）	第二产业增加值/地区生产总值
与区域最大港口距离（DIS1）	与周边一级港口的直线距离（千米）
与城市基准地价最高点距离（DIS2）	企业与所在城市基准地价最高地点距离（千米）
内陆港口城市（IPC）	虚拟变量，内陆港口城市取 1，否则取 0

（1）企业属性，作为一组控制变量，本章选择企业规模（SIZE）、所有制结构（国有企业、私营企业和外资企业）和盈利水平（EL）作为反映企业基本特征的解释变量。不同所有制的企业，获取土地的方式有所不同，由此造成的用地成本的差异会体现在土地集约利用水平上。此外，对于不同的企业类型有着不同企业制度、改革机制、内部激励机制和监督机制，这些差别造成企业生产率差异显著，从而影响土地集约利用水平。

（2）投入因素，包括劳动投入（STAFF）、资本投入（INVEST）、研发投入（R&D）和政府补贴（SI），土地投入强度是维持土地持续高效利用的基础。根据投入–产出模型，在一定范围内，在单位面积的土地上投入的要素越多，土地的产出效率越高，因此增加土地投入在理论上来说对工业用地集约利用有积极促进作用。

（3）社会经济因素，包括土地价格（LP）、城市规模（CSIZE）、城市化率（UR）、人均地区生产总值（PGDP）和第二产业占比（SEC）。社会经济因素反映土地投入产出水平的同时，反映了有限的土地资源最大的社会贡献价值。一般来说，地区经济发展水平越高，越能促进企业增加要素投入，从而促进土地集约利用；社会经济发展必然会伴随着城镇规模扩张，而城市的根本特征是集中，城市化能够产生集聚效应和规模效益，从而推动工业化的发展和工业用地集约利用；另外，从产业结构来说，产业结构优化会逐步淘汰那些产能落后、效益低下、资源利用率低、污染严重的企业，进而发展具有较高投资水平和技术水平且效益较好的企业，因此产业结构升级整体上会促进土地集约利用。

（4）区位因素。区位因素主要包括与区域最大港口距离（DIS1）、与城市基准地价最高点距离（DIS2）及内陆港口城市（IPC）属性。区位的优劣直接关系着产业聚集水平、交通便捷性及市场通达性，而这些因素关系到工业用地的开发利用强度，当企业拥有良好的区位条件时，企业在经营过程中的信息成本和物流成本等会有所降低，经济正外部性较强，从而促进企业收益增加，提高土地集约利用水平。

8.1.2　数据说明

本章的研究区域依然选为广东、江苏、河南、四川和辽宁五个省份。选定研究区域后，在中国工业企业数据库（1999～2009 年）的基础上进行工业企业数据收集、样本选取、数据补充调研及样本剔除整理，具体过程如下。

（1）样本选取。首先把广东、江苏、河南、四川和辽宁五个省份 1999～2009 年各年度的企业均从中国工业企业数据库中筛选出来，得到基础样本数据为：广东 43 068 家、江苏 46 387 家、河南 12 643 家、四川 9350 家、辽宁 18 043 家，共计 129 491 家。之后把五省基础样本数据按照企业法人代码进行匹配，筛选出 1999～2009 年一直存活的企业，并按照轻重工业类型进行分类。

（2）数据补充调研。本章延续前文的研究进程，在原数据库基础上进一步收集土地数据、区位数据、区域经济发展指标、产业聚集度、地价水平、城市化率等其他指标。其中，企业占地面积、建筑面积等数据仍然以网络调查为主，辅以邮件调查和电话咨询；经济数据以统计数据收集与计算为主，统计数据同样来自《广东统计年鉴》、《江苏统计年鉴》、《河南统计年鉴》、《四川统计年鉴》和《辽宁统计年鉴》；地理区位数据采用地图定位测量法获得。

（3）样本剔除整理。样本调查中剔除了电力、煤炭、矿业及天然气等工业企业，因为这些企业调研的数据是服务所辖地区的面积，而不是厂房、生产用地面积；此外，还剔除了 1999～2009 年占地面积多次变更的企业、个别调研数据依据常规判断不真实及数据库中重要指标缺失的企业。经过剔除整理，最后剩下 14 231 个样本数据，其中轻工业样本 6993 个，重工业样本 7238 个，即为本章研究的最终样本数据。

8.2 轻、重工业企业集约用地统计分析

为了研究轻、重工业企业集约用地差异，本章首先对样本数据进行统计性分析，比较两类工业企业的用地基本情况。

本章的整体数据为广东、江苏、河南、四川和辽宁五个省份 1999 ~ 2009 年的样本企业，但由于每年都存在企业进入和退出市场，对总体样本进行统计分析会存在大量重复冗余并掩盖轻、重工业企业集约用地差异。因此，本节只选择样本数量最多的 2007 年作为截面数据进行统计分析。其中，2007 年五省总计 1646 家工业企业，其中轻工业企业 826 家，主要包括提供生活消费品和制作手工工具的工业企业，如纺织、食品加工业等；重工业企业 820 家，主要是生产基本生产资料的企业，包括机械设备制造业和原材料、能源及化学工业。对轻、重工业企业土地利用状况进行比较分析，结果见表 8-2。

表8-2　轻、重工业企业指标统计描述

样本组	变量	样本量	均值	标准差	最大值	最小值
轻工业	平均占地面积/万米^2	826	4.14	6.24	100.00	0.09
	工业总产值/万元	826	80 473.31	344 474.83	8 582 296.00	−67 946.55
	土地集约利用水平/（元/米^2）	826	18 914.19	47 208.82	592 401.02	−33 973.28
重工业	平均占地面积/万米^2	820	7.82	11.23	106.70	0.08
	工业总产值/万元	820	145 377.99	770 692.06	13 977 088.00	−15 179.81
	土地集约利用水平/（元/米^2）	820	51 959.79	485 148.21	10 552 052.88	−22 792.50

由表 8-2 可知，重工业企业的各项指标远高于轻工业企业。从平均占地面积来看，轻工业企业与重工业企业相差近一倍，这一差异是由轻重工业的行业特性决定的，也与中国的现实情况相符。重工业属于资本和技术密集型产业，需要大量的投资和不断提高的技术，重工业企业多以大型企业为主体，特点是投资较大、能源消耗较大、对生态环境的压力较大。在重工业发展初期，工业用地多为划拨得到，这种无偿的土地使用方式客观上助长了重工业企业千方百计多占地，以谋取更多的经济利益的行为。轻工业是生产生活消费品的工业，多以中小企业为主体，轻工业企业一般规模较小，甚至有很多以家庭为单位的作坊，因此占地面积相对较小。比较轻、重工业企业土地集约利用水平可以发现，轻工业与重工业用地集约利用水平相差近 1.75 倍，这与轻、重工业行业特征是分不开的。一般重工业企业初始固定资产投入多，后续资金需求量也较大，多属于资本密集型产业，

工业用地集约利用水平相对较高，而轻工业企业则相反。本书分别对轻、重工业行业内部进行比较，可以发现轻、重工业行业内部都存在用地多寡不均现象，这将直接导致工业企业土地产出效率差距明显。事实上，土地使用制度的缺陷和企业的寻租行为导致了企业用地不均，这不仅表现为不同类型工业土地集约利用水平差异巨大，对同行业间土地集约利用情况也造成了很大差异。以钢铁行业为例，2013 年上海宝山钢铁股份有限公司占地面积 25 平方千米，粗钢产量为 4390.82 万吨，单位面积土地钢产量为 175.63 万吨/千米^2；2013 年辽宁鞍山钢铁集团有限公司总占地面积 176 平方千米，粗钢产量为 3368.68 万吨，单位面积土地钢产量仅为 19.14 万吨/千米^2（陈银蓉等，2013）。二者土地集约利用水平相差悬殊，由此可见，即使是相同行业，土地利用集约度也存在相当大的差异。

8.3　轻、重工业企业集约用地驱动因素分析

8.3.1　模型构建

对于本章所研究的数据结构，常用的计量模型包括面板数据分析与混合截面数据分析。但考虑到研究期间每年都存在企业进入和退出市场，为了更加充分并严谨地反映研究期内工业企业集约用地情况，本章同时选择混合截面数据和非平衡面板数据进行回归，以期证实本章计量模型结果的稳健性及实证结论的可靠性。所构建的实证检验模型如下：

$$\mathrm{ILU}=\alpha_i+\beta_i I_i+\gamma_i S_i+\rho_i L_i+\phi_i Q_i+\mu_i \tag{8-1}$$

其中，ILU 为被解释变量，即工业企业的土地利用集约度；I_i、S_i、L_i 和 Q_i 分别为四组解释变量，即投入因素、社会经济因素、区位因素和企业属性；β_i、γ_i、ρ_i 和 ϕ_i 为相应的变量系数；μ_i 为随机干扰项；α_i 为常数项。

8.3.2　结果分析

由于本书研究的截面数据量较大，基于混合截面数据进行 OLS 回归可能会产生异方差问题，而 White 稳健性估计在假定估计方程的残差不存在序列相关的前提下，推导出一个异方差一致协方差矩阵，用于重新校准变量的 t 值和标准误差。因此本章采用 White 稳健性估计对混合截面数据进行回归，以期结果更可靠，回归结果如表 8-3 和表 8-4 所示，分别为基于混合截面数据和非平衡面板数据的回归结果。

表8-3 混合截面数据回归结果

变量	总体	重工业	轻工业
STAFF	0.4415***	0.3547***	0.5094***
	(24.76)	(11.68)	(23.77)
INVEST	0.3300***	0.3453***	0.3265***
	(18.80)	(13.17)	(13.39)
R&D	0.1248***	0.1388***	0.1102**
	(20.66)	(17.80)	(3.28)
SI	0.0301**	0.0412**	0.0218
	(2.99)	(3.06)	(1.42)
LP	0.2235***	0.1396**	0.3071***
	(5.78)	(3.03)	(4.56)
CSIZE	−0.5524***	−0.7637***	−0.3133***
	(−12.64)	(−12.39)	(−5.12)
UR	3.4938***	3.9719***	3.0155***
	(26.66)	(20.81)	(16.88)
PGDP	0.1929***	0.1347**	0.2494***
	(4.74)	(2.34)	(4.31)
SEC	0.9482***	0.8455**	1.0580**
	(3.21)	(2.02)	(2.60)
DIS1	−0.2518***	−0.3209***	−0.1691***
	(−8.00)	(−7.18)	(−3.82)
DIS2	0.7149***	0.7273***	0.7101***
	(34.57)	(24.81)	(24.51)
IPC	−0.1520***	−0.0491	−0.2199***
	(−3.29)	(−0.77)	(−3.71)
SIZE	−0.1565**	−0.1585*	−0.1892
	(−2.14)	(−1.76)	(−1.45)
JV	0.6419***	0.6116***	0.6516***
	(17.02)	(9.88)	(13.74)
PRIVATE	0.7510***	0.7672***	0.6462***
	(12.13)	(8.85)	(6.98)
SOES	−0.8124***	−0.7764***	−0.8258***
	(−18.32)	(−11.57)	(−13.15)
EL	−1.4499***	−1.3989***	−1.4691***
	(−5.93)	(−4.48)	(−3.72)
常数项	−2.4636***	−1.0539*	−4.0003***
	(−5.45)	(−1.69)	(−5.93)
R^2	0.79	0.81	0.78
F	560.82	324.16	243.27
拒绝原假设的概率	0	0	0

注：括号内为 t 统计值

***、**、*分别表示在 1%、5%、10%水平上显著

表8-4　非平衡面板数据回归结果

变量	总体	重工业	轻工业
STAFF	0.2564^{***}	0.1842^{***}	0.3833^{***}
	(7.86)	(3.91)	(8.99)
INVEST	0.2813^{***}	0.3106^{***}	0.2350^{***}
	(12.69)	(9.87)	(7.74)
R&D	0.1859^{***}	0.1729^{***}	0.1694^{***}
	(26.69)	(18.37)	(17.09)
SI	0.0186	0.0143	0.0222
	(1.53)	(0.85)	(1.33)
LP	0.9147^{***}	0.8556^{*}	1.1229^{***}
	(3.63)	(2.30)	(3.43)
CSIZE	-0.8863^{***}	-1.2674^{***}	−0.2882
	(−6.63)	(−6.78)	(−1.43)
UR	8.5281^{***}	9.5838^{***}	6.9172^{***}
	(29.25)	(−8.69)	(16.09)
PGDP	0.6100^{***}	0.6253^{***}	0.5793^{***}
	(12.24)	(8.69)	(8.53)
SEC	2.5991^{***}	2.7458^{***}	2.4204^{***}
	(8.16)	(6.23)	(5.25)
DIS1	-0.1338^{***}	-0.0889^{*}	−0.0760
	(−4.70)	(−2.15)	(−1.82)
DIS2	0.1091^{***}	0.1013^{*}	0.1661^{**}
	(−4.70)	(2.44)	(2.99)
IPC	−0.0190	−1.8827	−0.2490
	(0.02)	(1.63)	(0.12)
SIZE	-0.2335^{***}	-0.4065^{***}	-0.1757^{*}
	(−4.32)	(−5.50)	(−2.00)
JV	0.1092	0.1470	0.0582
	(1.43)	(1.25)	(0.65)
PRIVATE	0.0286	0.0648	0.0503
	(0.28)	(1.25)	(0.37)
SOES	−0.0932	−0.2297	−0.0125
	(−1.00)	(−1.66)	(−0.11)

续表

变量	总体	重工业	轻工业
EL	−0.7180***	−0.8148***	−0.4626*
	(−4.66)	(−4.07)	(−1.97)
常数项	−3.7109*	−3.0792	−1.0079
	(−2.52)	(−1.44)	(−0.57)
R^2	0.68	0.71	0.65
F	259.31	109.35	158.31
拒绝原假设的概率	0	0	0

注：括号内为 t 统计值

***、**、*分别表示在 1%、5%、10%水平上显著

从表 8-3 中可以看出混合截面数据回归的 R^2 值大于 0.7，表示这个模型的拟合优度较好，解释变量能够在很大程度上解释被解释变量；模型的 F 统计值也在很大程度上超过相应的临界值，表明回归方程总体上显著性较强；表 8-3 和表 8-4 两组数据回归结果除了系数值略有改变，其统计性质、符号均保持不变，由此证明了本章计量模型结果的稳健性及实证结果是可靠的。

从模型的总体估计结果可知，如表 8-3 所示，轻、重工业企业集约用地的影响因素存在较为明显的差别，与本章的预期一致，说明工业类型影响着土地集约利用水平，是研究工业用地集约利用问题中不可忽略的重要因素。其中，劳动投入、土地价格、人均地区生产总值和内陆港口城市属性对轻工业的影响要显著于对重工业企业集约用地的影响，而研发投入、政府补贴、城市规模、与区域最大港口距离、企业规模则相对更为显著地制约重工业企业集约用地情况，资本投入、城市化率、第二产业占比、与城市基准地价最高点距离、外资企业属性、私营企业属性、国有企业属性和盈利水平同时影响轻重工业企业集约用地效率，作用效果相差并不明显。具体对比轻、重工业企业集约用地影响因素回归结果可知如下几方面。

（1）轻工业企业集约用地影响因素分析。增加单位土地劳动投入强度可以促进土地集约利用已经被众多学者的研究所证明（王卫斌和王彬，2014），而本章研究结果与理论预期相符，我们关注的重点是投入因素对轻、重工业企业集约用地水平影响的差异。从混合截面数据回归结果可以看出劳动投入要素对轻、重工业企业集约用地水平具有不同的作用强度（劳动投入对轻工业企业集约用地水平弹性达到 0.5094，而对重工业企业集约用地水平弹性仅为 0.3547），这与现实情况基本符合。重工业特点是资本投资较大，形成新生产能力的时间长，而地均所需劳动力较少；轻工业多为中小型且劳动密集型企业，需要大量劳动力投入，而对资本投入需求相对较小，因此轻工业企业增加劳动力投入能够更为明显地促进土地

集约利用。

由表 8-3 可知，土地价格和人均地区生产总值对促进轻、重工业企业集约用地水平的显著程度存在差别，相对而言更有利于促进轻工业企业的土地集约利用水平。原因可能在于，重工业企业最初建立时通常是靠政府划拨或市场转让获得土地，由于土地要素的不可流动性，企业无法像其他要素一样随着企业的发展而逐步增加投入，企业占地面积一旦确定，在短时期内很难改变。而轻工业是生产生活消费品的工业，如食品业加工业、纺织业等，多以中小企业为主体，一般企业最初建立时规模较小，甚至很多企业为以家庭为单位的作坊，随着经济效益和盈利水平的增加会考虑增加土地要素的投入，因此土地价格更为显著地制约着轻工业企业的发展。而人均地区生产总值的提高间接反映了居民生活水平的提高，造成居民对生活消费品需求增加，使轻工业产出效率提升，从而提高轻工业企业集约用地水平。

（2）重工业企业集约用地影响因素分析。从表 8-3 可以看出，研发投入和政府补贴对重工业企业集约用地水平的影响较为显著，而对轻工业企业的影响相对不显著。这一现象与现实情况相符，也与轻、重工业自身特点密切相关。重工业是资本和技术密集型产业，需要大量的投资和不断提高的技术，而研发投入和政府补贴的增加直接体现在重工业企业拥有的专业技术设备的增加、资本的有机构成不断提高，从而促进技术进步，提高土地集约利用水平。

此外，城市规模显著制约重工业企业集约用地情况，从回归系数中可以发现城市规模对重工业企业集约用地水平的影响尤为显著。可能是由于随着城市规模扩大，服务业比重上升而制造业比重下降，从事标准化生产的成熟制造业（多为重工业企业）从大城市中获得的集聚效益较小，却要支付高昂的地租和工资费用，于是向成本较低的中小城市转移。柯善咨和赵曜（2014）的研究证明，产业结构与城市规模相互作用，共同影响城市的产出效率。而本章的实证结果证明第二产业占比增加促进了工业用地集约利用，结合城市规模对工业企业集约用地度的影响可以得出结论，第二产业占比增加对促进工业用地集约利用的作用在小城市较大、在大城市较小，这与豆建民和汪增洋（2010）的研究相一致，即产业结构对城市产出效率的影响因城市规模而异。

不能忽略的是，轻工业和重工业的私人企业性质与外资企业性质对土地利用集约度均有正向影响，与总体样本相一致；对于国有企业，轻、重工业组别的系数分别显著为负。一方面是因为土地获取途径不同，多数国有企业以早期划拨土地为主，土地成本低，利用相对粗放；另一方面则是因为国有企业相对规模较大，还存在改革不彻底、内部激励和监督机制尚未完善等问题，从而抑制了企业生产率的提升，同时制约了企业土地集约利用水平。

8.4 本章小结

本章将广东、江苏、河南、四川和辽宁五个代表性省份的工业企业样本分为轻、重工业分别进行统计分析，并分组做了影响因素的计量回归，结果表现为如下几方面。

（1）重工业企业的各项指标远高于轻工业企业。从企业平均占地面积来看，轻工业与重工业相差近一倍；从企业集约用地水平来看，轻工业与重工业相差近1.75倍。进一步分析行业内部差异，可以发现轻、重工业行业内部都存在用地多寡不均现象，这直接导致工业企业土地产出效率差距明显。

（2）从时间序列分析来看，五个省份轻、重工业的工业企业集约用地水平基本上呈现上升趋势，在2008年和2009年有略微的下降。比较而言，基本上每年重工业的土地集约利用水平都高于轻工业的土地集约利用水平。

（3）影响轻、重工业企业集约用地水平的因素存在明显差别，其中，劳动投入、土地价格、人均地区生产总值和内陆港口城市属性对轻工业企业的影响要显著于对重工业企业的影响；而研发投入、政府补贴、城市规模、与区域最大港口距离、企业规模则相对更为显著地影响重工业企业集约用地水平。

第 9 章　产业结构对工业用地集约利用的影响研究

上一章基于企业微观数据，比较分析了轻、重工业企业的集约用地驱动因素。本章将进一步探讨产业结构对工业用地集约利用的影响。因为结合当前中国国情，实现工业用地集约利用并不能以牺牲经济发展为代价，而只能以转变经济发展方式来实现。事实上，现代经济增长的本质是结构主导型增长，在这种增长中，产业结构很大程度上决定了稀缺资源的配置效果，对经济能否持续快速增长起到了关键作用。相关研究表明产业结构是土地利用的决定性因素，产业结构优化可以使产业关联度增加、经济结构关联度增加，使技术创新在经济增长中的作用更加不容忽视，从而提高土地资源的产出效率（陈羽和邝国良，2009）。

基于此，本章从构成效应和竞争效应两方面构建产业结构指标，进一步建立回归模型，通过计量分析探讨产业结构对工业用地集约利用的影响。

9.1　变量与数据说明

9.1.1　变量说明

同前文一样，用工业用地集约度作为工业用地集约利用水平的度量指标，计算公式同式（6-1）。

对于产业结构的测算，大多数研究采用三次产业的产值结构及劳动力就业结构来衡量。而这些指标只适用于大范围、粗略地对产业结构进行描述和对比，不能细致地体现产业结构对区域经济增长及资源配置的作用。Perloff（2005）将产业结构对区域经济增长差异的贡献分解为两个方面：构成效应和竞争效应。

构成效应表示在国家产业结构中具有强势发展潜力的产业在一个地区总体经济结构中也占有重要地位，表示以产业结构协调化和高度化为主要内容的产业结

构优化的长期变化趋势，测算方法为

$$\text{MIX}=\sum_{i=1}^{n}\frac{E_{ir}^{t}}{E_{r}^{t}}\left(\frac{E_{in}^{t+1}}{E_{in}^{t}}-\frac{E_{n}^{t+1}}{E_{n}^{t}}\right) \tag{9-1}$$

其中，MIX 为产业结构的构成效应；E 为各产业就业数量；i 为各产业；r 和 n 分别为区域和全国；括号中的式子表示从 t 到 t+1 期全国层面上第 i 产业就业增长率与全国就业增长率的差额。

竞争效应衡量了区域与全国同类产业相比以更高的平均增长率发展其产业的能力，即区域产业在国家层面的竞争优势，从经济供给方面衡量区域利用当地优势条件进行专业化生产的能力，区域产业结构竞争效应的测算方法为

$$\text{DIF}=\sum_{i=1}^{n}\frac{E_{ir}^{t}}{E_{r}^{t}}\left(\frac{E_{ir}^{t+1}}{E_{ir}^{t}}-\frac{E_{in}^{t+1}}{E_{in}^{t}}\right) \tag{9-2}$$

其中，DIF 为产业结构的竞争效应；括号中的式子表示从 t 到 t+1 期区域层面第 i 产业增长率与同类产业的全国平均增长率的差异。

9.1.2 变量与数据说明

本章基于构成效应和竞争效应，并纳入主要社会经济指标进行模型构建，主要变量及指标说明见表 9-1。

表9-1 变量及指标说明

变量名称	指标说明
构成效应（MIX）	也称为混合效应，是指结构变化对于产业发展的影响
竞争效应（DIF）	是指产业竞争力对产业发展的影响
人口规模（P）	地区人口数量
人均地区生产总值（PGDP）	本地区所有常住单位在一定时期内生产活动的最终成果
地区固定资产投资（IN）	以货币形式表现的在一定时期内本地区建造和购置固定资产的工作量及与此有关费用的总称
地区人均可支配收入（PCDI）	该地区居民可支配收入/地区总人数

本章选取全国 31 个省区市（不包括香港、澳门和台湾）作为研究样本，考虑到数据的可获得性，选取 2003 ~ 2013 年作为研究样本区间。所有数据均来自《中国统计年鉴》、《中国城市建设统计年鉴》、《中国城市统计年鉴》及《中国国土资源统计年鉴》。经济指标以 2003 年为基期进行平减，剔除价格变动影响。

本章以 2003 ~ 2013 年 31 个省区市 18 个行业的城镇就业人口数据测算产业结构的构成效应和竞争效应，行业划分来自《中国统计年鉴》，考虑到研究对象为工业用地，因此在计算过程中剔除农、林、牧、渔业，利用余下 18 个行业来测算产

业结构的综合指标。

9.2　产业结构对工业用地集约利用的影响分析

9.2.1　模型设定

综合比较以往研究，本章引入 Dietz 和 Rosa（1994）建立的可拓展的随机性的环境影响评估（stochastic impacts by regression on population，affluence，and technology，STIRPAT）模型来分析产业结构对工业用地集约利用的影响，该模型是环境压力等式 IPAT①的扩展形式，被广泛应用于人文因素对环境影响的量化分析中。标准的 STIRPAT 模型为

$$I = aP^b A^c T^d e \tag{9-3}$$

其中，I 为环境影响，而土地利用方式作为环境影响的重要组成部分，该变量为工业用地利用集约度 ILU；a 为常数项；P 为人口规模；A 为人均财富；b、c、d 分别是 P、A、T 的指数项，考虑到单一指标不能准确衡量地区财富差异，本章选取一组变量包括城市人均地区生产总值、城市人均可支配收入及地区固定资产投资来衡量各地区人均财富状况；T 为技术进步水平；e 为误差项。

Combes（2000）的研究成果表明，产业结构调整不仅能营造良好的技术创新环境，而且能通过规模效应、经验效应和范围效应为技术创新提供坚实的产业基础。从一定意义上来说，调整产业结构、转变经济增长方式也是促进区域技术创新的重要途径。因此，技术进步可以通过产业结构演进状况表示，表达式为

$$T = f(s) = T_0 S^{\theta} \tag{9-4}$$

其中，T 为技术进步；S 为产业结构发展状况；T_0 为常数；θ 为产业结构对技术进步的弹性系数。而区域产业结构的发展状况可以用产业结构的构成效应和竞争效应来衡量，因此产业发展状况 S 可以表示为

$$S = S_0 \mathrm{MIX}^{\alpha} \mathrm{DIF}^{\beta} \tag{9-5}$$

其中，S_0 为常数；MIX 和 DIF 分别为产业结构的构成效应和竞争效应；α 和 β 分别为产业结构构成效应和竞争效应对产业结构的弹性系数。将式（9-5）代入式（9-4）中可得

$$T = T_0 \mathrm{MIX}^{\alpha} \mathrm{DIF}^{\beta} \tag{9-6}$$

① I 为环境压力；P 为人口数量；A 为富裕度，即人均消费或人均生产；T 为单位能耗或单位生产总值所产生的环境影响。

将式（9-6）代入式（9-3）中，并取对数得到实证模型：

$$\ln \mathrm{ILU}_i = A_0 + b\ln P_i + c\ln A_i + \lambda_1 \ln\mathrm{MIX} + \lambda_2 \ln\mathrm{DIF} + \varepsilon_i \quad (9\text{-}7)$$

其中，ILU_i 为工业用地土地利用集约度；$A_0 = \ln aT_0^d$；$\lambda_1 = \alpha d$；$\lambda_2 = \beta d$；$\varepsilon_i = \ln e_i$ 为误差项。

9.2.2 结果分析

在进行计量检验之前，首先要选择合适的面板数据模型。在进行豪斯曼检验时，大多数情况下得到的检验结果是应该采用固定效应模型，较少数采用随机效应模型。由上文可知，本章的实证模型中含有时间和省区市的个体效应，但这些不随时间变化的因素如果被纳入固定效应模型中，将会在回归过程中被剔除在外，因此为了不损失可能的驱动因素，本章拟采用随机效应模型。此外关于方程的估计，还需密切关注几个潜在问题：自相关、异方差和多重共线性。在接下来的分析中，我们用伍德里奇检验来检验面板数据自相关，用 LR 检验来检验异方差，并用逐项回归的方法来避免多重共线性。经检验，式（9-7）误差项不存在一阶自相关，但个体间误差项存在异方差。为了消除异方差，本章运用广义最小二乘法来估计个体间的误差项存在异方差的情况。表 9-2 为全国整体回归结果。

表9-2 全国整体回归结果

变量	模型 9-1	模型 9-2	模型 9-3	模型 9-4
lnMIX	0.13**	0.10*		0.11**
	（2.98）	（2.24）		（2.65）
lnDIF	0.09***		0.02*	0.06***
	（7.45）		（2.02）	（9.03）
（lnMIX）^{2}		5.16		4.19
		（1.41）		（0.81）
（lnDIF）^{2}			0.93	0.73*
			（0.06）	（2.47）
ln$P$	−0.26***	−0.29***	−0.15***	−0.28***
	（−7.61）	（−7.87）	（−4.60）	（−6.93）
lnPGDP	0.63***	0.62***	0.64***	0.67***
	（9.45）	（9.50）	（11.59）	（9.33）
lnIN	0.57***	0.56***	0.67***	0.58***
	（12.69）	（16.01）	（17.88）	（13.54）
lnPCDI	0.14*	0.24***	0.02	0.26***
	（2.48）	（4.07）	（0.32）	（3.53）
常数项	−2.67***	−3.03***	−3.07***	−2.97***
	（−24.89）	（−24.93）	（−23.04）	（−21.93）
N	341	341	341	341

注：括号内为 t 统计量

***、**、*分别表示在 1%、5%、10%水平上显著

模型 9-1 ~ 模型 9-4 分别表示不引入二次项、对 lnMIX 和 lnDIF 分别引入二次项、全部加入二次项进行回归。一方面逐项回归可以避免多重共线性；另一方面各个模型拟合系数符号与显著性相同可以验证回归结果的稳健性。

由表 9-2 可知，模型 9-1 中产业结构的构成效应和竞争效应的参数估计显著为正，说明区域产业结构优化升级与区域产业专业化生产能力提升均有利于促进工业用地集约利用。具体地，构成效应每提高 1 个百分点，区域工业用地土地利用集约度就会提高 0.13 个百分点，说明区域产业结构优化升级使各产业构成关系改善，会促进工业用地集约利用；在区域产业平均增长率高于全国水平的前提下，竞争效应每提高 1 个百分点，区域工业用地土地利用集约度就会提高 0.09 个百分点。说明各地区根据自身特点，发展区域优势产业，扩大优势产业规模，进行专业化生产，不仅能够提高地区产业竞争力，还能有效地促进工业用地集约利用。

在模型 9-2 和模型 9-3 中分别引入 lnMIX 和 lnDIF 的二次方项后，估计结果没有发生明显变化，且二次项的估计结果并不显著。这与韩峰等（2013）的研究结果存在差异，他们的研究结果证明产业结构优化升级对土地集约利用的作用存在先减小后增加的“U”形变动趋势。理论上来说，产业结构调整不是一蹴而就的，在调整过程中存在不可忽视的滞后效应，在调整初期可能存在一定的盲目性，导致土地的粗放利用，而随着时间的推移，当产业结构优化程度超过某一临界点时，将促进土地集约利用。例如，三次产业结构调整过程中，在以农业为主导向以工业为主导的结构转变阶段，需要初步完成工业体系建设，但在此阶段大规模增加土地要素和劳动力要素投入并不会马上带来单位土地面积产值增加，反而会在短期内出现土地利用效率降低的情况。而本书的研究对象为工业用地，且时间序列为 2003 ~ 2013 年，研究期间中国处于工业化发展中期阶段，在此阶段工业用地表现为土地的承载功能而非基本的生产功能，因此工业用地上的产业结构调整更侧重于增加资本积累、提高劳动熟练程度、促进技术进步、完善管理等，而非直接追加土地要素投入，以此使工业用地上的产出增加、工业用地利用效率得到提高。此外，中国各地区工业发展水平存在差异，产业结构调整步伐并不一致，经济较为发达的地区产业结构具有更高的合理程度，产业发展和工业化发展更加高级；而经济欠发达地区产业结构发展水平相对滞后，且调节力度不够，因此地区发展差异会掩盖产业结构优化升级对工业用地集约利用可能存在的“U”形影响。

全国整体分组回归中，模型 9-1 ~ 模型 9-4 中人口规模的参数估计均显著为负，说明城镇人口规模增加在一定程度上降低了工业用地集约利用水平。一般来说，城镇区域人口数量增加导致人口对居住用地和基础服务设施的需求增加，继而导致城市建设用地面积增加和土地利用类型转变。而人口规模增加抑制工业用地集约利用的原因可能在于人口增加没有带来相应的就业增加和经济发展，而是消耗了大量的资源，造成规模不经济。城市人均地区生产总值、地区固定资产投资均显著为正，说明地区财富增加有利于促进工业用地集约利用。较好的经济总量反映出区域土地投入与产出的水平较高，即土地呈现集约利用的模式，同时经济增长提升区位价值，能够吸引更多的劳动力和资本投资进而提升区域工业用地产值。

上文分析了全国整体层面产业结构调整对工业用地集约利用水平的影响，考虑到中国各地区工业发展与产业结构调整均存在差异，接下来分东部、中部和西部分别进行估计测算，检验各区域产业结构调整对当地工业用地集约利用水平的影响。

考虑到解释变量与被解释变量呈非线性关系，模型 9-5 ~ 模型 9-13 分别引入二次项，对各地区产业结构的构成效应与竞争效应进行分组回归，同时剖析各区域十年间产业结构的构成效应与竞争效应对当地工业用地集约利用水平影响的变化轨迹。并且，通过对产业结构的构成效应与竞争效应同时引入二次项进行分组回归，进一步检验各个模型拟合系数符号与显著性是否相同，从而验证回归结果的稳健性。

表 9-3 为东部地区的回归结果，从模型 9-5 中可以看出，产业结构构成效应的参数估计显著为正，构成效应每提高 1 个百分点，区域工业用地土地利用集约度就会提高 1.78 个百分点，与全国层面的回归趋势相一致。对比回归结果可以发现，东部地区产业结构的构成效应对促进工业用地集约利用的影响远远高于全国层面，此外，构成效应的二次项系数通过显著性检验，说明东部地区产业结构改善对工业用地集约利用的作用存在先减小、后增加的“U”形变动趋势。从模型 9-6 中可以看出东部地区产业结构的竞争效应指标的参数估计结果与全国整体层面相反，显著为负，说明对于东部地区而言产业结构的竞争效应会抑制工业用地集约利用。模型 9-7 中同时引入结构效应与竞争效应及其二次项后，拟合结果与模型 9-5 和模型 9-6 一致，进一步验证了回归结果的稳健性。东部地区城镇人口规模对工业用地集约利用水平的影响显著为负，与全国层面相一致，即东部地区城镇人口扩张不利于工业用地集约利用；城市人均地区生产总值、地区固定资产投资和城市人均可支配收入均显著为正，与全国层面趋势相一致。

表9-3　东部地区回归结果

变量	东部		
	模型 9-5	模型 9-6	模型 9-7
lnMIX	1.78***		3.13***
	（6.46）		（24.09）
lnDIF		−0.18***	−0.22***
		（−9.22）	（14.54）

续表

变量	东部		
	模型 9-5	模型 9-6	模型 9-7
$(\ln\mathrm{MIX})^2$	74.23***		139.6***
	(6.62)		(22.72)
$(\ln\mathrm{DIF})^2$		1.73***	0.61***
		(13.90)	(12.27)
ln*P*	−0.56***	−0.55***	−0.61***
	(−30.14)	(−34. 46)	(−36.90)
lnPGDP	0.63***	0.64***	0.57***
	(35.29)	(27.91)	(37.72)
lnIN	0.47***	0.52***	0.46***
	(41.05)	(51.28)	(38.38)
lnPCDI	0.83***	0.87***	1.02***
	(28.11)	(23.65)	(47.56)
常数项	−8.17***	−3.82***	−11.88***
	(−11.13)	(−69.61)	(−34.15)
N	121	121	121

注：本书对中国经济区域的划分依据《中国统计年鉴》；其中东部地区包括北京、天津、河北、辽宁、上海、江苏、浙江、福建、山东、广东和海南；中部地区包括山西、吉林、黑龙江、安徽、江西、河南、湖北、湖南；西部地区包括四川、重庆、贵州、云南、西藏、陕西、甘肃、青海、宁夏、新疆、广西、内蒙古。不包括香港、澳门和台湾；括号内为 *t* 统计量

***表示在 1%水平上显著

表 9-4 为中部地区的回归结果，可以看出中部地区与全国层面及东部地区的回归结果总体趋势相一致。从模型 9-8 中可以看出，产业结构构成效应的参数估计显著为正，具体的构成效应每提高 1 个百分点，区域工业用地土地利用集约度就会提高 0.28 个百分点，远远低于东部地区的 1.78 个百分点，可以看出对于中部地区而言，构成效应促进工业用地集约利用的效果远远低于东部地区；构成效应的二次项系数通过显著性检验，说明中部地区产业结构改善对工业用地集约利用的作用同样存在先减小后增加的“U”形变动趋势。从模型 9-9 中可以看出中部地区产业结构的竞争效应指标的参数估计结果与全国整体层面相反、与东部地区相一致，其显著为负，说明对于中部地区而言，产业结构的竞争效应同样会抑制工业用地集约利用。模型 9-10 中同时引入结构效应与竞争效应及其二次项后，拟合结果与模型 9-8 一致，进一步验证了回归结果的稳健性。中部地区城镇人口规模对工业用地集约利用水平

的影响显著为负，与全国层面和东部地区相一致，即中部地区城镇人口扩张同样不利于工业用地集约利用；城市人均地区生产总值、地区固定资产投资和城市人均可支配收入均显著为正，与全国层面及东部地区趋势相一致。

表9-4　中部地区回归结果

变量	中部		
	模型 9-8	模型 9-9	模型 9-10
lnMIX	0. 28**		0. 21**
	（2.16）		（3.09）
lnDIF		−0.14***	−0.04
		（−3.56）	（−0.13）
（lnMIX）^{2}	26.62**		22.76**
	（5.17）		（4.25）
（lnDIF）^{2}		4.35**	0.21
		（3.08）	（0.09）
ln*P*	−1.09***	−1.29***	−1.15***
	（−17.07）	（−28.32）	（−14.62）
lnPGDP	0.11**	0.15***	0.17*
	（2.69）	（4.29）	（2.04）
lnIN	0.57***	0.69***	0.58***
	（8.68）	（14.65）	（7.21）
lnPCDI	2.22***	1.51***	2.17***
	（13.05）	（8.14）	（8.65）
常数项	−1.18*	−3.21***	−1.37
	（−2.23）	（−9.44）	（−1.56）
N	88	88	88

注：括号内为 *t* 统计量

***、**、*分别表示在 1%、5%、10%水平上显著

表 9-5 为西部地区的回归结果，整体上来看与中东部地区存在显著差别。从模型 9-11 中可以看出，产业结构构成效应的参数估计显著为正，具体地，构成效应每提高 1 个百分点，区域工业用地土地利用集约度就会提高 0.10 个百分点，远远低于东部地区和中部地区，说明构成效应对工业用地集约利用的影响系数和显著程度从东到西依次递减；构成效应的二次项系数未通过显著性检验；从模型 9-12 中可以看出西部地区产业结构的竞争效应指标的参数估计结果与中、东部地区相反，与全国层面相一致，其显著为正，说明对于西部地区而言产业结构的竞争效应会促进工业用地集约利用。模型 9-13 中同时引入结构效应与竞争效应及其二次项后，拟合结果与模型 9-11 和模型 9-12 一致，进一步验证了回

归结果的稳健性。不同于其他地区，西部地区城镇人口规模的参数估计显著为正，说明西部地区城镇人口数量增加有利于工业用地集约利用。城市人均地区生产总值、地区固定资产投资均显著为正，与全国层面相一致，且相对于其他区域，西部城市人均地区生产总值和地区固定资产投资对工业用地集约利用水平的影响最为突出。

表9-5　西部地区回归结果

变量	西部		
	模型 9-11	模型 9-12	模型 9-13
lnMIX	0.10**		0.11**
	(2.58)		(3.10)
lnDIF		0.08***	0.08***
		(8.70)	(7.22)
$(\ln MIX)^2$	19.23		15.03
	(2.41)		(1.81)
$(\ln DIF)^2$		1.71	1.68
		(0.31)	(0.58)
ln*P*	0.36***	0.63***	0.38***
	(7.28)	(18.70)	(5.24)
lnPGDP	0.93***	1.07***	1.08***
	(22.21)	(42.14)	(15.98)
lnIN	1.16***	1.41***	1.17***
	(20.89)	(37.73)	(16.64)
lnPCDI	0.28***	0.01	0.48***
	(3.63)	(0.30)	(5.36)
常数项	−2.89***	−2.64***	−3.03***
	(−22.31)	(−93.15)	(−21.56)
N	132	132	132

注：括号内为 *t* 统计量

***和**分别表示在 1%和 5%水平上显著

结合表 9-2 ~ 表 9-4 的回归结果，对比分析产业结构的构成效应和竞争效应的估计结果可以发现：三个区域产业结构的构成效应的参数估计均在不同程度上通过显著性检验，且对工业用地集约利用的影响系数和显著程度从东到西依次递减，这充分说明了中国东部、中部地区经济较为发达，产业结构具有更高的合理程度且优化步伐快于西部地区，因此产业结构的构成效应对工业用地集约利用已经产生较为明显的影响。只有东部和中部地区构成效应的二次项系数通过显著性检验，说明东部和中部地区产业结构改善对工业用地集约利用的作用存在先减小后增加的“U”形变动趋势，这一结果也验证了上文的猜测，即对全国整体进行估计时，地区发展差异掩盖了产业结构优化升级对工业用地集约利用影响可能存在的“U”形变动趋势。而东部和中部地区产业结构的竞争效应指标的参数估计结果与全国整体层面相反，显著为负，说明东部和中部地区产业结构的竞争效应会抑制工业用地集约利用。原因可能在于，东部和中部地区在经过了几十年的快速发展之后，地区产业的竞争优势已经得到了较为充分的发挥，继续大规模投入，只会造成拥堵效应和规模不经济。而西部地区产业结构的竞争效应对工业用地集约利用水平的影响显著为正，说明西部地区虽然产业结构发展水平相对滞后，不及东部地区甚至全国水平，但是可以依据自身的资源优势、区位优势等发展主导产业，依然具有较强的竞争潜力。

此外，从回归结果中可以看出东部和中部地区城镇人口规模对工业用地集约利用水平的影响显著为负，与全国层面相一致，即东部和中部地区城镇人口扩张不利于工业用地集约利用；相反，西部地区城镇人口规模的参数估计显著为正，说明西部地区城镇人口数量增加可以促进工业用地集约利用。原因可能是西部地区相对缺乏劳动力，城镇人口集聚带来了大量的劳动力资源和人才资源，对促进西部地区经济发展和工业用地利用效率提升做出了较大贡献。城市人均地区生产总值、地区固定资产投资和城市人均可支配收入均显著为正，与全国层面趋势相一致。值得注意的是，西部城市人均地区生产总值和地区固定资产投资对工业用地集约利用水平的影响最为突出，相应参数值要大于东部和中部地区，说明越是发达的地区经济增长对促进工业用地集约利用的作用越弱。在发达地区，人均财富的增加使以谋利为目的的土地开发和利用现象增多，造成了土地资源的低效利用和浪费，从而抵消了经济增长对土地利用的积极影响；而在欠发达地区，人均财富增加更有利于土地资源的优化配置，开发闲置土地，提高地均土地投入，促进土地集约利用。

9.3 本章小结

本章选取全国 31 个省区市作为研究样本，采用统计数据测算了产业结构综合指标，然后探讨产业结构调整对工业用地集约利用的影响。结果表现为以下几方面。

（1）从全国层面来看，模型 9-1 中产业结构的构成效应和竞争效应的参数估计显著为正，说明区域产业结构优化升级与区域产业专业化生产能力提升均有利于促进工业用地集约利用。具体地，构成效应每提高 1 个百分点，区域工业用地土地利用集约度就会提高 0.13 个百分点。

（2）从东部地区回归结果来看，构成效应每提高 1 个百分点，区域工业用地土地利用集约度就会提高 1.78 个百分点，与全国层面的回归趋势相一致，但系数要大于全国回归系数。此外，构成效应的二次项系数通过显著性检验，说明东部地区产业结构改善对工业用地集约利用的作用存在先减小后增加的“U”形变动趋势。竞争效应指标的参数估计结果与全国整体层面相反，显著为负，说明对于东部地区而言产业结构的竞争效应会抑制工业用地集约利用。

（3）从中部地区回归结果来看，与全国层面及东部地区的回归结果整体一致。但构成效应的系数为 0.28，远低于东部地区，可以看出对于中部地区而言，构成效应促进工业用地集约利用的效果远远低于东部地区。构成效应的二次项系数通过显著性检验，说明中部地区产业结构改善对工业用地集约利用的作用同样存在先减小后增加的“U”形变动趋势。中部地区竞争效应的参数估计结果与全国相反、与东部地区相一致，其显著为负。

（4）从西部地区回归结果来看，整体上来看与中东部地区存在显著差别。产业结构构成效应的参数估计虽然也显著为正，但系数为 0.10，远低于中、东部地区，说明构成效应对工业用地集约利用的影响系数和显著程度从东到西依次递减。构成效应的二次项系数未通过显著性检验，尚未出现“U”形趋势。而产业结构的竞争效应指标的参数估计结果与中、东部地区相反，与全国层面相一致，其显著为正，说明对于西部地区而言产业结构的竞争效应会促进工业用地集约利用。不同于其他地区，西部地区城镇人口规模的参数估计显著为正，说明西部地区城镇人口数量增加有利于工业用地集约利用。城市人均地区生产总值、地区固定资产投资均显著为正，与全国层面一致，且相对于其他区域，西部地区生产总值和固定资产投资对工业用地集约利用水平的影响最突出。

第 10 章　工业用地要素替代弹性研究

在宏观层面，除了产业结构调整方面的政策导向，资本、劳动等要素的流动性被激活也是经济增长的来源和保障，要素市场环境对于提高经济增长效率起到了关键作用。而土地的集约利用过程其实也是非土地要素对土地要素替代的过程。工业发展前期，资本、技术要素相对稀缺，自动化水平很低，土地要素、劳动力要素的大量投入可以促进工业经济的起步与发展；工业发展中期，一些非工业用地被置换为工业用地，人口红利和廉价的土地资源继续为工业产值上升提供动力，工业规模扩大；工业发展后期，随着资本积累、技术进步、土地边际成本上升，实现其他要素对土地要素的替代更加经济，大量资本、劳动投入原有的工业用地，单位面积土地上的工业产值上升，即集约利用水平上升。准确把握要素间的替代关系，在微观层面上可为经营者调整要素投入结构提供指引，有助于企业家根据要素价格变化采取相应对策；在中观层面上为应对土地价格冲击，实现工业转型提供帮助；在宏观层面上有助于为政府制定合理的工业用地政策提供参考。因此，研究工业化进程中的土地要素替代很有必要。

理论上讲，随着工业用地稀缺性的不断凸显，工业用地在生产要素市场上的相对价格不断攀升，会引起生产中的要素替代，企业会倾向于用劳动、资本等其他生产要素替代土地要素的投入。那么，中国工业化进程发展到现在，是否已经出现了工业用地要素的替代现象呢？本章进一步分析了这个问题：首先，结合经典经济学模型讨论工业化进程中土地要素替代的内在机理并提出理论假说；其次，基于地级市层面工业数据，采用超越对数函数模型计算了近 15 年的工业用地要素替代弹性，揭示其变化规律，并分区域、分阶段进行比较分析；最后，进行了实证检验并讨论分析。

10.1　理论假说的提出

关于土地利用的现有研究多停留于浅层次、单维度，鲜有将要素替代纳入分析框架。基于此，本章结合要素替代，构建相对完整的理论体系并提出理论假说。

10.1.1　基于“资源要素市场化”角度

中国特有的土地管理制度决定了工业用地利用进程的特殊性，在早期计划经济体制下，生产主要是以自上而下的方式进行组织，要素完全由计划者分配，土地也是以划拨的形式配置，难以体现其市场价值。同时，该时期经济增长主要依赖于各要素的复制性投入。某种类型的工厂盈利，就会迅速拓展更多同类厂区以追求更高的经济效应，因为此时土地容易获取，重复性建设可以快速、高效实现，企业基本不考虑要素替代，不断扩大企业规模就能达到目的。在该阶段土地要素与非土地要素间主要呈现为“互补关系”，即政府划拨了土地，配套的资金和劳动力开始投入。

改革开放后，土地资源的配置开始向市场化过渡。在工业发展前期，土地的市场化配置机制尚未完善，地方政府倾向于为了招商引资压低地价，从而造成了资源价格扭曲和资源错配。同时，资本和劳动力作为匹配要素被投入低价的工业用地上，非土地要素与土地要素间依然更多地呈现出“互补关系”。

之后，随着土地市场化改革的逐步深入和耕地红线政策的出台，土地资源后备不足与工业用地需求旺盛的矛盾凸显，土地的稀缺性得以体现，价格开始回归其价值本身。同时，在招标、拍卖或挂牌政策压力下，地方政府操纵土地价格进行招商引资的行为得到很大程度的遏制：一方面遏制了土地的粗放利用；另一方面推升了土地价格。而不断攀升的工业用地价格逐渐提高了企业的用地成本，使原来铺摊子的模式无法保证利润增长。当土地成本上涨到一定程度时，企业就不得不开始考虑投入更多价格相对较低的要素来替代价格相对较高的要素，即用非土地要素投入替代土地要素投入。也就是说，此时土地要素与劳动、资本要素间应主要呈现为“替代关系”。

假说 10-1：随着市场化和工业化发展，现阶段工业生产中土地要素与非土地要素主要应呈现“替代关系”而非“互补关系”。

10.1.2　基于工业化发展梯度角度

中国工业化发展的一大特点就是区域间存在明显的梯度差异。东部地区经历了较长时间的工业高速增长，在此过程中投入了大量工业用地，也吸引了来自中西部的大量劳动力。如今东部地区已基本进入工业化后期，土地稀缺问题日益凸显，依靠土地扩张发展工业的道路已经行不通，需走资本、技术代替土地要素投入的产业升级路径，因此其土地要素替代弹性应该相对较大。

而中国中部地区处于工业化快速推进的过程中，资本、劳动、技术都与东部地区存在较大差距，而且中部地区城市化水平低，为了保证国家粮食安全，大量土地用于农耕，工业用地面积占比较小。东部地区产业升级和“中部地区崛起”战略需求导致一些运输费用和出口需求较低的产业由东部搬移至中部，使中部地区对资本和劳动力产生旺盛需求。中部地区部分农业用地转化为工业园区，而由于经济环境和基础建设方面的劣势，一些地区对资本、劳动力的吸引力不足，土地资本广化和深化度低，还处于资本、劳动能有效替代土地面积投入的阶段，因而土地要素替代弹性应该较大。

西部土地较为丰沛，受区域政策和经济水平等多方面因素的影响，大部分地区还处于工业用地面积扩张阶段，因而其土地要素的替代弹性相较于东中部地区应该较低。

假说 10-2：不同工业发展梯度下的区域，工业用地要素替代弹性也应具有一定的阶段性特点，东中部地区土地要素弹性应该大于西部地区。

10.1.3 基于“技术进步偏向性”角度

创新和技术变革使同等投入获得更多产出，即全要素生产率提高，因而是经济增长的关键因素。新增长理论认为技术变革是经济体系的一种产出，而且在一定程度上是非竞用的。开放经济条件下，发展中国家技术进步不仅源于国内的研发活动，还可以通过引进、模仿和吸收发达国家先进技术实现技术进步甚至技术追赶（陶小马等，2009）。技术进步通过两种渠道影响要素使用强度：一种是在投入要素不变情况下的产出增加；一种是由于要素间的边际替代率发生变化，引发要素间发生替代作用，此时，替代弹性通过“诱导创新”促进经济发展和土地资源效用最大化。在改革开放过程中，先进技术和管理理念的引入及发展大大提高了生产效率，单位面积土地上的工业投入创造了更多价值。然而东中西部地区由于要素禀赋和市场化程度差异，亟须的技术提升也应有不同特征，技术进步应体现出一定的偏向性。

假说 10-3：东中西部地区技术进步偏向性不同，且随着要素稀缺度变化而变化，技术进步偏向于相对稀缺的要素。

10.2 要素替代弹性模型推导

目前研究要素替代弹性常用的函数模型有 CES 生产函数（constant elasticity of substitution of production function，固定替代弹性生产函数）和超越对数函数。相比 CES 生产函数，超越对数函数模型易于估计，适用于多要素计算，而且该模型对特定参数（如产出弹性、替代弹性）无须先验设定，可完全由实际数据估计与检验（郝枫，2015）。凭借以上优势，超越对数函数在研究多要素模型中的替代弹性、技术进步偏向等方面得到广泛应用。超越对数函数实际上包含一簇函数：超越对数生产函数、超越对数价格函数和超越对数成本函数。理论上来讲，三种形式在揭示替代弹性势能方面有相同的效果。结合可得数据，本章采用超越对数生产函数进行弹性值测算。

首先确定替代弹性概念，Hicks（1932）最早提出生产要素之间的替代弹性，表示两种要素投入之比的变化率与其相对价格变化率的比值。罗宾逊关于替代弹性的定义也流传广泛，即要素替代率度量（给定产出不变时）边际替代率百分比变化引致的要素比例百分比变化。随着学科发展，多要素替代弹性计算需求促使替代弹性定义不断扩展，其他的替代弹性如直接替代弹性（direct elasticity of substitution，DES）、Allen 替代弹性（Allen elasticity of substitution，AES）、Morishima 替代弹性（Morishima elasticity of substitution，MES）等弹性定义也逐渐出现。

（1）两要素替代弹性：在两要素生产函数 $Y=f(K,L)$ 中，根据 Hicks 替代弹性的定义，资本 K 与劳动 L 之间的替代弹性为

$$\sigma=-\frac{\mathrm{dln}\left(\frac{L}{K}\right)}{\mathrm{dln}\left(\frac{fL}{fK}\right)}=\frac{\mathrm{dln}\left(\frac{fL}{fK}\right)}{\mathrm{dln}\left(\frac{L}{K}\right)}=\frac{\mathrm{dln}(K/L)}{\mathrm{dln}(fL/fK)} \tag{10-1}$$

其值域为 0 到正无穷，取值越大，表明要素之间替代性越强。通常以 1 为界，弹性值>1 称为强替代关系；弹性值<1，称为弱替代关系；弹性值=1，说明两要素之间存在比例替代关系。

（2）多要素替代弹性：多要素生产函数比两要素之间替代弹性的测度复杂，包括 DES、AES、MES 等不同的弹性定义。各种定义的核心问题在于，当考察某对要素之间的替代关系时，对其他要素数量与价格是否保持不变的假设。不同假设引出多种定义，并导致计算结果不同。本章采用最接近 Hicks 弹性定义的 DES 定义。多要素情形下，生产要素 i 与 j 之间的 DES 定义为：给定产出、其他要素投入数量和边际产品不变时，二者边际替代率相对变化导致要素比率相对变化，其公式为

$$\sigma_{ij}=\frac{\mathrm{dln}(X_j/X_i)}{\mathrm{dln}(f_i/f_j)}=\frac{\mathrm{dln}(X_i/X_j)}{\mathrm{dln}(f_j/f_i)}=\sigma_{ji} \tag{10-2}$$

DES 弹性值仍具有对称性，但值域扩展至整个实数轴：取值大于零，要素之间为替代关系；取值小于零，要素之间为互补关系；取值等于零，说明要素之间不存在替代或互补关系。

（3）作者基于超越对数生产函数进行 DES 公式推导，过程如下。

超越对数生产函数指数形式为

$$Y = f\left(X_1, X_2, \cdots, X_n\right) = A\prod_i X_i^{a_i} \prod_j X_i^{\frac{1}{2}\left[\sum_j a_{ij} \ln X_j\right]} \tag{10-3}$$

超越对数生产函数惯用形式为

$$\ln Y = \alpha_0 + \sum_i \alpha_i \ln X_i + \frac{1}{2}\sum_i \sum_j \alpha_{ij} \ln X_i \ln X_j \tag{10-4}$$

结合本章研究对象，建立超越对数函数模型如下：

$$\begin{aligned}\ln Y = {} & \beta_0 + \beta_K \ln K + \beta_S \ln S + \beta_{KK}\left(\ln K\right)^2 + \beta_{LL}\left(\ln L\right)^2 + \beta_{SS}\left(\ln S\right)^2 \\ & + \beta_{KL}\ln K \ln L + \beta_{KS}\ln K \ln S + \beta_{LS}\ln L \ln S\end{aligned} \tag{10-5}$$

其中，Y 为工业产出；K 为资本投入；L 为劳动投入；S 为土地投入。

以 K、L 为例推导弹性表达公式：两要素的边际替代率为

$$\varphi = -\frac{\mathrm{d}K}{\mathrm{d}L} = \frac{\mathrm{MPL}}{\mathrm{MPK}} = \frac{\dfrac{\partial Y}{\partial L}}{\dfrac{\partial Y}{\partial K}} = \frac{K}{L}\frac{\dfrac{\partial \ln Y}{\partial \ln L}}{\dfrac{\partial \ln Y}{\partial \ln K}} = \frac{K}{L}\frac{\eta_L}{\eta_K} \tag{10-6}$$

其中 η_K 为 K 的产出弹性：

$$\eta_K = \frac{\mathrm{d}Y / Y}{\mathrm{d}K / K} = \frac{\mathrm{d}\ln Y}{\mathrm{d}\ln K} = \beta_K + 2\beta_{KK}\ln K + \beta_{KL}\ln L + \beta_{KS}\ln S \tag{10-7}$$

对边际替代率 φ 取全微分：

$$\mathrm{d}\varphi = \frac{\partial \varphi}{\partial K}\mathrm{d}K + \frac{\partial \varphi}{\partial L}\mathrm{d}L \tag{10-8}$$

分别对 φ 的两种要素求偏导数：

$$\frac{\partial \varphi}{\partial K} = \frac{1}{L}\left(\frac{\eta_L + \beta_{KL}}{\eta_K} - \frac{2\beta_{KK}\eta_L}{\left(\eta_K\right)^2}\right) \tag{10-9}$$

$$\frac{\partial \varphi}{\partial L} = \frac{K}{L^2}\left(\frac{2\beta_{LL}}{\eta_K} - \frac{\eta_L(\eta_K + \beta_{KL})}{\left(\eta_K\right)^2}\right) \tag{10-10}$$

然后求边际替代率 φ 的变化率：

$$\begin{aligned}\mathrm{d}\ln\varphi &= \frac{\mathrm{d}\varphi}{\varphi} \\ &= \frac{1}{\varphi}\frac{\partial \varphi}{\partial K}\mathrm{d}K + \frac{1}{\varphi}\frac{\partial \varphi}{\partial L}\mathrm{d}L \\ &= \frac{1}{K\eta_L}\left[\left(\eta_L + \beta_{KL}\right) - \frac{K}{L}\frac{\eta_L}{\eta_K}L\frac{2\beta_{KK}}{K}\right]\mathrm{d}K + \frac{1}{K\eta_L}\left[K\frac{2\beta_{LL}}{L} - \frac{K}{L}\frac{\eta_L}{\eta_K}\left(\eta_K + \beta_{KL}\right)\right]\mathrm{d}L\end{aligned} \tag{10-11}$$

接着求出要素比率的变化率：

$$\mathrm{dln}\left(\frac{K}{L}\right)=\frac{\mathrm{d}\left(\frac{K}{L}\right)}{\frac{K}{L}}=\frac{\mathrm{d}K}{K}-\frac{\mathrm{d}L}{L} \tag{10-12}$$

要素比率变化率与要素边际替代率变化率之比即为弹性表达式：

$$\sigma_{KL}=\frac{\mathrm{dln}\left(\frac{K}{L}\right)}{\mathrm{dln}\varphi}=\frac{K\eta_L(\frac{\mathrm{d}K}{K}-\frac{\mathrm{d}L}{L})}{\left[(\eta_L+\beta_{KL})-\frac{K}{L}\frac{\eta_L}{\eta_K}L\frac{2\beta_{KK}}{K}\right]\mathrm{d}K+\left[K\frac{2\beta_{LL}}{L}-\frac{K}{L}\frac{\eta_L}{\eta_K}(\eta_K+\beta_{KL})\right]\mathrm{d}L} \tag{10-13}$$

由式（10-5）可以推导得到

$$\mathrm{d}K=-\frac{K}{L}\frac{\eta_L}{\eta_K}\mathrm{d}L \tag{10-14}$$

将式（10-14）代入弹性表达式，且分子分母同时除以 $\mathrm{d}L$ ，可整理得出

$$\sigma_{KL}=\frac{-\frac{K}{L}\frac{\eta_L}{\eta_K}\left(\frac{\mathrm{d}K}{K}-\frac{\mathrm{d}L}{L}\right)}{\left((\eta_L+\beta_{KL})-\frac{K}{L}\frac{\eta_L}{\eta_K}L\frac{2\beta_{KK}}{K}\right)+\left(-\frac{K}{L}\frac{\eta_L}{\eta_K}\right)+\left(K\frac{2\beta_{LL}}{L}-\frac{K}{L}\frac{\eta_L}{\eta_K}(\eta_K+\beta_{KL})\right)} \tag{10-15}$$

分子分母同时除以 $-\frac{K}{L}\frac{\eta_L}{\eta_K}$ 可以得到简洁版替代弹性表达式：

$$\sigma_{KL}=\frac{1}{1+2\frac{\beta_{KL}-\frac{\eta_L}{\eta_K}\beta_{KK}-\frac{\eta_K}{\eta_L}\beta_{LL}}{\eta_L+\eta_K}} \tag{10-16}$$

其中，η_K 为 K 的产出弹性，可由式（10-7）计算；β_{KL} 为 $\ln K\ln L$ 项的回归系数；β_{KK} 为（$\ln K$）^{2} 项的回归系数；其他可类推。

10.3　工业用地要素替代弹性计算与假说检验

10.3.1　数据说明

目前，关于工业经济研究使用最多的数据是中国工业企业数据库和《中国工业经济统计年鉴》，而土地投入方面，可参考的数据很少，多数统计年鉴的土地统计数据是把工业用地并入建设用地进行统计，这也是之前学者考量土地集约利用

中替代关系时采用建设用地的原因。为了具有针对性地分析工业用地替代弹性，本章结合数据的可得性和数据统计口径的一致性，最终采用《中国城市统计年鉴》和《中国城市建设统计年鉴》中的相关工业经济与工业用地统计数据，同时结合了中国地价监测网的工业用地价格指数。

本章数据时间段为 1999～2013 年，在此期间，工业经济增长经历了从 1999 年工业增加值增长率 8.5%到 2007 年的 14.9%的高速发展，再到工业增速下降至经济增长“新常态”、工业增长减缓、工业结构优化、区域差异缩小的阶段性变化，是具有代表性和研究价值的阶段。函数模型中 Y、K、L、S 分别表示工业产出、资本投入、劳动投入、土地投入，具体指标采用中国地级市（为城市的全部行政区域，包括城区、辖县、辖市）规模以上工业企业的工业总产值、企业净资产年平均值、企业年平均从业人数和工业企业用地面积（工业企业用地中包括工矿企业的生产车间、库房及附属设施等用地，包括专用铁路、码头和道路等用地，不包括露天矿用地）。本章依照国家统计局 2011 年提出的标准划分了东中西部，并分别对三大区域的各项投入指标进行测算和比较分析。

由于超越对数生产函数的交叉项很多，容易产生多重共线性问题，为克服这一问题，本章采用岭回归的方法。为验证理论假说，本章对超越对数生产函数模型进行回归，得到各项系数，然后分别计算资本、劳动、土地之间的替代弹性数值。

10.3.2　结果分析

首先计算了 1999～2013 年来全国范围内工业生产中各要素间替代弹性数值，结果如图 10-1 所示，其中，KL 弹性为资本与劳动要素的替代弹性；KS 弹性为资本与土地要素的替代弹性；LS 弹性为劳动与土地要素的替代弹性。

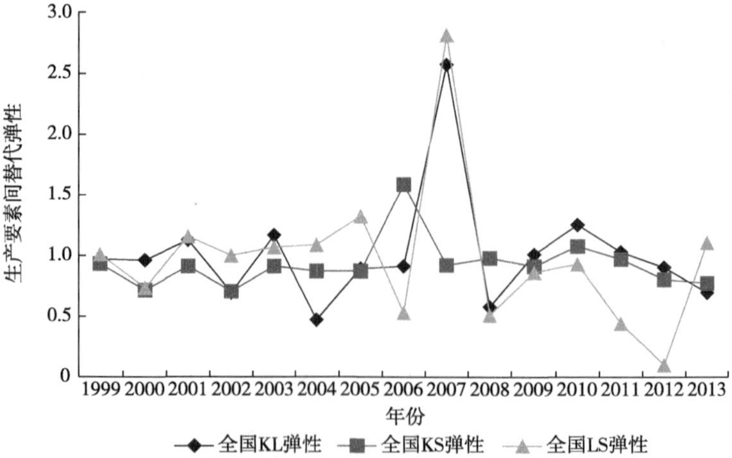

图 10-1　全国工业各要素替代弹性历史变化（1999～2013 年）

为了比较不同区域工业发展进程中替代弹性变化趋势，本章又分别计算了 1999～2013 年东部地区、中部地区、西部地区各要素替代弹性，结果如图 10-2～图 10-4 所示。

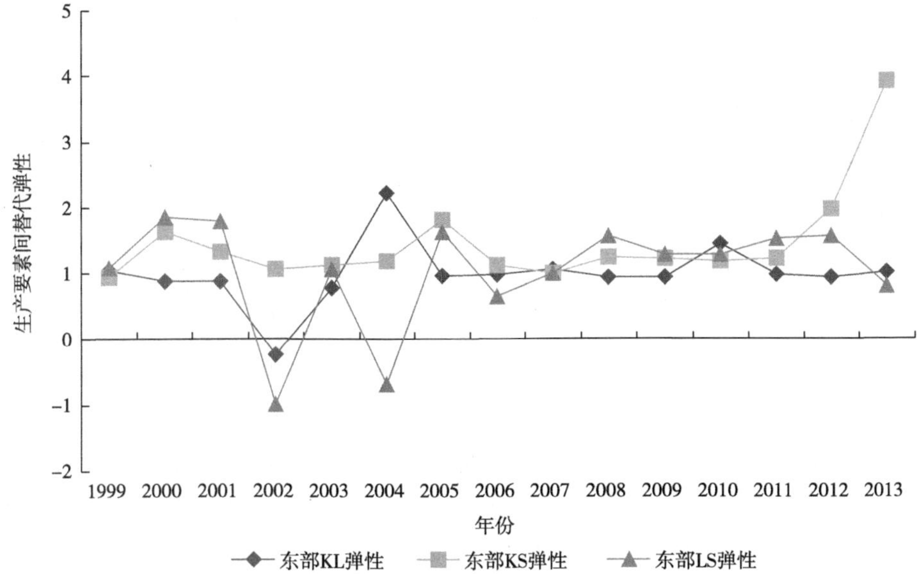

图 10-2　东部地区工业各要素替代弹性历史变化（1999～2013 年）

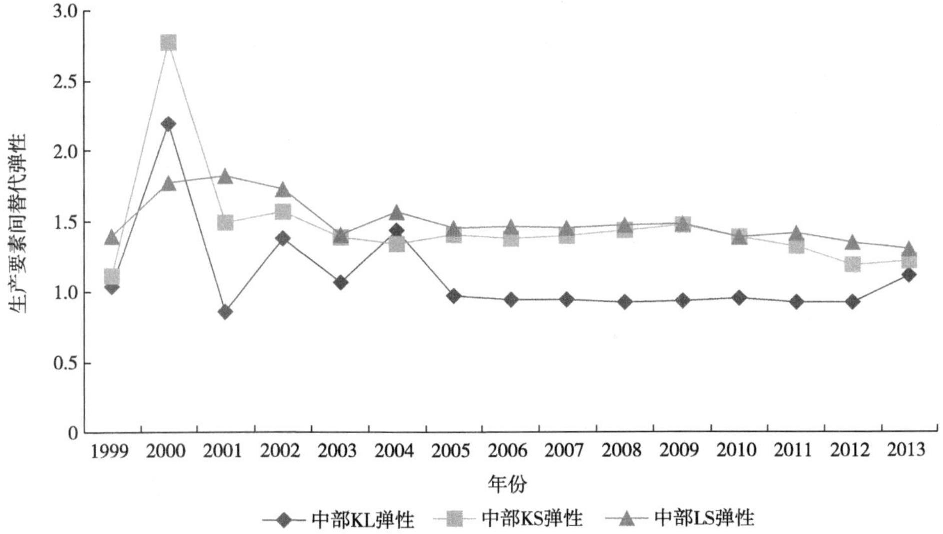

图 10-3　中部地区工业各要素替代弹性历史变化（1999～2013 年）

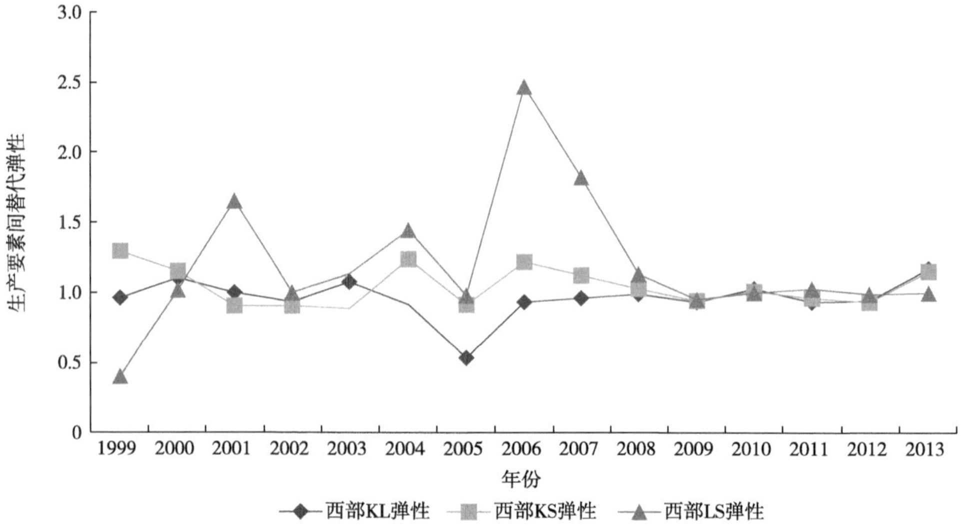

图 10-4 西部地区工业各要素替代弹性历史变化（1999～2013 年）

由图 10-1～图 10-4 可以看出，1999～2013 年仅有个别年份的弹性数值小于零，多数年份弹性数值为正，由此表明无论是全国层面还是东中西部地区层面，工业资本、劳动和土地要素之间呈现较好的可替代性。具体来看，东中西部要素替代弹性趋势各不相同，2010 年以后，东部地区资本土地替代弹性呈现显著上升态势，而资本劳动替代弹性呈相反态势，表明东部地区进入工业化后期，开始走资本、技术密集型道路，理论假说 10-1 基本得以印证。下面具体基于理论假说的三个方面进行实证结果解析。

（1）资源要素市场化角度。改革开放促进了经济市场的发展、要素流动和资源价值回归。随着金融市场逐步开放、利率市场化和土地市场化的推进，资本使用价格逐渐降低，而土地价格逐年攀升，土地要素价格扭曲现象有所好转。为了实现利润最大化的目标，企业倾向于更多地投入资本要素以代替土地要素。同时，技术进步和更完善的管理水平可以保证二者之间具备高替代性条件，替代弹性值较大，企业在投入更多相对价格较低的要素时不会出现由于边际产出递减而产量大幅下降的现象。

从中国区域间比较来看，东部地区相对于中西部地区的市场化程度要高，这在相关研究中得以证实，樊纲等（2003）在综合考察多因素的基础上测算了各个地区的市场化指数，发现东中西部地区在市场化进程方面有显著差异，东部最高，中部次之，西部最低。从实证结果可以看出，除 2002 年及 2004 年外，东部地区各要素替代弹性均在 0～2 浮动，中部地区资本土地和劳动土地间的替代弹性接近于 1.5，而西部地区三要素间替代弹性均较低，基本在数值 1 上下浮动，由此初步验证了理论推断，即土地市场化程度高的地区替代弹性也较高。

在比较分析横向区域的基础上，本章进一步以经济相对成熟的长三角和珠三角为例，从纵向时间序列观察土地市场化与要素投入之间的关系。采用 2000～2014 年的工业用地价格指数作为东部地区工业用地价格的代表（图 10-5），同时计算东部地区要素投入变化趋势（图 10-6）。

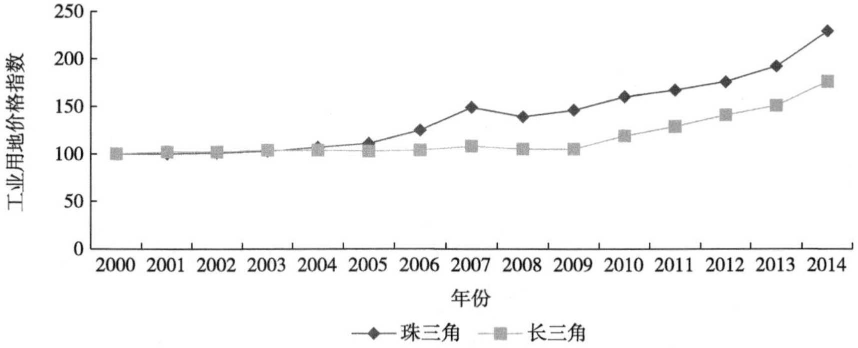

图 10-5　中国历年工业用地价格指数表（2000～2014 年）

资料来源：中国地价监测网，以 2000 年为基期

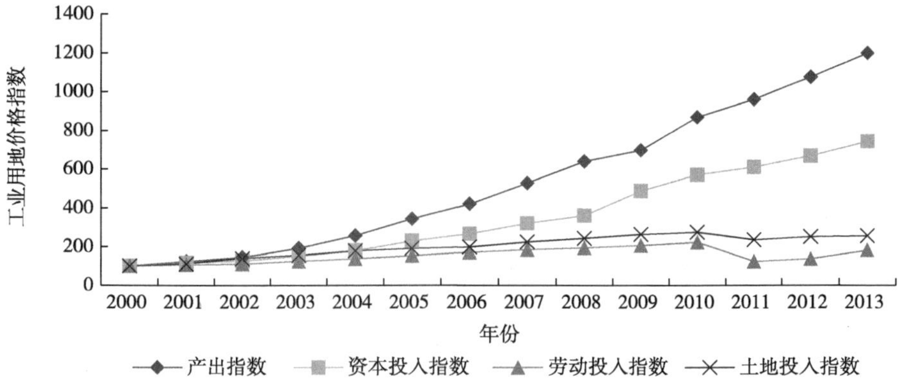

图 10-6　东部地区工业产值和各要素投入的均值指数（2000～2013 年）

以 2000 年为基期

由图 10-5 可知，2010 年以来，长三角和珠三角地区工业用地价格呈现显著上涨态势，土地要素市场化在加速推进，这种趋势下，企业必然倾向于在原有的厂区投入更多要素，而非投入土地要素建新厂（图 10-6 中，2010 年之后土地投入量下降后处于基本不变的状态，可以印证该推论），从而促进了要素替代。结合图 10-2 可知，东部地区 2010 年以后资本土地要素间替代弹性明显上升，由此也印证了理论假说 10-1，即随着土地要素市场化程度的提高，要素替代弹性也随之提高。而土地价格市场化水平提高对工业用地集约利用有显著的正向影响这一论断，在相关研究中也得到了证实（赵爱栋等，2016b）。

（2）工业化发展梯度角度。改革开放以来，中国区域发展战略大致经历了先向沿海倾斜再到西部大开发和中部地区崛起的历程，这导致了东中西部地区工业化水平存在不均衡和梯度差。东部地区借助政策扶持和区位优势以良好的发展势头完成原始资本积累，大量要素投入显著提升土地利用集约度，这在之前的研究中已经得以证明（张琳和王亚辉，2014；张琳等，2015b）。而后，东部“腾笼换鸟”和中、西部“筑巢引凤”形成了工业梯度转移格局，这在相关研究中也得以验证。早期陈佳贵等（2006）结合经济发展水平、产业结构、工业结构、就业结构、空间结构对中国省级区域进行工业化水平研究，结果表明东部地区工业化水平显著高于中、西部地区。进一步地，庞瑞芝和李鹏（2011）针对新型工业化增长的研究表明改革开放初的不均衡发展战略显著拉大了沿海与内陆的差距，而20世纪 90 年代后执行的一系列区域协调发展政策未能有效改观中国区域工业化水平分化的格局，目前东中西部的工业化发展呈现出明显的梯度。

结合本章实证结果分析三个区域资本土地替代弹性，东中西部 1999～2013 年资本土地替代弹性时序变化如图 10-7 所示。

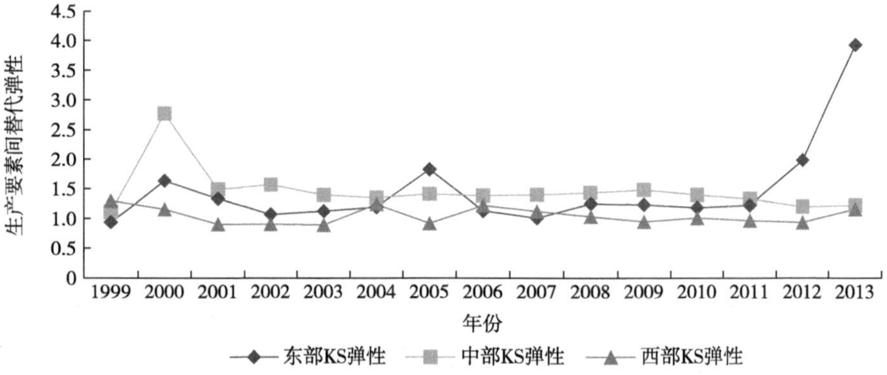

图 10-7　东中西部资本土地替代弹性历史变化（1999～2013 年）

由图 10-7 可以看出，2000～2010 年三个地区的资本土地替代弹性处于相对稳定阶段，值得注意的是中部地区弹性值最高，在 1.5 上下浮动，表明中部地区在这一个阶段资本缺口大，土地要素能被资本有效替代，结合图 10-3 中该时期中部地区劳动土地替代弹性，发现二者数值和变化趋势相似，这也反映了这个阶段中部地区出现了为了招商引资，大量建设工业园区、以较低价格出让土地，而相应的资本和劳动力未能及时投入的现象。2010 年后东部地区的资本土地替代弹性上升趋势显著，结合图 10-2 可发现该时期的劳动土地替代弹性下降趋势明显，这表明在工业化阶段相对成熟的东部地区，劳动投入已经不能高效替代土地投入，而资本投入优势明显，劳动密集型产业正向资本密集型产业快速转变。由此，假说 10-2 得以验证，即不同工业发展梯度下的区域，工业用地要素替代弹性也具有一定的阶段性特点，东中部地区弹性大于西部地区。

在此背景下，想要满足工业化发展到一定阶段后的产业转移和升级需求，中、西部地区和东部地区需形成良好的产业承接链条，并且要协调各区域间的资源禀赋与要素匹配。中西部地区利用劳动力和土地资源的比较优势承接工业转移，而东部地区则发挥资本、技术和管理水平优势，完成对土地要素投入的替代，推动产业升级。

（3）技术进步偏向性角度。技术进步是提高要素使用效率的重要途径。东部地区资本要素充沛，中部地区劳动力相对丰富，西部地区土地资源丰沛，各要素的稀缺性不同导致不同地区要素价格有很大差异，进而引发技术进步偏向。

本章选取了东部工业较发达六个省市、中部六个省和西部工业欠发达六个省为代表性地区，分别计算其技术进步偏向，以期进一步探讨要素替代弹性对工业经济和集约用地影响的传导路径。超越对数生产函数的技术进步测度可以通过计算要素边际替代率随时间的变动求得，以土地（S）资本（K）间技术进步偏向 bias sk 为例，bias sk=$\frac{\beta_s}{\eta_s}-\frac{\beta_k}{\eta_k}$，若该值为正，则表示提升土地要素效率的技术进步要快于提升资本要素的技术进步，其含义为技术进步引起的土地边际产出增长率大于资本边际产出增长率；为负，反之。

由表 10-1 可知，东部地区工业企业发展较为成熟，技术进步偏向值由负到正的趋势很明显，早期技术进步偏向于提升资本要素的边际产出，而 2005 年后，多数年份提升土地要素边际产出的技术进步要快于提升资本要素边际产出的技术进步，表明在发展过程中，土地资源稀缺性逐渐显现，技术进步开始偏向于提升土地的利用效率。中部地区处于工业化快速推进时期，技术进步偏向也有此趋势。

表10-1　各地区技术进步偏向

年份	东部		中部		西部	
	bias sk	bias sl	bias sk	bias sl	bias sk	bias sl
1999	−	−	+	−	−	−
2000	−	−	−	+	−	−
2001	−	−	−	−	−	−
2002	−	−	−	−	−	−
2003	−	−	+	+	−	0
2004	−	−	+	+	−	+
2005	+	+	+	+	−	−
2006	+	+	+	+	−	−
2007	+	+	+	+	−	−
2008	−	−	+	+	−	+

续表

年份	东部		中部		西部	
	bias sk	bias sl	bias sk	bias sl	bias sk	bias sl
2009	+	+	−	−	−	−
2010	+	+	+	+	+	−
2011	+	+	+	+	+	+
2012	−	−	−	+	+	−
2013	+	+	−	+	−	−

而西部地区更多地表现出资本、劳动力的技术进步偏向，技术进步倾向于促进资本和劳动力的使用效率，投入更多的资金和劳动力，相对于东部和中部地区，西部地区更加需求资本和劳动力。与中国实际状况吻合，同时假说 10-3 得以验证。即东中西部地区技术进步偏向性有所不同，且随着要素稀缺度变化而变化，技术进步偏向于相对稀缺的要素。

10.4　本章小结

工业发展进程中的要素替代是企业优化资源配置的重要途径，也是促进工业用地集约利用的驱动因素，准确把握生产要素之间的替代关系能够为正确引导土地要素合理利用提供有益参考。因此，本章通过 1999 ~ 2013 年面板数据，运用包含资本、劳动力和土地投入的超越对数生产函数模型，分别测算了全国及东中西部地区要素替代弹性，并分析了其区域差异及变化趋势，验证了相关的理论推断。结果表明如下内容。

（1）整体上看，1999 ~ 2013 年仅有个别年份的弹性数值小于零，多数年份的弹性数值为正，由此表明无论是全国层面上还是东中西部地区层面，工业资本、劳动和土地要素之间呈现较好的可替代性。具体来看，东中西部要素替代弹性趋势各不相同，2010 年以后，东部地区资本土地替代弹性呈现显著上升态势，而资本劳动替代弹性呈相反态势，表明东部地区进入工业化后期，开始走资本、技术密集型道路。

（2）从资源要素市场化角度来看，随着土地要素市场化程度的提高，要素替代弹性也随之提高，说明土地市场化水平的提高有助于促进土地要素替代，提高土地利用集约度。

（3）从工业化发展梯度角度来看，东部地区工业化进入中后期，进入资本、技术、用地密集的阶段，土地与资本间替代弹性较大。中部地区处于工业化快速推进的过程中，对资本、劳动需求旺盛，土地与其他要素替代弹性值也相对较大。而西部地区工业化水平较低，土地相对丰裕，因此土地与其他要素间替代弹性数值较小。

（4）东中西部地区资源禀赋的差异也导致地区间技术进步偏向性有所不同。工业化程度较高的东部地区技术进步偏向值由负到正的趋势很明显，早期技术进步偏向于提升资本要素的边际产出，而 2005 年后，多数年份提升土地要素边际产出的技术进步要快于提升资本要素边际产出的技术进步。由此表明近年来土地资源稀缺性逐渐显现，技术进步开始偏向于提升土地的利用效率。中部地区处于工业化快速推进时期，技术进步偏向也有此趋势。而工业化进程相对落后的西部地区技术进步依然偏向于相对稀缺的资本和劳动要素。

第 11 章　政策分析与优化建议

11.1　中国工业用地政策演化

本书在第 4 章已经系统梳理了中国土地政策的演化历程及现行的工业用地利用政策。整体来看，改革开放后工业用地政策导向经历了如下的演变过程。

改革开放初期到 20 世纪 90 年代，土地二级市场开放，正处于土地向有偿使用转变的过渡阶段，政策主要集中于制定土地出让办法、企业使用土地暂行条例等一系列土地出让的规范性措施，通过土地有偿使用和逐渐推行的市场机制探寻实现土地合理分配及利用的新途径。自 20 世纪 90 年代末起，国家大力推行土地市场化改革，加强土地资产管理和土地调控，并通过土地市场机制、土地用途管制等方式推动土地集约利用水平的提升。2008 年至今，中国不断出台土地集约利用相关政策，地方政府也纷纷响应国家政策，采取加强建设项目、工业项目用地管理等促进土地集约利用的政策措施，大力倡导并严格要求实现工业用地的集约利用。

通过政策梳理可以看出，从早期对土地有偿使用和市场机制的探索，到以提高土地利用效率为重点，不断强调土地集约利用，工业用地集约利用已成为现阶段中国土地管理工作的重点之一。具体来看，2008 年国务院发布《国务院关于促进节约集约用地的通知》，2014 年国土资源部发布了《节约集约利用土地规定》和《国土资源部关于推进土地节约集约利用的指导意见》，制定严格的土地节约集约利用制度，要求提高土地利用效率、实现资源的优化配置。同时，近年来国家有关部委发布的《土地利用年度计划管理办法》《建设项目用地预审管理办法》等政策公告，以及《国土资源“十三五”规划纲要》都要求盘活存量建设用地、控制建设用地增加量、健全集约用地控制标准与推广节地模式和技术等。

此外，随着中国经济发展进入转型的新时期，在促进土地集约利用、提高土地资源使用效率的同时，国家也在通过土地调控促进产业升级发展和布局优化，2010 年国务院发布《国务院关于中西部地区承接产业转移的指导意见》，以及 2015 年国土资源部、国家发改委、科技部等国家部委联合发布的《关于支持新产业新业态发展促进大众创业万众创新用地政策的意见》，倡导优先安排新产业用地供应。对新产业发展快、用地集约且需求大的地区，可适度增加年度新增建设用地指标，并且引导新产业集聚发展。这也意味着，土地资源管理参与国民经济与产业发展的程度越来越深入，也越来越主动。

11.2　政策分析与述评

由工业用地政策的演化分析可知，伴随着中国工业化的快速发展，工业用地相关政策也在迅速发展与完善，并取得了很大成就，对土地资源配置和利用、产业发展乃至国民经济起到了积极的推动作用。但毕竟发展时间较短，目前尚存在一些不足，接下来本书将从以下几方面进行分析。

11.2.1　工业用地供应政策

总体上，中国城市建设用地供应政策秉承持着“严控增量、盘活存量”①的主旨，严格控制新增建设用地数量。在此基础上，工业用地供应始终保持着总量锁定、增量递减、存量优化、流量增效、质量提高的原则。从全国整体来看，工业用地供应数量在不断收紧，本书第 4 章的统计分析数据也表明，自 2003 年开始工业用地占建设用地比例整体呈下降趋势，但从区域横向对比的角度分析，中国目前的土地供应呈现出东部沿海地区收紧，中、西部宽松的局面。20 世纪末到 21 世纪初，国家先后实施“西部大开发”“振兴东北”“中部地区崛起”的区域发展战略。为实现区域发展战略，2003 年开始中西部工业用地供应数量大幅增加，大力开展开发区建设和新城区建设。

国家实行的一系列区域发展战略，有效地带动了区域经济发展。然而，区域政策虽有所倾斜，但也应该是因地制宜、细致全面才好。有研究表明，2003 年以来，政府开始实行倾向于中西部的土地供应政策，相应压缩东部的土地供应，造成东部地区房价快速上升，进而推升了东部地区的工资上涨。研究认为，忽视地理对于经济发展的关键作用，用行政手段来干预土地资源在区域间的配置，可能对经济发展效率和竞争力产生负面影响（陆铭等，2015）。

此外，在利用土地政策推动区域经济发展的同时，也要考虑到政策的长期效应，不能只看短期发展。如果为了促进中西部发展，而实行过于宽松的供应政策，

① 《国土资源部关于推进土地节约集约利用的指导意见》. http://www.gov.cn/xinwen/2014-09/26/content_2756852.htm[2020-05-14].

也可能会造成工业用地利用效率低下、粗放等问题。政策力度不应先放后紧，而应结合具体区域发展情况，细致定位，把握好调控力度，从长期上实现经济增长和资源有效利用。

11.2.2　工业用地市场化政策

自 2006 年国家开展工业用地招标、拍卖或挂牌出让方式以来，大力推行工业用地市场化改革，显著提高了中国工业用地利用效率，尤其是对于中西部地区。但是，一方面，中国工业用地市场化发育由于尚不成熟，未能充分体现土地资源价值；另一方面，地方政府的工业用地引资竞争行为对工业用地出让市场产生了不合理干预，造成土地价格和企业用地行为的扭曲，从而弱化了市场机制在优化资源配置中的作用，并且，工业用地市场化政策作用的发挥存在明显的区域异质性（赵爱栋等，2016b）。

目前中国工业用地市场化政策主要是停留在国家层面，地方层面的政策尚不完善，缺少具有区域针对性的、细化的政策措施，并且政策的具体实施细则仍然有待完善。今后，应根据不同区域发展过程中的具体行政特点，以及工业用地市场化发展的水平与区域经济特点，进行有针对性的政策设计与措施完善。

11.2.3　工业用地集约利用政策

中国工业用地集约利用政策经历了从无到有、从试点到全面实行、从一开始的单项政策到综合配套政策的逐渐完善的过程；管理机构逐步变为以国土资源部为主、多部门配合管理；管理方法发展为以行政命令、绩效激励、技术支持和法律手段并用，逐渐实现工业用地集约利用的全程监管，而不再是事后再管。政策的改进与创新使土地集约利用水平大大提升，本书第 4 章对数据的统计分析也证明了中国工业用地利用集约度的大幅提升。

虽然中国工业用地集约利用政策已得到长足发展，但仍然存在政策制度范围粗犷、不够细化的问题。国家通过发布和修订关于工业项目建设用地控制指标相关政策，通过规定投资强度、容积率、建筑系数等指标，提高了工业用地准入门槛，以促进产业转型和产业升级。但这些指标对于一些经济发达地区门槛设置过低，无法满足地区经济发展水平对土地集约利用和产业转型升级政策的要求，这反映了国家层面的工业用地政策缺乏地区异质性。同时，国家层面的政策往往宽泛笼统，缺乏具体的指导性意见，无法满足基层国土部门的工作需求（高向军等，2012）。同时，政策的实施由于具有滞后性，在一定程度上难以适应产业和经济发展的节奏。

此外，目前政策尚未实现对用地企业的有效约束，尤其是工业用地的后续利用监管还十分薄弱，使企业用地需求膨胀、利用粗放。在土地出让过程中，土地使用者有可能以低于土地市场价值水平的价格获得工业用地使用权，土地取得成本偏低，集约用地政策对企业的投入产出约束管理难度较大，这些导致了更多的企业以投机为目的而获取工业用地使用权，从而降低了工业用地使用效率和土地集约利用水平。

11.3　政策优化与措施建议

在理论探讨、实证研究与政策分析的基础上，本书将依据工业用地的利用环节，从国家宏观层面到企业微观层面提出中国工业用地集约利用的政策优化与措施建议。

11.3.1　深化工业用地市场化改革

首先，土地市场化改革是实现工业用地有效配置的重要手段，而土地的高效配置是有效利用的前提基础，因此应坚定不移地推进土地市场化改革。

实证结果显示，工业用地价格提高能够促进工业企业集约用地，尤其是对轻工业企业效果更为显著。在工业发展初期，工业用地多为划拨所得，这种无偿的土地使用方式使土地成本没有体现在企业决策上，从而使企业用地粗放浪费，不利于土地集约利用。因此，今后应进一步深化工业用地市场化改革，通过市场信号来引导土地要素分配，实现资源有效配置，并进一步完善工业用地出让、租赁机制，使土地价格充分体现资源的稀缺程度与资源价值。此外，还应建立健全相应的土地市场监管、监督机制，严禁不合理的土地市场竞争，也要消除阻碍市场化配置的一些制度障碍，从而减少土地资源错配与低效利用情况的发生。

11.3.2　优化产业布局

合理的产业布局是实现宏观层面土地集约利用的重要基础。宏观的产业布局实际上也是微观企业在空间上的选址决策问题，要想实现合理布局，前提还是应以工业用地的市场化配置为主，辅以土地供应的区域政策倾斜和布局规划引导。但政府要把握合适的干预程度，不可过多干扰市场分配结果，导致资源错配。

首先，从全国角度的土地供应政策而言，不应只考虑现阶段的经济发展需求而进行土地供应，更应结合土地后备资源、地形地貌与生态环境等综合因素，基于区域经济发展阶段与未来长期经济发展趋势预测，判断土地需求，予以适度倾斜，不可大放大紧、先放后紧。

其次，基于中国宏观层面的工业发展阶段梯度，结合产业梯度转移理论，划分产业优化区与产业承接区等，针对不同区域的产业发展需求与特征，分析用地需求，并通过用地规划进行产业布局优化与梯度转移的引导。

11.3.3　促进产业集聚

从产业经济发展角度来讲，多个工业企业在相邻区位布局，形成产业集聚，能够带来集聚效应和规模效应，不仅可以降低企业成本，还可提升集约用地水平，因此在区域层面，要大力促进产业集聚。对于新增工业企业，要合理引导其选址布局；对于城市已有的工业企业，则应结合城市发展规划，逐步引导其搬迁至郊区或相应产业园区。这样，既避免了工业企业对城市环境及居民生活的影响，又促进了产业集聚，推动区域经济发展。

当然，在促进产业集聚的过程中，要依据产业特点进行科学引导。结合实证结果和现实情况来看，轻工业由于门槛低，很多企业规模小、投资少，对产业发展和土地集约利用都不利。因此，相对于重工业而言，轻工业企业更应该发挥产业集聚效应。同时，在园区设计方面，要多借鉴先进的产业生态园区发展理念，从产业链的角度进行企业布局引导，促进园区内的资源循环与产业上下游协作，提升产业集聚效益。

此外，中国曾经历过设立工业园区、保税区及经济技术开发区等工业集聚区的热潮，并且个别存在圈占农用地、园区闲置等现象，这些均严重损害了土地利用效率，为此中国目前已经严格控制工业园区项目建设。今后，应一方面加强引导企业集聚；另一方面要严格控制园区规模，严防圈地、囤地现象发生。同时，加强对园区企业的后续监管，整体提升园区的土地集约利用水平。

11.3.4　提高企业项目投资准入门槛

本书实证结果表明，中国目前正处于土地边际报酬递增阶段，单位工业用地面积上劳动、资本等要素的增加促进了工业企业集约水平，提高了工业用地利用效率。中国也相继出台了一系列促进工业企业集约高效用地的相关法规政策，如2004年国土资源部颁布的《工业项目建设用地控制指标》。

从第 5 章中国工业用地企业投入强度分析来看，所有行业企业的平均投资强度均高于《工业项目建设用地控制指标》规定的最低投资强度门槛值，其中绝大部分样本企业的投资强度最小值也高于门槛值，并且各行业间投资强度的差异要远大于《工业项目建设用地控制指标》中各行业投资“门槛”的差值。同时，中国目前工业用地投入强度较之于国外发达地区工业用地投资强度仍存在较大差距。可见，目前实施的《工业项目建设用地控制指标》偏低，同时说明行业差别化不足。因此，今后仍需适时地提高工业用地投资的准入门槛值，使投资强度指标起到良好的门槛效应。同时，为了让指标更好地服务于土地集约利用，应该依据经济发展趋势及时更新，避免指标滞后，影响其可操作性。

此外，第 5 章实证结果显示，通过不同规模企业比较来看，大型企业的土地利用集约度较中、小型企业有很大飞跃。因此，在条件允许的情况下，可优先引入资金、技术等相对较成熟的大型工业企业落地；同时，尽量扶持现有中小企业做大做强，突破土地集约利用的低值区，提高土地利用的规模效应，使企业在较高的生产经营水平上实现土地集约利用。

11.3.5　细化与差别化土地集约利用管理

从本书第 5 章分析可知，中国不同地区的工业化进程与土地集约利用水平差异很大；第 6 章、第 7 章的实证结论也说明不同工业化阶段的地区，工业用地集约利用的影响因素也有所差异。所以，“一刀切”的政策标准不能兼顾到区域差异性，而应结合地区特征通过政府约束、扶持来更好地让土地发挥其经济效用。因此，需要在科学分析的基础上考虑区位差异，因地制宜地进行工业用地集约利用的引导。

同时，细化现有的土地集约利用政策，出台更加具体的指导意见。例如，应根据工业产业发展阶段和发展要求，对工业用地类型进行细分，科学、准确地划定各类工业用地的投资强度、产出水平、容积率和建筑系数等指标，并且应根据区域经济发展程度，及时更新各项指标，以避免出现指标滞后，与发展需求不匹配等现象。基于区域差异评价、用地类型细分和产业差别化的针对性政策，能够促进工业用地精细化管理，从而提升工业用地集约利用水平。

11.3.6　优化与创新工业用地管理流程

对于土地集约利用的管理不能只停留在土地配置阶段，对于企业拿地以后的土地利用也应进行跟踪评估，实现全环节土地利用监管，防止投机行为，让工业用地能够真正投入企业生产环节，促进国民经济发展和资源有效利用。首先制定相关约定或协议，对所在的工业用地投资总量、产出强度等指标做出约束。其次制定合理的惩罚措施，当工业用地试用期内相关约定指标被评价不合格时，由企业承担相应的责任。最后建立低效利用土地的改造和退出机制，对那些研发投入效率较高的工业企业，政府应适当地给予相应的补贴或税费减免等优惠政策，还应大力给予管理、技术等相关支持，以提高工业企业要素投入水平，并使劳动、资金及技术等各要素投入之间达到最佳配比，促使工业企业集约利用水平的进一步提高。

此外，实行联动管理机制，发改委、审计部门负责验收投资总额和投资强度；建设、规划部门验收建筑容积率、建筑密度、绿地率等；纪委部门加强审查项目设备采购、安装等；财税部门加强对税收、产出等相关指标的考核；国土部门主要负责出让金缴纳情况审核，并在各相关部门复合验收的基础上，对出让合同履行情况进行复核验收（高向军等，2012）。

11.3.7　提高企业管理水平，促进研发与产业升级

工业用地的利用，归根结底是工业企业的要素投入问题。因此，应优化企业内部管理制度，提高企业运营管理水平，促使生产要素优化配置，提高企业生产效率，促进土地集约利用。

本书第 8 章研究结果表明研发投入和企业规模因素都显著影响重工业企业集约用地，第 9 章则表明产业结构的构成效应与竞争效应也显著影响工业用地集约利用水平。因此，中国工业行业应加强研发投入，推动产业技术升级。中国工业化进程开始时，由于技术相对落后，我国一直靠增加土地、劳动，消耗自然资源来发展工业，目前产业总体水平偏低、高新技术产业发展不足。因此，为改变中国目前产业结构层次低、工业用地粗放利用的现状，必须增加研发投入，推动技术创新，在生产上使用劳动、资本等要素投入来替代土地要素投入，推动产业优化升级、促进土地集约利用。

综上所述，中国土地政策的制定一直处于不断完善和改进的过程，尤其是工业用地集约利用政策仍处于探索阶段，虽然已经取得了很大的进展，但仍存在较大的改善空间。今后，还应在此领域不懈探索和实践，从而引导我国工业用地的高效利用，促进我国经济的长期健康发展。

参 考 文 献

安虎森. 2009. 新经济地理学原理. 2 版. 北京：经济科学出版社.

安同良，肖群.2000. 江苏省工业化进程中产业发展“扬长补短”战略研究. 南京社会科学，(11)：64-75.

毕宝德. 1993. 土地经济学（修订本）.北京：中国人民大学出版社.

邴龙飞，郗凤明，王美玲，等. 2014. 沈阳铁西老工业区土地的集约利用特征. 应用生态学报，25（1）：219-227.

曹文慧，赵小风，黄贤金，等. 2016. 江苏省不同类型工业企业土地集约利用与影响因素. 地域研究与开发，35（3）：104-108，113.

曹银贵，袁春，王静，等. 2008. 1997～2005 年区域城市土地集约度变化与影响因子分析. 地理科学进展，(3)：86-93.

陈佳贵，黄群慧，钟宏武. 2006. 中国地区工业化进程的综合评价和特征分析. 经济研究，(6)：4-15.

陈伟，李阳，吴群，等. 2012. 基于产业差异修正的工业行业土地集约利用评价研究——以江苏省为例. 资源科学，34（12）：2256-2264.

陈伟，彭建超，吴群. 2015. 基于容积率指数和单要素 DEA 方法的工业用地利用效率区域差异研究. 自然资源学报，30（6）：903-916.

陈伟，严长清，吴群，等. 2011. 开发区土地要素对经济增长的贡献——基于江苏省面板数据的估计与测算. 地域研究与开发，30（5）：146-149，155.

陈晓玲，连玉君. 2013. 资本–劳动替代弹性与地区经济增长——德拉格兰德维尔假说的检验. 经济学（季刊），12（1）：93-118.

陈银蓉，梅昀，孟祥旭，等. 2013. 经济学视角下城市土地集约利用的决策分析. 资源科学，35（4）：739-748.

陈羽，邝国良. 2009. “产业升级”的理论内核及研究思路述评. 改革，(10)：85-89.

陈昱，陈银蓉，马文博. 2012. 基于 Bayes 判别的工业用地集约利用评价与潜力挖掘分析——以湖北省典型企业为例. 资源科学，34（3）：433-441.

陈昱，陈银蓉，马文博. 2013. 湖北省工业用地集约利用综合评价——基于 365 家典型工业企业的问卷调查. 自然资源学报，28（1）：73-80.

程俊杰，刘志彪. 2012. 中国工业化道路中的江苏模式：背景、特色及其演进. 江苏社会科学，(1)：245-251.

丁成日. 2006. 土地政策改革时期的城市空间发展：北京的实证分析. 城市发展研究，(2)：42-52.

豆建民，汪增洋. 2010. 经济集聚、产业结构与城市土地产出率——基于我国 234 个地级城市 1999～2006 年面板数据的实证研究. 财经研究，36（10）：26-36.
杜旭，宋戈，李瑞雪，等. 2016. 黑龙江省煤炭型城市土地集约利用评价研究. 水土保持研究，23（1）：139-144.
樊纲，王小鲁，张立文，等. 2003. 中国各地区市场化相对进程报告. 经济研究，（3）：9-18，89.
樊茂清，任若恩，陈高才. 2010. 技术变化、要素替代和贸易对能源强度影响的实证研究. 经济学（季刊），9（1）：237-258.
樊鹏飞，郭椿阳，刘志丹，等. 2016. 城市化与城市土地集约利用耦合协调度评价及空间格局分析——以河南省为例. 河南大学学报（自然科学版），（3）：351-359，369.
费罗成，吴次芳，程久苗，等. 2013. 资源城市转型期工业用地集约利用评价——以枣庄市为例. 城市问题，（2）：29-36.
高伯文. 2008. 中国共产党与中国特色工业化道路. 北京：中央编译出版社.
高魏，马克星，刘红梅. 2013. 中国改革开放以来工业用地节约集约利用政策演化研究. 中国土地科学，28（10）：37-43.
高向军，董菊卉，彭爱华，等. 2012. 促进产业转型升级的用地政策评析：基于沪浙闽地区的调研. 中国土地科学，26（5）：4-8，15.
龚仰军，应勤俭. 1999. 产业结构与产业政策. 上海：立信会计出版社.
顾湘，王铁成，曲福田. 2006. 工业行业土地集约利用与产业结构调整研究——以江苏省为例. 中国土地科学，（6）：3-8.
韩峰，王琢卓，杨海余. 2013. 产业结构对城镇土地集约利用的影响研究. 资源科学，35（2）：388-395.
郝枫. 2015. 超越对数函数要素替代弹性公式修正与估计方法比较. 数量经济技术经济研究，32（4）：88-105，122.
何明花，刘峰贵，唐仲霞，等. 2014. 西宁市城市土地集约利用研究. 干旱区资源与环境，28（3）：44-49.
何乃. 2011. 我国省域产业结构对城镇土地集约利用的影响分析. 长沙：湖南大学.
赫希曼 A. 1991. 经济发展战略. 曹征海，潘照东译. 北京：经济科学出版社.
侯燕飞. 2011. 基于“雁行理论”统筹区域产业转移. 经济研究导刊，122（12）：181-183.
黄大全，洪丽璇，梁进社. 2009. 福建省工业用地效率分析与集约利用评价. 地理学报，64（4）：479-486.
黄凌翔，赵娣，金丽国. 2014. 开发区土地集约利用潜力实现研究——基于天津经济技术开发区 673 个地块的调研. 中国土地科学，28（10）：33-39.
嵇欣. 2012. 工业园区土地产出效率评价的思路与方法研究. 上海：复旦大学.
贾宏俊，黄贤金，于术桐，等. 2010. 中国工业用地集约利用的发展及对策. 中国土地科学，（9）：52-56.
金宝玲. 2012. 基于企业生命周期的工业用地弹性出让年租金制研究. 上海：复旦大学.
金晓云. 2008. 资本与土地替代关系的实证研究——以杭州市住宅市场为例. 杭州：浙江大学.
柯善咨，赵曜. 2014. 产业结构、城市规模与中国城市生产率. 经济研究，（4）：76-88，115.
库兹涅茨 S. 1985. 各国的经济增长. 北京：商务印书馆.

勒施 A. 2010. 经济空间秩序——经济财货与地理间的关系. 王守礼译. 北京：商务出版社.
黎孔清，陈银蓉. 2013. 低碳理念下的南京市土地集约利用评价. 中国土地科学，27（1）：61-66.
黎孔清，陈银蓉，陈家荣. 2013. 基于 ANP 的城市土地低碳集约利用评价模型研究——以南京市为例. 经济地理，33（2）：156-161.
黎一畅，周寅康，吴林，等. 2006. 城市土地集约利用的空间差异研究——以江苏省为例. 南京大学学报（自然科学），42（3）：309-315.
李春华，李宁，江莉佳，等. 2011. 土地集约利用研究现状综述. 中国农学通报，27（29）：182-186.
李嘉图 D. 2011. 政治经济学及赋税原理. 郭大力，王亚南译. 南京：译林出版社.
李平光，李松，郭路明，等. 2014. 新疆地区城市土地集约利用与城市化耦合协调性分析. 浙江农业学报，26（6）：1688-1695.
李小建. 2006. 经济地理学. 2 版. 北京：高等教育出版社.
李秀彬，朱会义，谈明洪，等. 2008. 土地利用集约度的测算方法. 地理科学进展，27（6）：12-17.
李学明. 2010. 城市土地节约集约利用理论与实践研究. 北京：中国科学技术大学.
李永平，段建南. 2013. 城市边缘区工业用地集约利用的现存问题与调控策略. 湖北农业科学，52（8）：1796-1799.
梁流涛，赵庆良，陈聪. 2013. 中国城市土地利用效率空间分异特征及优化路径分析——基于 287 个地级以上城市的实证研究. 中国土地科学，27（7）：48-54.
林雄斌，马学广. 2015. 城市-区域土地集约利用评价与影响因素研究——以珠三角为例. 国土资源科技管理，（1）：13-20.
林祖嘉. 2000. 住宅生产函数与要素替代弹性：CES 与 VES 之比较. 住宅学报，9（1）：49-60.
刘帮友，张安明，郭欢欢，等. 2008. 中国土地出让市场性质探究. 经济研究导刊，（2）：11-13.
刘浩，张毅，郑文升. 2011. 城市土地集约利用与区域城市化的时空耦合协调发展评价——以环渤海地区城市为例. 地理研究，30（10）：1805-1817.
龙开胜，陈利根，占小林. 2008. 不同利用类型土地投入产出效率的比较分析——以江苏省耕地和工业用地为例. 中国人口·资源与环境，18（5）：174-178.
鲁春阳，杨庆媛，文枫. 2009. 乡镇企业土地集约利用评价. 西南大学学报（自然科学版），31（11）：97-102.
陆铭. 2011. 建设用地使用权跨区域再配置：中国经济增长的新动力. 世界经济，34（1）：107-125.
陆铭，张航，梁文泉. 2015. 偏向中西部的土地供应如何推升了东部的工资. 中国社会科学，（5）：59-83，204，205.
马克思. 2007. 资本论. 姜晶华，张梅译. 北京：北京出版社.
马克思，恩格斯. 2001. 马克思恩格斯全集（第 25 卷）. 邓仁娥译. 北京：人民出版社.
马歇尔 A. 1987. 经济学原理（上卷）. 陈良璧译. 北京：商务印书馆.
毛振强，左玉强. 2007. 土地投入对中国二三产业发展贡献的定量研究. 中国土地科学，21（3）：59-63.
毛振强，左玉强，耿冲，等. 2009. 再论土地对中国二三产业发展的贡献. 中国土地科学，23（1）：19-24.
孟鹏，郝晋珉，周宁，等. 2014. 新型城镇化背景下的工业用地集约利用评价研究——以北京亦庄新城为例. 中国土地科学，28（2）：83-89.

庞瑞芝，李鹏. 2011. 中国新型工业化增长绩效的区域差异及动态演进. 经济研究，46（11）：36-47，59.

配第 W. 2010. 政治算术. 马妍译. 北京：中国社会科学出版社.

齐绍洲，王班班. 2013. 开放条件下的技术进步、要素替代和中国能源强度分解. 世界经济研究，（9）：3-9，87.

钱纳里 H，塞尔昆 M. 1989. 发展的格局（1950—1970）. 李小青，等译. 北京：中国财政经济出版社.

钱忠好，牟燕. 2013. 土地市场化是否必然导致城乡居民收入差距扩大——基于中国 23 个省（自治区、直辖市）面板数据的检验. 管理世界，（2）：78-89，187-188.

渠丽萍，张丽琴，胡伟艳. 2010. 城市土地集约利用变化影响因素研究——以武汉市为例. 资源科学，32（5）：970-975.

萨缪尔森 P. 1984. 经济学（第 18 版）. 萧琛译. 北京：人民邮电出版社，2008.

萨缪尔森 P，诺德豪斯 W. 2009. 经济学. 萧琛主译. 北京：人民邮电出版社.

邵虹，田克明，李资华，等. 2013. 南昌市工业用地集约利用潜力分析. 安徽农业科学，41（18）：8033-8035.

邵晓梅，王静. 2008. 小城镇开发区土地集约利用评价研究——以浙江省慈溪市为例. 地理科学进展，27（1）：75-81.

施秧秧. 2009. DEA 方法与 Tobit 模型相结合的工业用地效率研究——基于浙江省的实证. 杭州：浙江大学.

石灵云. 2008. 产业集聚、外部性与劳动生产率——来自中国制造业四位数行业的证据. 上海：复旦大学.

孙东升. 2013. 大连长兴岛经济技术开发区土地集约利用评价研究. 大连：大连理工大学.

孙耀君. 1999. 管理思想发展史. 太原：山西经济出版社.

陶小马，邢建武，黄鑫，等. 2009. 中国工业部门的能源价格扭曲与要素替代研究. 数量经济技术经济研究，26（11）：3-16.

田克明，王爱莲. 2014. 江西省工业用地集约利用的行业和空间特征分析. 国土资源科技管理，31（5）：79-84.

汪波，王伟华. 2005. 城市土地集约利用的内涵及对策研究. 重庆大学学报（社会科学版），11（5）：16-18.

汪海波. 1986. 新中国工业经济史. 北京：经济管理出版社.

汪建，朱少云. 2012. 土地集约利用、资产增值与产业结构优化——基于 DEA 方法的实证研究. 建筑经济，（11）：97-100.

汪勋杰，郭贯成. 2013. 产业用地低效退出的理论分析与机制设计. 财贸研究，24（5）：9-17.

王爱民，刘加林，肖元. 2012. 典型工业企业土地集约利用评价与特性解析. 重庆大学学报（社会科学版），18（3）：51-55.

王海卉，张倩. 2014. 工业区土地集约利用的政府管制行为辨析. 现代城市研究，（9）：91-96，109.

王家庭，季凯文. 2009. 中国城市土地集约利用的影响因素分析——基于 34 个典型城市数据的实证研究. 经济地理，29（7）：1172-1176，1181.

王家庭，张换兆，季凯文. 2008. 中国城市土地集约利用——理论分析与实证研究. 天津：南开大学出版社.
王力，牛铮，尹君，等. 2007. 基于 RS 和 ANN 的城市土地集约利用潜力评价. 重庆建筑大学学报，(3)：32-35.
王梅，曲福田. 2004. 昆山开发区企业土地集约利用评价指标构建与应用研究. 中国土地科学，(6)：22-27.
王卫斌，王彬. 2014. 基于综合指数模型的焦作市土地集约评价. 经济研究导刊，(18)：209-210.
王雨竹，徐培玮. 2016. 京津冀地区城市土地集约利用与城镇化耦合协调关系研究. 水土保持研究，23(1)：200-204.
韦伯 A. 2010. 工业区位论. 李刚剑，陈志人，张英保译. 北京：商务印书馆.
翁进，张禾裕，崔强，等. 2013. 开发区土地集约利用潜力评价分析及其方法优化研究——以湖南省某国家级经济技术开发区为例. 国土与自然资源研究，(2)：58-60.
吴郁玲，曲福田. 2007. 中国城市土地集约利用的影响机理：理论与实证研究. 资源科学，(6)：106-113.
吴郁玲，曲福田，冯忠垒. 2006. 城市开发区土地集约利用的影响因素分析——以江苏省为例. 经济问题探索，(8)：53-57.
吴志强，李德华. 2010. 城市规划原理. 4 版. 上海：中国建筑工业出版社.
武力. 2005. 中国工业化路径转换的历史分析. 中国经济史研究，(4)：49-58.
西尔特 R M，马奇 J G. 2008. 企业行为理论. 2 版. 李强译. 北京：中国人民大学出版社.
席丹. 2004. 信息化与中国经济跨越式发展. 武汉：武汉大学出版社.
项锦雯，陈利根. 2012. 产业转移与土地集约利用耦合机理及协调发展研究——以皖江示范区为例. 农业经济问题，33(6)：61-65.
谢敏，郝晋珉，丁忠义，等. 2006. 城市土地集约利用内涵及其评价指标体系研究. 中国农业大学学报，11(5)：117-120.
谢天，濮励杰，张晶，等. 2013. 基于 PSR 模型的城乡交错带土地集约利用评价研究——以南京市栖霞区为例. 长江流域资源与环境，22(3)：279-284.
谢正峰. 2015. 主体功能区规划条件下土地集约利用的内涵分析. 河北农业科学，19(1)：84-89.
熊强，郭贯成. 2013. 中国各省区城市工业用地生产效率差异研究. 资源科学，35(5)：910-917.
徐金礼. 2006. 我国城市化进程中的城市土地政策研究. 武汉：华中科技大学.
杨东朗，安晓丽. 2007. 西安市城市土地集约利用综合评价. 经济地理，27(3)：470-475.
杨福霞，杨冕，聂华林. 2011. 能源与非能源生产要素替代弹性研究——基于超越对数生产函数的实证分析. 资源科学，33(3)：460-467.
杨公朴，夏大慰. 1999. 现代产业经济学. 上海：上海财经大学出版社.
杨建锋，王令超，马军成. 2012. 基于企业与行业的开发区土地集约利用评价研究——以洛阳高新技术产业开发园区为例. 地域研究与开发，31(1)：126-129.
杨清可，段学军，叶磊，等. 2014. 基于 SBM-Undesirable 模型的城市土地利用效率评价——以长三角地区 16 城市为例. 资源科学，36(4)：712-721.
杨剩富，胡守庚，杨俊，等. 2013. 基于宗地尺度工业用地集约利用控制标准优化方法研究. 资源科学，35（12）：2397-2404.
杨姝曼. 2015. 开发区土地集约利用评价与比较研究——以重庆市六个开发区为例. 重庆：西南大学.
叶昌东，赵晓铭，郑延敏. 2016. 行业尺度细分下广州市工业用地集约利用的空间分异. 国土资源科技管理，33（1）：1-8.
袁鹏. 2014. 中国能源需求增长的因素分解. 数量经济技术经济研究，31（11）：70-85.
查冬兰，司建松，周德群，等. 2016. 中国工业部门能源与非能源替代弹性研究——基于多弹性测度方法. 管理评论，28（6）：180-191.
查冬兰，周德群. 2013. 能源与非能源投入生产要素替代关系的研究述评. 管理评论，25（3）：74-81.
詹海斌. 2014. 襄阳市经济开发区工业用地集约利用研究——以高新技术产业开发区为例. 安徽农业科学，42（4）：1192-1193，1205.
张红星. 2016. 城镇土地集约利用的经济机理探析. 中共福建省委党校学报，（7）：59-65.
张乐勤，陈素平，陈保平，等. 2014. 1996～2011 年安徽省产业结构演进对城镇土地集约利用影响测度与分析. 地理科学，34（9）：1117-1124.
张琳，郭雨娜，王亚辉. 2015a. 中国轻、重工业企业集约用地影响因素比较研究. 工业技术经济，34（8）：50-58.
张琳，王亚辉. 2014. 微观企业视角下工业用地产出效率的影响因素研究——基于 2088 家工业企业样本的实证分析. 华东经济管理，28（9）：43-48.
张琳，王亚辉，郭雨娜，等. 2016. 中国发达地区工业土地集约利用的驱动因素——基于企业微观数据的研究. 中国土地科学，30（10）：20-28.
张琳，王亚辉，李影. 2015b. 全要素生产率视角下的城市工业用地生产效率研究——基于 Malmquist 指数的分析. 大连理工大学学报（社会科学版），36（1）：57-62.
张落成，武清华，刘剑. 2012. 基于企业抽样调查的无锡省级开发区工业行业土地集约利用评价. 长江流域资源与环境，21（12）：1486-1491.
张苗，甘臣林，陈银蓉. 2016. 基于 SBM 模型的土地集约利用碳排放效率分析与低碳优化. 中国土地科学，30（3）：37-45.
张芃卉，王子叶，王佳璐，等. 2016. 江苏省城市土地集约利用水平及时空差异研究. 经济研究导刊，（15）：115-121.
张宪涛，丁峻强，雷霞. 2016. 新常态下开发区土地集约利用评价. 西北农林科技大学学报（社会科学版），16（2）：35-42.
张晓晓. 2015. 基于 PSR-ESDA 的山西省工业用地集约利用空间差异研究. 晋中：山西农业大学.
张志辉. 2014. 中国城市土地利用效率研究. 数量经济技术经济研究，31（7）：134-149.
赵爱栋，蓝菁，马贤磊，等. 2016a. 土地价格市场化对中国工业部门要素投入与技术选择的影响. 财经研究，42（8）：85-96.
赵爱栋，马贤磊，曲福田. 2016b. 市场化改革能提高中国工业用地利用效率吗?. 中国人口 · 资源与环境，26（3）：118-126.
赵丹丹，胡业翠. 2016. 长三角城市土地集约利用度时空特征研究. 中国农学通报，32（20）：77-84.

赵小风，黄贤金，李衡，等. 2011. 基于RAGA-AHP的工业行业土地集约利用评价——以江苏省为例. 自然资源学报，26（8）：1269-1277.

赵小风，黄贤金，钟太洋，等. 2012. 江苏省开发区土地集约利用的分层线性模型实证研究. 地理研究，31（9）：1611-1620.

郑惠强. 2010. 基于土地资源约束条件下的上海劣势产业退出研究. 科学发展，(9)：3-22.

郑建明. 2013. 工业用地的土地年租制研究——以厦门市为例. 北京：中国地质大学.

郑蕾. 2013. 浙江省工业用地集约利用分析比较研究. 杭州：浙江大学.

周璐红，洪增林，余永林. 2012. 街区经济发展中土地集约利用评价研究——以西安市莲湖区为例. 中国土地科学，26（7）：78-83.

朱红梅，周子英，黄纯，等. 2009. BP人工神经网络在城市土地集约利用评价中的应用——以长沙市为例. 经济地理，29（5）：836-839.

朱明春. 1991. 区域经济理论与政策. 长沙：湖南科学技术出版社.

朱志婉. 2013. 基于DEA的企业土地投入与产出效率评价. 杭州：浙江财经学院.

Batisani N, Yarnal B. 2011. Elasticity of capital-land substitution in housing construction, Gaborone, Botswana：implications for smart growth policy and affordable housing. Landscape and Urban Planning，99（2）：77-82.

Chen H Y，Jia B S，Lau S S Y. 2008. Sustainable urban form for Chinese compact cities：challenges of a rapid urbanized economy. Habitat International，32（1）：28-40.

Cho W G, Nam K, Pagán J A. 2004. Economic growth and interfactor/interfuel substitution in Korea. Energy Economics，26（1）：31-50.

Christopoulos D K. 2000. The demand for energy in Greek manufacturing. Energy Economics，22（5）：569-586.

Christopoulos D K，Tsionas E G. 2002. Allocative inefficiency and the capital-energy controversy. Energy Economics，24（4）：305-318.

Clark C. 1940. The Conditions of Economic Progress. London：Macmillan & Co. Ltd.

Combes P P. 2000. Economic structure and local growth：France，1984–1993. Journal of Urban Economics，47（3）：329-355.

de La Grandville O. 1989. In quest of the slutsky diamond. The American Economic Review, 79(3)：468-481.

Dietz T，Rosa E A. 1994. Rethinking the environmental impacts of population，affluence，and technology. Human Ecology Review，1（2）：277-300.

Egger P，Pfaffermayr M. 2004. Distance，trade and FDI：a Hausman-Taylor SUR approach. Journal of Applied Econometrics，19（2）：227-246.

Erol I，Güzel A. 2006. The elasticity of capital–land substitution in the housing construction sector of a rapidly urbanized city：evidence from Turkey. Review of Urban & Regional Development Studies，18（2）：85-101.

Färe R，Yoon B J. 1985. On capital-land substitution in urban housing production. Journal of Urban Economics，18（1）：119-124.

Gabriel S A, Faria J A, Moglen G E. 2006. A multiobjective optimization approach to smart growth in

land development. Socio-Economic Planning Sciences，40（3）：212-248.
Hicks J R. 1932. Marginal productivity and the principle of variation. Economica，（35）：79-88.
Howley P. 2009. Attitudes towards compact city living：towards a greater understanding of residential behaviour. Land Use Policy，26（3）：792-798.
Huang S L，Yeh C T，Budd W W，et al. 2009. A sensitivity model（SM）approach to analyze urban development in Taiwan based on sustainability indicators. Environmental Impact Assessment Review，29（2）：116-125.
Irmen A，Klump R. 2009. Factor substitution，income distribution and growth in a generalized neoclassical model. German Economic Review，10（4）：464-479.
Kong W H，Wang R，Wang Y，et al. 2011. Research and practice of intensive use of land based on the fuzzy evaluation. Procedia Environmental Sciences，10（1）：1502-1508.
Krugman P. 1995. Development，Geography，and Economic Theory. Cambridge：The MIT Press.
Lau S S Y，Giridharan R，Ganesan S. 2003. Policies for implementing multiple intensive land use in Hong Kong. Journal of Housing and the Built Environment，18（4）：365-378.
Lau S S Y，Giridharan R，Ganesan S. 2005. Multiple and intensive land use：case studies in Hong Kong. Habitat International，29（3）：527-546.
Li G D，Fang C L，Pang B. 2014. Quantitative measuring and influencing mechanism of urban and rural land intensive use in China. Journal of Geographical Sciences，24（5）：858-874.
Losch. A. 1940. The Economics of Location. New Haven：Yale University Press.
Marshall A. 1890. Principles of Economics. London：Macmillan.
Marshall A. 1911. Elements of Economics of industry. London：Macmillan.
McDonald J. 1979. Economic Analysis of an Urban Housing Market. New York：Academic Press.
Meng Y，Zhang F R，An P L，et al. 2008. Industrial land-use efficiency and planning in Shunyi，Beijing. Landscape and Urban Planning，85（1）：40-48.
Miller J S，Hoel L A. 2002. The “smart growth” debate：best practices for urban transportation planning. Socio-Economic Planning Sciences，36（1）：1-24.
Muth R F. 1964. The derived demand curve fora productive factor and the industry supply curve. Oxford Economic Papers，16（2）：221-234.
Myrdal G. 1957. Economic Theory and Under-Developed Regions. London：Duckworth.
Oh K，Jeong Y，Lee D，et al. 2005. Determining development density using the urban carrying capacity assessment system. Landscape and Urban Planning，73（1）：1-15.
Perloff H. 2005. Interrelations of state income and industrial structure. Papers in Regional Science，2（1）：70-84.
Perroux F. 1955. Note sur la notion de pole de croissance?. Economic Appliquee，（7）：307-320.
Shriar A J. 2000. Agricultural intensity and its measurement in frontier regions. Agroforestry Systems，49（3）：301-318.
Sirmans C F，Redman A L. 1979. Capital-land substitution and the price elasticity of demand for urban residential land. Land Economics，55（2）：167.
Stern D I. 2011. Elasticities of substitution and complementarity. Journal of Productivity Analysis，

36（1）：79-89.

Taleai M，Sharifi A M，Sliuzas R，et al. 2007. Evaluating the compatibility of multi-functional and intensive urban land uses. International Journal of Applied Earth Observation and Geoinformation，9（4）：375-391.

Tan D，Huang X J. 2008. Influencing factors of the levels of intensive use of typical industrial land. China Population，Resources and Environment，18（3）：54-57.

Wheaton W C. 1998. Land use and density in cities with congestion. Journal of Urban Economics，43（2）：258-272.

White H L，Newey W K，Hill R C，et al. 2012. A robust Hausman-Taylor estimator. Advances in Econometrics，29：175-214.

Woodland A D. 1993. A micro-econometric analysis of the industrial demand for energy in NSW. The Energy Journal，14（2）：57-89.

Yang J Y，Yang Y，Tang W. 2012. Development of evaluation model for intensive land use in urban centers. Frontiers of Architectural Research，1（4）：405-410.

附　　录

附表4-1　1952～2015年我国工业增加值及其所占GDP比重

年份	GDP/亿元	工业增加值/亿元	工业增加值占GDP比重	年份	GDP/亿元	工业增加值/亿元	工业增加值占GDP比重
1952	679.0	119.8	0.176	1979	4 062.6	1 769.7	0.436
1953	824.0	163.5	0.198	1980	4 545.6	1 996.5	0.439
1954	859.0	184.7	0.215	1981	4 891.6	2 048.4	0.419
1955	910.0	191.2	0.210	1982	5 323.4	2 162.3	0.406
1956	1 028.0	224.7	0.219	1983	5 962.7	2 375.6	0.398
1957	1 068.0	271.0	0.254	1984	7 208.1	2 789.0	0.387
1958	1 307.0	414.0	0.317	1985	9 016.0	3 448.7	0.383
1959	1 439.0	538.5	0.374	1986	10 275.2	3 967.0	0.386
1960	1 457.0	568.2	0.390	1987	12 058.6	4 585.8	0.380
1961	1 220.0	362.1	0.297	1988	15 042.8	5 777.2	0.384
1962	1 149.3	325.4	0.283	1989	16 992.3	6 484.0	0.382
1963	1 233.3	365.6	0.296	1990	18 667.8	6 858.0	0.367
1964	1 454.0	461.1	0.317	1991	21 781.5	8 087.1	0.371
1965	1 716.1	546.5	0.318	1992	26 923.5	10 284.5	0.382
1966	1 868.0	648.6	0.347	1993	35 333.9	14 188.0	0.402
1967	1 773.9	544.9	0.307	1994	48 197.9	19 480.7	0.404
1968	1 723.1	490.3	0.285	1995	60 793.7	24 950.6	0.410
1969	1 937.9	626.1	0.323	1996	71 176.6	29 447.6	0.414
1970	2 252.7	828.1	0.368	1997	78 973.0	32 921.4	0.417
1971	2 426.4	926.6	0.382	1998	84 402.3	34 018.4	0.403
1972	2 518.1	989.9	0.393	1999	89 677.1	35 861.5	0.400
1973	2 720.9	1 072.5	0.394	2000	99 214.6	40 033.6	0.404
1974	2 789.9	1 083.6	0.388	2001	109 655.2	43 580.6	0.397
1975	2 997.3	1 244.9	0.415	2002	120 332.7	47 431.3	0.394
1976	2 943.7	1 204.6	0.409	2003	135 822.8	54 945.5	0.405
1977	3 201.9	1 372.4	0.429	2004	159 878.3	65 210.0	0.408
1978	3 645.2	1 607.0	0.441	2005	184 937.4	77 230.8	0.418

续表

年份	GDP /亿元	工业增加值 /亿元	工业增加值占 GDP 比重	年份	GDP /亿元	工业增加值 /亿元	工业增加值占 GDP 比重
2006	216 314.4	91 310.9	0.422	2011	472 881.6	188 470.2	0.399
2007	265 810.3	110 534.9	0.416	2012	540 367.4	208 905.6	0.387
2008	314 045.4	130 260.2	0.415	2013	595 244.4	222 337.6	0.374
2009	340 902.8	135 239.9	0.397	2014	643 974.0	233 856.4	0.363
2010	401 512.8	160 722.2	0.400	2015	689 052.1	236 506.3	0.343

资料来源：国家统计局网站

附表4-2　中华人民共和国成立以来我国土地政策演变历程

时期	发布日期	政府机构	土地政策
土地使用无偿、无限期、无流动性的划拨（1949～1978年）	1950年11月6日	政务院	《中央人民政府政务院关于土地改革中对华侨土地财产的处理办法》
	1953年12月5日	政务院	《国家建设征用土地办法》
	1958年1月6日	国务院	《国家建设征用土地办法（修正）》
	1973年6月18日	国家计划革命委员会、国家基本建设革命委员会	《国家计划革命委员会、国家基本建设革命委员会关于贯彻执行国务院有关在基本建设中节约用地的指示的通知》
二级市场开放，土地使用向有偿、有限期、有流动性过渡阶段（1978年至20世纪90年代末）	1980年7月26日	国务院	《国务院关于中外合营企业建设用地的暂行规定》（国发〔1980〕201号）
	1982年2月13日	国务院	《村镇建房用地管理条例》
	1983年11月19日	国务院	《国务院关于制止买卖、租赁土地的通知》
	1984年12月25日	农牧渔业部、国家发改委（含原国家发展计划委员会、原国家计划委员会）、城乡建设环境保护部	《关于征用土地费实行包干使用暂行办法》
	1985年10月5日	城乡建设环境保护部	《集镇实行统一开发、综合建设的几点意见》
	1988年9月27日	国务院	《中华人民共和国城镇土地使用税暂行条例》
	1989年7月22日	国务院	《国务院关于出让国有土地使用权批准权限的通知》
	1990年5月19日	国务院	《中华人民共和国城镇国有土地使用权出让和转让暂行条例》（中华人民共和国国务院令第55号）
	1993年4月28日	国务院	《国务院关于严格审批和认真清理各类开发区的通知》（国发〔1993〕33号）
	1993年12月13日	国务院	《中华人民共和国土地增值税暂行条例》（中华人民共和国国务院令第138号）
	1994年12月3日	国家土地管理局、国家经济体制改革委员会	《股份有限公司土地使用权管理暂行规定》（国土〔法〕字第153号）
土地政策参与宏观调控（20世纪90年代末至今）	1998年2月17日	国家土地管理局	《国有企业改革中划拨土地使用权管理暂行规定》
	1998年7月20日	国务院	《城市房地产开发经营管理条例》（中华人民共和国国务院令第248号）

续表

时期	发布日期	政府机构	土地政策
土地政策参与宏观调控（20 世纪 90 年代末至今）	1999 年 1 月 27 日	国土资源部	《关于进一步推行招标拍卖出让国有土地使用权的通知》（国土资发〔1999〕30 号）
	1999 年 3 月 2 日	国土资源部	《建设用地审查报批管理办法》
	1999 年 4 月 28 日	国土资源部	《闲置土地处置办法》（1999 年通过，2012 年修订）
	1999 年 8 月 4 日	财政部、国土资源部	《新增建设用地土地有偿使用费收缴使用管理办法》（财综字〔1999〕117 号）
	2001 年 2 月 13 日	国土资源部	《关于改革土地估价结果确认和土地资产处置审批办法的通知》（国土资发〔2001〕44 号）
	2001 年 4 月 30 日	国务院	《国务院关于加强国有土地资产管理的通知》（国发〔2001〕15 号）
	2002 年 5 月 9 日	国土资源部	《招标拍卖挂牌出让国有土地使用权规定》（国土资源部令第 11 号）
	2002 年 8 月 26 日	国土资源部、监察部	《国土资源部、监察部关于严格实行经营性土地使用权招标拍卖挂牌出让的通知》（国土资发〔2002〕265 号）
	2003 年 2 月 18 日	国土资源部	《关于清理各类园区用地加强土地供应调控的紧急通知》（国土资发〔2003〕45 号）
	2003 年 6 月 11 日	国土资源部	《协议出让国有土地使用权规定》（国土资源部令第 21 号）
	2004 年 10 月 21 日	国务院	《国务院关于深化改革严格土地管理的决定》（国发〔2004〕28 号）
	2004 年 11 月 1 日	国土资源部	《工业项目建设用地控制指标（试行）》（国土资发〔2004〕232 号）
	2005 年 3 月 26 日	国务院办公厅	《国务院办公厅关于切实稳定住房价格的通知》（国办发明电〔2005〕8 号）
	2005 年 5 月 9 日	国务院办公厅	《国务院办公厅转发建设部等部门关于做好稳定住房价格工作意见的通知》（国办发〔2005〕26 号）
	2006 年 8 月 31 日	国务院	《国务院关于加强土地调控有关问题的通知》（国发〔2006〕31 号）
	2006 年 12 月 23 日	国土资源部	《国土资源部关于发布实施〈全国工业用地出让最低价标准〉的通知》（国土资发〔2006〕307 号）
	2007 年 4 月 4 日	国土资源部、监察部	《国土资源部 监察部关于落实工业用地招标拍卖挂牌出让制度有关问题的通知》（国土资发〔2007〕78 号）
	2007 年 6 月 29 日	北京市政府	《北京市人民政府关于全面实行工业用地招标拍卖挂牌出让的实施意见（试行）》（京政发〔2007〕14 号）
	2007 年 9 月 28 日	国土资源部	《招标拍卖挂牌出让国有建设用地使用权规定》（中华人民共和国国土资源部令第 39 号）
	2007 年 11 月 19 日	国土资源部、财政部、中国人民银行	《土地储备管理办法》（国土资发〔2007〕277 号）

续表

时期	发布日期	政府机构	土地政策
土地政策参与宏观调控（20世纪90年代末至今）	2007年12月28日	国土资源部	《国土资源部关于进一步加强和改进建设用地备案工作的通知》（国土资发〔2007〕326号）
	2008年1月3日	国务院	《国务院关于促进节约集约用地的通知》（国发〔2008〕3号）
	2008年1月31日	国土资源部	《工业项目建设用地控制指标》（国土资发〔2008〕24号）
	2008年4月21日	财政部、国土资源部	《财政部 国土资源部关于印发〈中央分成新增建设用地土地有偿使用费资金使用管理办法〉的通知》（财建〔2008〕157号）
	2008年10月13日	深圳市政府	《深圳市工业及其他产业用地使用权出让若干规定》（深圳市人民政府令第193号）
	2009年5月11日	国土资源部	《国土资源部关于调整工业用地出让最低价标准实施政策的通知》（国土资发〔2009〕56号）
	2009年5月31日	深圳市贸易工业局、深圳市规划局、深圳市国土资源和房产管理局	《深圳市工业项目建设用地控制标准（2009-2010）》（深贸工规字〔2009〕103号）
	2009年8月10日	国土资源部、监察部	《国土资源部 监察部关于进一步落实工业用地出让制度的通知》（国土资发〔2009〕101号）
	2010年9月6日	国务院	《国务院关于中西部地区承接产业转移的指导意见》（国发〔2010〕28号）
	2010年12月27日	国务院	《国务院关于严格规范城乡建设用地增减挂钩试点切实做好农村土地整治工作的通知》（国发〔2010〕47号）
	2011年5月13日	国土资源部	《国土资源部关于坚持和完善土地招标拍卖挂牌出让制度的意见》（国土资发〔2011〕63号）
	2012年3月7日	国土资源部	《国土资源部关于开展工矿废弃地复垦利用试点工作的通知》（国土资发〔2012〕45号）
	2013年8月29日	福建省国土资源厅	《福建省国土资源厅关于贯彻省政府促进工业项目节约集约用地八条措施的通知》（闽国土资综〔2013〕255号）
	2014年5月22日	国土资源部	《节约集约利用土地规定》（中华人民共和国国土资源部令第61号）
	2014年9月12日	国土资源部	《国土资源部关于推进土地节约集约利用的指导意见》（国土资发〔2014〕119号）
	2015年9月18日	国土资源部、国家发改委、科技部、工业和信息化部、住房和城乡建设部、商务部	《国土资源部 发展改革委 科技部 工业和信息化部 住房城乡建设部 商务部关于支持新产业新业态发展促进大众创业万众创新用地政策的意见》（国土资规〔2015〕5号）
	2016年3月30日	上海市人民政府办公厅	《上海市人民政府办公厅转发市规划国土资源局制订的〈关于加强本市工业用地出让管理的若干规定〉的通知》（沪府办〔2016〕23号） 《上海市人民政府办公厅转发市规划国土资源局制订的〈关于本市盘活存量工业用地的实施办法〉的通知》（沪府办〔2016〕22号）

续表

时期	发布日期	政府机构	土地政策
土地政策参与宏观调控（20世纪90年代末至今）	2016年5月12日	国土资源部	《土地利用年度计划管理办法》
	2016年11月29日	国土资源部	《建设项目用地预审管理办法》（国土资源部令第68号）（2001年通过，2004年修订，2008年第一次修正，2016年第二次修正）

附表4-3　2003～2015年我国各地区工业用地面积增长率对比

省区市	2003年	2004年	2005年	2006年	2007年	2008年
西藏	−0.85%	0	−10.26%	12.38%	0	0
青海	7.73%	−5.49%	8.42%	0.35%	0.53%	0
海南	−15.03%	11.40%	42.11%	0.16%	−2.26%	−1.42%
宁夏	20.39%	12.36%	6.54%	0.54%	−43.79%	88.52%
云南	9.69%	3.18%	14.73%	5.37%	66.33%	2.06%
贵州	6.04%	1.65%	0.70%	5.37%	−0.60%	2.06%
重庆	25.97%	−1.55%	34.30%	0.21%	9.10%	1.95%
新疆	9.11%	4.31%	2.91%	4.75%	0.87%	27.18%
陕西	13.60%	14.91%	−1.89%	14.70%	1.69%	1.25%
甘肃	8.45%	1.72%	−5.08%	5.39%	2.40%	0.36%
福建	23.44%	−6.13%	20.24%	−3.74%	37.07%	2.63%
天津	9.76%	−1.69%	4.12%	−0.48%	4.07%	16.75%
内蒙古	4.64%	−3.60%	11.36%	3.14%	8.61%	12.24%
江西	8.05%	−5.73%	−3.76%	18.20%	10.46%	3.96%
广西	10.47%	−0.57%	11.68%	−5.50%	8.76%	1.32%
山西	−0.30%	1.53%	−2.43%	8.46%	3.94%	2.39%
吉林	4.00%	9.96%	6.25%	9.47%	4.72%	4.24%
北京	9.21%	10.69%	21.66%	17.80%	2.15%	0.49%
湖南	−5.05%	10.91%	4.77%	8.10%	−2.73%	−3.13%
安徽	2.13%	6.83%	16.82%	−2.08%	7.77%	7.87%
河北	6.29%	7.40%	5.12%	2.74%	2.82%	6.51%
黑龙江	1.79%	9.08%	7.86%	−4.19%	3.60%	4.55%
四川	5.31%	2.24%	4.75%	−8.86%	1.80%	5.52%
河南	3.89%	6.95%	3.46%	7.39%	6.55%	10.04%
浙江	25.41%	16.26%	8.42%	16.25%	6.77%	3.75%
湖北	−0.81%	7.21%	−0.33%	−2.59%	1.19%	19.33%
辽宁	−1.67%	0.31%	2.32%	7.53%	−0.30%	9.41%
山东	14.29%	17.89%	8.23%	6.74%	7.31%	6.20%
广东	15.47%	22.08%	6.78%	−11.49%	34.49%	13.62%
江苏	17.03%	9.94%	5.05%	6.20%	7.51%	12.03%

续表

省区市	2009 年	2010 年	2011 年	2012 年	2013 年	2014 年	2015 年
西藏	0.00%	12.29%	14.09%	33.74%	−7.58%	16.06%	3.38%
青海	3.97%	0.62%	−60.87%	50.00%	13.01%	4.37%	5.80%
海南	−19.70%	5.08%	−6.69%	−7.75%	15.89%	−1.62%	27.58%
宁夏	5.24%	−42.79%	9.46%	13.98%	5.29%	2.88%	8.87%
云南	3.49%	4.93%	4.02%	−62.58%	97.59%	11.72%	2.25%
贵州	3.28%	0.20%	7.03%	−6.08%	7.98%	17.19%	11.38%
重庆	26.58%	15.70%	9.99%	−17.11%	6.75%	11.77%	7.95%
新疆	7.88%	0.62%	0.75%	1.72%	7.93%	2.20%	7.88%
陕西	−0.92%	4.82%	0.77%	−41.82%	42.69%	3.64%	9.60%
甘肃	−1.16%	−3.29%	7.13%	−9.52%	7.34%	25.08%	−5.54%
福建	3.22%	10.23%	7.19%	0.05%	2.98%	1.93%	0.23%
天津	3.11%	4.37%	2.49%	3.51%	2.23%	10.13%	12.35%
内蒙古	2.78%	22.20%	3.59%	0.29%	−9.58%	−11.69%	−3.64%
江西	10.75%	3.18%	8.06%	−5.11%	1.88%	2.90%	6.22%
广西	3.54%	0.39%	−0.23%	−5.12%	3.88%	3.31%	14.43%
山西	−1.34%	0.90%	4.04%	3.60%	−3.45%	1.91%	−2.82%
吉林	7.24%	−0.96%	3.83%	−0.84%	4.33%	3.10%	−3.12%
北京	0.59%	3.82%	3.68%	−8.99%	−7.83%	−8.72%	9.80%
湖南	20.14%	−4.02%	1.55%	−13.04%	−12.80%	−2.69%	2.74%
安徽	4.49%	6.03%	7.53%	−14.37%	15.31%	−1.72%	2.17%
河北	3.58%	−0.93%	−5.99%	−17.49%	−3.62%	6.13%	11.90%
黑龙江	9.70%	0.97%	−0.79%	−18.89%	21.37%	1.03%	4.88%
四川	10.88%	13.34%	3.42%	−1.73%	16.69%	4.68%	−4.10%
河南	−2.13%	−5.25%	−5.49%	−4.32%	12.20%	1.33%	6.58%
浙江	2.81%	4.48%	−0.07%	−5.55%	6.14%	6.29%	−7.93%
湖北	0.10%	21.55%	5.75%	5.65%	4.79%	8.08%	−19.33%
辽宁	4.47%	0.94%	3.01%	−0.67%	8.18%	1.70%	−0.96%
山东	0.12%	5.62%	3.27%	2.30%	−1.42%	15.69%	11.72%
广东	29.89%	3.25%	−32.38%	2.98%	2.05%	15.67%	15.77%
江苏	2.95%	5.20%	0.50%	−6.80%	5.26%	4.53%	5.43%

资料来源：作者计算，各地区工业用地面积数据来源于中国城乡建设数据库，由于上海 2005 ~ 2011 年数据缺失，此处统计分析不包含上海；此处统计分析不包含港澳台，附表 5-2、附表 5-6 同

附表5-1　2002 ~ 2015年我国工业用地地均固定资产历史变化

年份	全国工业用地面积/千米^2	全国工业固定资产新增投资/亿元	地均固定资产新增投资/（万元/千米^2）
2002	5 768.9	40 000	6 934

续表

年份	全国工业用地面积/千米^2	全国工业固定资产新增投资/亿元	地均固定资产新增投资/（万元/千米^2）
2003	6 224.6	69 000	11 085
2004	6 708.6	51 000	7 602
2005	6 418.4	147 000	22 903
2006	6 867.1	160 000	23 300
2007	7 446.0	166 000	22 294
2008	8 035.2	130 000	16 179
2009	8 626.7	631 353	73 186
2010	8 689.5	262 764	30 239
2011	8 721.2	224 243	25 712
2012	8 712.4	279 781	32 113
2013	9 149.6	125 148	13 678
2014	9 934.1	592 609	59 654
2015	10 298.7	97 852	9 501

资料来源：《中国城市统计年鉴》、中国城乡建设数据库

附表5-2　2002年和2015年我国地区工业用地投资强度对比

省区市	2002 年工业地均固定资产/（万元/千米^2）	2015 年工业地均固定资产/（万元/千米^2）	2002～2015 年地均固定资产增长率	2002～2015 年地均固定资产年均增长率
吉林	441 445.8	266 966.9	−39.52%	−3.79%
上海	77 761.5	118 408.3	52.27%	3.29%
广东	120 304.8	225 622.4	87.54%	4.96%
福建	174 578.6	390 245.2	123.54%	6.38%
黑龙江	88 669.0	201 253.7	126.97%	6.51%
新疆	77 107.1	185 929.3	141.13%	7.01%
天津	162 424.4	404 641.9	149.13%	7.27%
浙江	127 590.1	318 155.0	149.36%	7.28%
辽宁	94 413.6	239 885.1	154.08%	7.44%
北京	97 740.4	252 710.4	158.55%	7.58%
重庆	110 822.3	300 581.9	171.23%	7.98%
山东	109 181.1	347 568.2	218.34%	9.32%
海南	35 229.1	123 948.8	251.84%	10.16%
江苏	100 813.6	357 358.9	254.47%	10.22%
云南	147 435.3	551 435.4	274.02%	10.68%
四川	71 235.1	291 267.9	308.88%	11.44%
广西	67 126.3	285 808.3	325.78%	11.79%

续表

省区市	2002 年工业地均固定资产/（万元/千米^2）	2015 年工业地均固定资产/（万元/千米^2）	2002～2015 年地均固定资产增长率	2002～2015 年地均固定资产年均增长率
湖北	69 739.8	300 518.3	330.91%	11.89%
贵州	68 508.6	338 495.3	394.09%	13.08%
安徽	67 703.7	361 543.7	434.01%	13.75%
陕西	141 352.4	784 767.7	455.19%	14.09%
山西	115 619.2	681 593.7	489.52%	14.62%
河北	116 767.6	702 207.3	501.37%	14.80%
江西	60 773.2	396 358.2	552.19%	15.52%
甘肃	80 810.3	528 045.7	553.44%	15.53%
河南	90 969.4	633 321.2	596.19%	16.10%
湖南	71 139.5	509 259.0	615.86%	16.35%
内蒙古	77 087.3	646 493.8	738.65%	17.77%
宁夏	92 050.2	824 557.7	795.77%	18.37%
青海	56 203.3	869 962.4	1447.88%	23.46%

资料来源：作者计算，工业用地地均固定资产=工业企业固定资产/工业用地面积；工业固定资产年末总量指标 2008 年及以前为规模以上工业企业固定资产净值年平均余额，2008 年后变更为规模以上工业企业固定资产合计。源数据来自《中国城市统计年鉴》、中国城乡建设数据库

附表5-3　2002年和2015年我国六大区域工业用地固定资产投资强度对比

区域	2002 年工业用地地均固定资产/（万元/千米^2）	2015 年工业用地地均固定资产/（万元/千米^2）	2002～2015 年工业用地地均固定资产增长率	2002～2015 年工业用地地均固定资产年均增长率
东北区	108 279.3	234 369.8	116.45%	6.12%
华东区	98 553.1	311 538.9	216.11%	9.26%
中南区	91 339.4	324 182.3	254.92%	10.23%
西南区	83 656.5	326 170.8	289.89%	10.98%
华北区	112 825.2	525 230.8	365.53%	12.56%
西北区	96 876.9	508 769.5	425.17%	13.61%

资料来源：《中国城市统计年鉴》、中国城乡建设数据库

附表5-4　2002～2015年我国六大区域工业用地投资强度变化

（单位：万元/千米^2）

年份	东北区	西南区	西北区	华北区	中南区	华东区
2002	108 279.3	112 825.2	98 553.1	91 339.4	85 702.4	96 876.9
2003	92 267.1	118 797.5	100 190.8	100 770.3	87 233.6	99 423.8
2004	91 393.7	122 132.9	104 432.2	92 569.3	93 198.0	100 403.5
2005	93 849.3	191 801.6	151 014.6	107 464.7	93 281.4	116 456.4
2006	102 757.1	158 592.2	168 160.5	136 836.0	111 153.5	126 279.6
2007	113 330.4	177 570.6	183 261.1	136 111.3	118 674.0	145 041.1

续表

年份	东北区	西南区	西北区	华北区	中南区	华东区
2008	94 470.8	238 457.1	196 768.4	116 668.9	137 185.1	126 013.6
2009	174 294.7	285 787.6	261 695.2	173 260.1	183 988.8	252 934.4
2010	200 147.5	397 860.4	281 798.7	200 414.0	197 763.5	262 829.4
2011	197 618.1	346 439.7	287 733.5	258 234.9	236 837.0	349 760.6
2012	200 730.2	572 126.5	249 518.6	265 403.6	303 550.0	488 569.9
2013	225 443.4	488 964.5	289 490.1	296 642.1	268 767.9	468 993.9
2014	236 092.2	556 659.6	301 726.8	321 119.1	375 523.2	531 310.8
2015	234 369.8	525 230.8	311 538.9	324 182.3	332 091.1	508 769.5

资料来源：《中国城市统计年鉴》、中国城乡建设数据库

附表5-5 2002～2015年全国工业用地产出强度历史变化

年份	全国工业产值/亿元	全国工业用地面积/千米^2	工业用地产出强度/（亿元/千米^2）
2002	108 230.5	5 768.90	18.8
2003	139 632.5	6 224.57	22.4
2004	184 613.0	6 708.60	27.5
2005	244 889.6	6 418.43	38.2
2006	308 907.4	6 867.07	45.0
2007	392 786.8	7 446.02	52.8
2008	487 028.2	8 035.16	60.6
2009	533 631.8	8 626.67	61.9
2010	681 918.9	8 689.49	78.5
2011	821 114.7	8 721.20	94.2
2012	902 891.4	8 712.44	103.6
2013	1 008 926.6	9 149.58	110.3
2014	1 098 804.4	9 934.11	110.6
2015	1 099 301.1	10 298.65	106.7

资料来源：《中国城市统计年鉴》、中国城乡建设数据库

附表5-6 2002年和2015年工业用地产出强度情况对比（按增长率排序）

省区市	2002 年工业用地产出强度/（万元/千米^2）	2015 年工业用地产出强度/（万元/千米^2）	2002～2015 年工业用地产出强度增长率	2002～2015 年工业用地产出强度年均增长率
吉林	663 496.0	830 835.6	25.22%	1.75%
上海	164 591.2	427 256.8	159.59%	7.61%
新疆	66 205.7	183 324.0	176.90%	8.15%
广东	327 725.5	962 139.5	193.58%	8.64%
浙江	372 533.2	1 181 452.0	217.14%	9.28%

续表

省区市	2002 年工业用地产出强度/（万元/千米^2）	2015 年工业用地产出强度/（万元/千米^2）	2002～2015 年工业用地产出强度增长率	2002～2015 年工业用地产出强度年均增长率
海南	7 1931.6	234 438.1	225.92%	9.51%
黑龙江	98 490.6	328 398.1	233.43%	9.71%
北京	19 4931.0	662 099.3	239.66%	9.86%
云南	199 503.2	694 799.4	248.26%	10.07%
天津	312 088.9	1 352 010.0	333.21%	11.94%
福建	359 864.4	1 666 996.0	363.23%	12.52%
辽宁	120 414.7	576 851.7	379.05%	12.81%
山东	277 981.5	1 379 687.0	396.32%	13.12%
江苏	289 614.1	1 512 675.0	422.31%	13.56%
重庆	166 221.1	906 933.9	445.62%	13.94%
甘肃	97 165.1	562 746.2	479.16%	14.47%
山西	107 808.6	710 450.3	558.99%	15.61%
贵州	81 964.8	655 361.6	699.56%	17.34%
湖北	115 900.1	950 625.9	720.21%	17.57%
四川	104 531.8	922 863.2	782.85%	18.24%
河北	184 747.0	1 647 340.0	791.67%	18.33%
陕西	163 440.7	1 533 969.0	838.55%	18.80%
宁夏	97 172.4	979 204.2	907.70%	19.45%
安徽	104 173.7	1 140 674.0	994.97%	20.21%
河南	168 290.1	1 961 693.0	1 065.66%	20.79%
广西	87 708.2	1 121 004.0	1 178.11%	21.65%
内蒙古	73 852.0	1 073 262.0	1 353.26%	22.86%
江西	87 802.4	1 406 046.0	1 501.38%	23.78%
湖南	104 000.2	1 890 678.0	1 717.96%	24.99%
青海	60 336.1	1 305 407.0	2 063.56%	26.68%

资料来源：《中国城市统计年鉴》、中国城乡建设数据库

注：工业用地产出强度=工业总产值/工业用地面积；受数据限制，此处没有西藏和港澳台地区

附表5-7　2002～2015年我国六大区域工业用地产出强度对比

（单位：万元/千米^2）

年份	东北区	西北区	西南区	华北区	中南区	华东区
2002	137 455.70	105 874.09	121 513.67	172 620.86	196 933.76	241 947.49
2003	141 635.76	118 502.09	137 400.34	211 469.05	235 832.33	285 171.90
2004	171 034.00	150 953.23	176 690.54	282 140.23	263 102.28	354 678.15
2005	206 218.28	204 188.62	205 133.51	478 197.76	337 333.85	624 258.68
2006	251 091.75	241 605.58	270 952.51	406 567.19	447 138.20	624 328.45

续表

年份	东北区	西北区	西南区	华北区	中南区	华东区
2007	312 183.89	316 639.52	327 685.10	489 105.47	491 040.19	727 773.93
2008	377 415.84	340 516.32	411 428.79	581 921.27	559 936.87	821 428.68
2009	408 319.44	365 643.74	435 212.17	608 082.89	521 010.03	873 497.22
2010	527 473.08	504 721.42	511 541.45	1 002 086.43	658 688.16	1 036 565.66
2011	615 112.89	638 163.02	630 387.14	914 591.54	957 610.35	1 183 271.61
2012	760 339.64	833 795.09	799 295.10	1 420 859.45	1 042 447.95	1 092 806.65
2013	745 716.65	814 344.88	780 819.59	1 588 567.45	1 158 417.95	1 181 507.78
2014	717 431.54	831 254.34	954 368.61	1 237 126.32	1 172 348.96	1 213 865.66
2015	559 061.93	746 017.11	853 426.66	1 115 591.76	1 183 911.95	1 213 425.35

资料来源：作者计算，将各城市工业产值、工业用地面积加总得到区域工业产值和工业用地面积，产出强度=工业产值/工业用地面积；源数据来自《中国城市统计年鉴》、中国城乡建设数据库

附表6-1　1995～2015年广东、江苏地区生产总值与全国地区平均GDP历史变化

年份	广东地区生产总值/亿元	江苏地区生产总值/亿元	全国地区平均GDP/亿元	广东地区生产总值占全国GDP比重	江苏地区生产总值占全国GDP比重
1995	5 918.14	5 134.84	1 702.08	11.22%	9.73%
1996	6 884.42	5 878.08	2 052.09	10.82%	9.24%
1997	7 861.13	6 466.52	2 251.90	11.26%	9.26%
1998	8 696.72	7 060.20	2 445.00	11.47%	9.31%
1999	9 504.33	7 637.39	2 637.67	11.62%	9.34%
2000	10 593.44	8 404.56	3 035.26	11.26%	8.93%
2001	11 807.81	9 397.92	3 352.45	11.36%	9.04%
2002	13 056.18	10 667.87	3 768.72	11.18%	9.13%
2003	15 376.69	12 747.94	4 385.26	11.31%	9.38%
2004	18 084.21	15 531.24	5 269.38	11.07%	9.51%
2005	22 972.59	18 244.46	6 257.71	11.84%	9.40%
2006	27 143.88	21 582.09	7 311.94	11.98%	9.52%
2007	32 113.85	25 532.91	8 741.51	11.85%	9.42%
2008	37 473.08	29 915.57	10 436.60	11.58%	9.25%
2009	40 494.01	34 741.20	11 649.96	11.21%	9.62%
2010	47 713.31	41 849.64	13 887.57	11.08%	9.72%
2011	55 590.68	49 512.55	16 617.02	10.79%	9.61%
2012	60 435.06	55 758.14	18 517.73	10.53%	9.71%
2013	67 129.60	61 242.57	20 313.40	10.66%	9.73%
2014	73 120.79	66 814.24	21 882.70	10.78%	9.85%
2015	78 684.49	71 936.17	23 144.17	10.97%	10.03%

资料来源：中国城市数据库

附表6-2　1995～2015年广东、江苏地区生产总值增长率与全国GDP增长率历史变化对照

年份	广东地区生产总值增长率	江苏地区生产总值增长率	全国 GDP 增长率
1995	28.47%	27.17%	27.51%
1996	16.33%	14.47%	20.56%
1997	14.19%	10.01%	9.74%
1998	10.63%	9.18%	8.58%
1999	9.29%	8.18%	7.88%
2000	11.46%	10.04%	15.07%
2001	11.46%	11.82%	10.45%
2002	10.57%	13.51%	12.42%
2003	17.77%	19.50%	16.36%
2004	17.61%	21.83%	20.16%
2005	27.03%	17.47%	18.76%
2006	18.16%	18.29%	16.85%
2007	18.31%	18.31%	19.55%
2008	16.69%	17.16%	19.39%
2009	8.06%	16.13%	11.63%
2010	17.83%	20.46%	19.21%
2011	16.51%	18.31%	19.65%
2012	8.71%	12.61%	11.44%
2013	11.08%	9.84%	9.70%
2014	8.92%	9.10%	7.73%
2015	7.61%	7.67%	5.76%

资料来源：中国城市数据库，根据各省区市地区生产总值计算得到

附表6-3　2000～2015年广东、江苏工业产值与全国地区平均工业产值历史变化情况对照

年份	广东工业产值/亿元	江苏工业产值/亿元	全国地区平均工业产值/亿元	广东工业产值占全国比重	江苏工业产值占全国比重
2000	12 481.69	10 452.87	2 667.49	15.09%	12.64%
2001	14 035.35	11 747.13	2 983.54	15.18%	12.70%
2002	16 378.74	13 865.86	3 491.31	15.13%	12.81%
2003	21 491.46	18 043.70	4 504.27	15.39%	12.92%
2004	26 655.45	24 712.04	5 955.26	14.44%	13.39%
2005	35 607.46	31 767.94	7 899.66	14.54%	12.97%
2006	44 673.63	40 332.10	9 964.75	14.46%	13.06%
2007	55 134.52	52 080.79	12 670.54	14.04%	13.26%
2008	66 236.02	63 133.03	15 710.59	13.60%	12.96%
2009	68 086.03	71 890.04	17 213.93	12.76%	13.47%

续表

年份	广东工业产值/亿元	江苏工业产值/亿元	全国地区平均工业产值/亿元	广东工业产值占全国比重	江苏工业产值占全国比重
2010	85 824.64	90 435.40	21 997.38	12.59%	13.26%
2011	94 853.19	105 849.34	26 487.57	11.55%	12.89%
2012	96 777.70	117 972.99	29 125.53	10.72%	13.07%
2013	109 747.93	131 526.70	32 546.02	10.88%	13.04%
2014	119 886.71	140 372.68	35 445.30	10.91%	12.78%
2015	124 912.65	147 308.86	35 461.33	11.36%	13.40%

资料来源：中国城市数据库

附表6-4　2000～2015年广东、江苏及全国工业产值增长率历史变化情况对照

年份	全国工业产值增长率	广东工业产值增长率	江苏工业产值增长率
2000	20.34%	40.00%	−0.98%
2001	11.85%	12.45%	12.38%
2002	17.02%	16.70%	18.04%
2003	29.01%	31.22%	30.13%
2004	32.21%	24.03%	36.96%
2005	32.65%	33.58%	28.55%
2006	26.14%	25.46%	26.96%
2007	27.15%	23.42%	29.13%
2008	23.99%	20.14%	21.22%
2009	9.57%	2.79%	13.87%
2010	27.79%	26.05%	25.80%
2011	20.41%	10.52%	17.04%
2012	9.96%	2.03%	11.45%
2013	11.74%	13.40%	11.49%
2014	8.91%	9.24%	6.73%
2015	0.05%	4.19%	4.94%

资料来源：中国城市数据库

注：由于工业产值增长率统计数据缺失，通过历年工业产值计算得出工业产值年增长率

附表6-5　1999～2009年广东和江苏土地集约利用水平及部分驱动因素历史变化

年份	土地利用集约度		劳动投入/（人/米^2）		资本投入/（万元/米^2）		城市化率		人均地区生产总值/（万元/人）	
	广东	江苏	广东	江苏	广东	江苏	广东	江苏	广东	江苏
1999	9.50	9.31	4.52	4.14	8.68	8.48	0.58	0.35	102.3	96.2
2000	9.72	9.48	4.62	4.18	8.84	8.59	0.60	0.41	103.5	97.2
2001	9.72	9.54	4.56	4.22	8.89	8.65	0.62	0.43	104.1	97.8
2002	9.87	9.69	4.69	4.26	9.04	8.79	0.63	0.45	105.4	99.1

续表

年份	土地利用集约度		劳动投入/（人/米²）		资本投入/（万元/米²）		城市化率		人均地区生产总值/（万元/人）	
	广东	江苏	广东	江苏	广东	江苏	广东	江苏	广东	江苏
2003	9.97	9.86	4.76	4.34	9.11	8.90	0.63	0.47	106.6	100.7
2004	10.07	9.85	4.83	4.32	9.19	9.01	0.63	0.48	104.2	102.7
2005	10.20	10.00	4.84	4.35	9.27	8.97	0.66	0.50	105.9	104.2
2006	10.30	10.18	4.85	4.36	9.37	9.13	0.67	0.52	107.3	105.8
2007	10.44	10.34	4.88	4.35	9.48	9.22	0.68	0.52	109.0	107.4
2008	10.46	10.38	4.88	4.38	8.72	8.92	0.69	0.53	110.2	111.9
2009	10.39	10.23	4.79	4.31	8.66	8.45	0.65	0.54	110.8	109.0

资料来源：作者根据中国工业企业数据库计算而得

附表7-1 2000～2015年辽宁、河南、四川地区生产总值与全国地区平均GDP历史变化

年份	辽宁/亿元	河南/亿元	四川/亿元	全国地区平均GDP/亿元	辽宁地区生产总值占全国GDP比重	河南地区生产总值占全国GDP比重	四川地区生产总值占全国GDP比重
2000	4 669.06	5 137.66	4 010.25	3 234.84	4.66%	5.12%	4.00%
2001	5 033.08	5 533.01	4 293.49	3 576.23	4.54%	4.99%	3.87%
2002	5 458.22	6 035.48	4 725.01	3 926.37	4.48%	4.96%	3.88%
2003	6 002.54	6 867.70	5 333.09	4 432.97	4.37%	5.00%	3.88%
2004	6 672.00	8 553.79	6 379.63	5 220.65	4.12%	5.29%	3.94%
2005	8 009.01	10 587.42	7 385.12	6 042.54	4.28%	5.65%	3.94%
2006	9 304.52	12 362.79	8 690.24	7 078.66	4.24%	5.63%	3.96%
2007	11 164.30	15 012.46	10 562.39	8 717.17	4.13%	5.56%	3.91%
2008	13 668.58	18 018.53	12 601.23	10 306.95	4.28%	5.64%	3.94%
2009	15 212.49	19 480.46	14 151.28	11 260.69	4.36%	5.58%	4.05%
2010	18 457.27	23 092.36	17 185.48	13 323.56	4.47%	5.59%	4.16%
2011	22 226.70	26 931.03	21 026.68	15 783.89	4.54%	5.50%	4.30%
2012	24 846.43	29 599.31	23 872.80	17 431.21	4.60%	5.48%	4.42%
2013	27 213.22	32 191.30	26 392.07	19 201.43	4.57%	5.41%	4.43%
2014	28 626.58	34 938.24	28 536.66	20 773.35	4.45%	5.43%	4.43%
2015	28 669.02	37 002.16	30 053.10	22 113.09	4.18%	5.40%	4.38%

资料来源：中国城市数据库

附表7-2 2000～2015年辽宁、河南、四川地区生产总值增长率与全国GDP增长率比较

年份	辽宁	河南	四川	全国
2000	11.92%	12.27%	8.05%	15.07%
2001	7.80%	7.70%	7.06%	10.45%
2002	8.45%	9.08%	10.05%	12.42%

续表

年份	辽宁	河南	四川	全国
2003	9.97%	13.79%	12.87%	16.36%
2004	11.15%	24.55%	19.62%	20.16%
2005	20.04%	23.77%	15.76%	18.76%
2006	16.18%	16.77%	17.67%	16.85%
2007	19.99%	21.43%	21.54%	19.55%
2008	22.43%	20.02%	19.30%	19.39%
2009	11.30%	8.11%	12.30%	11.63%
2010	21.33%	18.54%	21.44%	19.21%
2011	20.42%	16.62%	22.35%	19.65%
2012	11.79%	9.91%	13.54%	11.44%
2013	9.53%	8.76%	10.55%	9.70%
2014	5.19%	8.53%	8.13%	7.73%
2015	0.15%	5.91%	5.31%	5.76%

附表7-3　2000～2015年辽宁、四川、河南工业产值及占全国比重

年份	辽宁/亿元	四川/亿元	河南/亿元	辽宁工业产值占全国比重	四川工业产值占全国比重	河南工业产值占全国比重
2000	4 249.46	1 947.55	3 153.79	5.14%	2.36%	3.81%
2001	4 480.32	2 171.74	3 787.76	4.84%	2.35%	4.10%
2002	4 888.00	2 597.51	4 241.92	4.52%	2.40%	3.92%
2003	6 112.96	3 186.82	5 279.86	4.38%	2.28%	3.78%
2004	8 051.06	4 145.58	7 085.85	4.36%	2.25%	3.84%
2005	10 398.64	5 602.35	10 251.87	4.25%	2.29%	4.19%
2006	13 736.03	7 214.58	14 073.73	4.45%	2.34%	4.56%
2007	17 758.40	10 077.86	18 233.71	4.52%	2.57%	4.64%
2008	23 049.90	13 450.10	24 156.85	4.73%	2.76%	4.96%
2009	27 554.59	16 843.75	26 624.68	5.16%	3.16%	4.99%
2010	35 592.74	21 733.43	36 840.51	5.22%	3.19%	5.40%
2011	41 055.44	28 362.37	45 618.18	5.00%	3.45%	5.56%
2012	48 139.28	28 727.63	51 363.43	5.33%	3.18%	5.69%
2013	51 892.10	32 474.76	58 338.18	5.14%	3.22%	5.78%
2014	49 131.51	49 643.07	66 512.87	4.47%	4.52%	6.05%
2015	32 594.43	37 889.07	72 719.95	2.97%	3.45%	6.62%

资料来源：中国城市数据库

附表7-4 1999～2009年五省工业企业工业用地集约利用水平历史变化

（单位：亿元/千米²）

年份	四川	河南	广东	江苏	辽宁
1999	36.07	82.99	171.50	162.74	234.93
2000	43.88	103.95	235.42	181.82	391.56
2001	50.40	121.19	262.96	209.90	268.43
2002	58.28	148.38	299.99	252.93	326.37
2003	72.07	175.40	360.44	314.13	367.64
2004	85.82	198.63	435.63	379.26	382.37
2005	129.38	253.96	505.67	435.82	409.35
2006	149.29	293.97	562.36	535.88	434.50
2007	193.48	387.01	620.52	649.65	1065.01
2008	191.18	433.77	490.09	539.10	430.86
2009	302.79	449.22	629.31	424.43	501.49

资料来源：作者计算，集约度=工业产值/占地面积，工业企业工业产值和占地面积来源于中国工业企业数据库及课题组补充调研数据

附表7-5 四川1999～2009年工业企业劳动投入、资本投入及土地集约利用水平变化情况

年份	劳动投入/人	资本投入/万元	土地利用集约度/（亿元/千米²）	人均资本投入/（万元/人）
1999	31 761	3 062 157	36.07	96.41
2000	32 781	3 238 069	43.88	98.78
2001	34 938	3 462 512	50.40	99.10
2002	38 744	4 064 451	58.28	104.91
2003	39 002	4 207 389	72.07	107.88
2004	44 779	5 561 371	85.82	124.20
2005	48 004	5 986 436	129.38	124.71
2006	43 409	6 500 728	149.29	149.76
2007	54 901	8 531 847	193.48	155.40
2008	27 753	2 910 598	191.18	104.88
2009	43 604	6 307 740	302.79	144.66

资料来源：土地利用集约度、人均资本投入由作者计算，土地利用集约度=工业产值/占地面积、人均资本投入=资本/劳动力；工业企业劳动、资本数据来源于中国工业企业数据库

附表7-6 河南1999～2009年工业企业劳动投入、资本投入及土地集约利用水平变化情况

年份	劳动投入/人	资本投入/万元	土地利用集约度/（亿元/千米²）	人均资本投入/（万元/人）
1999	62 484	7 010 526	82.99	112.20
2000	72 627	7 700 182	103.95	106.02
2001	74 549	8 175 493	121.19	109.67

续表

年份	劳动投入/人	资本投入/万元	土地利用集约度/（亿元/千米^2）	人均资本投入/（万元/人）
2002	81 452	9 011 514	148.38	110.64
2003	94 717	9 713 296	175.40	102.55
2004	98 277	10 733 811	198.63	109.22
2005	107 903	13 178 400	253.96	122.13
2006	113 258	17 002 101	293.97	150.12
2007	102 095	21 081 842	387.01	206.49
2008	43 573	9 701 349	433.77	222.65
2009	88 316	10 566 132	449.22	119.64

资料来源：土地利用集约度、人均资本投入由作者计算，土地利用集约度=工业产值/占地面积、人均资本投入=资本/劳动力；工业企业劳动、资本数据来源于中国工业企业数据库

附表7-7　广东1999～2009年工业企业劳动投入、资本投入及土地集约利用水平变化情况

年份	劳动投入/人	资本投入/万元	土地利用集约度/（亿元/千米^2）	人均资本投入/（万元/人）
1999	411 261	43 074 874	171.50	104.74
2000	449 135	50 266 736	235.42	111.92
2001	459 749	56 378 781	262.96	122.63
2002	511 678	63 156 698	299.99	123.43
2003	564 504	71 027 265	360.44	125.82
2004	636 822	78 689 239	435.63	123.57
2005	671 451	85 528 104	505.67	127.38
2006	684 585	93 197 243	562.36	136.14
2007	657 754	101 651 462	620.52	154.54
2008	377 752	32 565 629	490.09	86.21
2009	502 448	47 554 113	629.31	94.64

资料来源：土地利用集约度、人均资本投入由作者计算，土地利用集约度=工业产值/占地面积、人均资本投入=资本/劳动力；工业企业劳动、资本数据来源于中国工业企业数据库

附表7-8　江苏1999～2009年工业企业劳动投入、资本投入及土地集约利用水平变化情况

年份	劳动投入/人	资本投入/万元	土地利用集约度/（亿元/千米^2）	人均资本投入/（万元/人）
1999	217 967	37 163 078	162.74	170.50
2000	217 098	41 400 067	181.82	190.70
2001	240 484	48 300 719	209.90	200.85
2002	251 728	54 543 503	252.93	216.68
2003	268 532	60 810 193	314.13	226.45
2004	277 416	80 194 983	379.26	289.08

续表

年份	劳动投入/人	资本投入/万元	土地利用集约度/（亿元/千米²）	人均资本投入/（万元/人）
2005	290 570	77 911 702	435.82	268.13
2006	297 839	96 476 610	535.88	323.92
2007	298 388	106 492 452	649.65	356.89
2008	143 821	32 376 341	539.10	225.12
2009	218 373	36 748 023	424.43	168.28

资料来源：土地利用集约度、人均资本投入由作者计算，土地利用集约度=工业产值/占地面积、人均资本投入=资本/劳动力；工业企业劳动、资本数据来源于中国工业企业数据库

附表7-9　辽宁1999～2009年工业企业劳动投入、资本投入及土地集约利用水平变化情况

年份	劳动投入/人	资本投入/万元	土地利用集约度/（亿元/千米²）	人均资本投入/（万元/人）
1999	88 866	18 853 762	234.93	212.16
2000	78 712	22 549 130	391.56	286.48
2001	94 165	20 274 877	268.43	215.31
2002	93 839	22 552 142	326.37	240.33
2003	95 657	24 278 598	367.64	253.81
2004	66 055	19 413 915	382.37	293.91
2005	106 153	26 632 719	409.35	250.89
2006	102 221	27 018 175	434.50	264.31
2007	84 232	40 331 775	1 065.01	478.82
2008	54 898	6 476 329	430.86	117.97
2009	159 519	36 991 676	501.49	231.90

资料来源：土地利用集约度、人均资本投入由作者计算，土地利用集约度=工业产值/占地面积、人均资本投入=资本/劳动力；工业企业劳动、资本数据来源于中国工业企业数据库